VERÖFFENTLICHUNGEN DES FROBENIUS-INSTITUTS
AN DER JOHANN WOLFGANG GOETHE-UNIVERSITÄT
ZU FRANKFURT AM MAIN

D1729879

STUDIEN ZUR KULTURKUNDE

BEGRÜNDET VON LEO FROBENIUS

HERAUSGEGEBEN VON

HOLGER JEBENS, KARL-HEINZ KOHL UND EDITHA PLATTE

125. BAND

RÜDIGER KÖPPE VERLAG KÖLN

2006

SOUS LA DIRECTION DE
MAMADOU DIAWARA
PAULO FERNANDO DE MORAES FARIAS
GERD SPITTLER

HEINRICH BARTH ET L'AFRIQUE

RÜDIGER KÖPPE VERLAG KÖLN
2006

Information bibliographique de la Deutsche Nationalbibliothek

La Deutsche Nationalbibliothek a répertorié cette publication dans le Deutsche Natio-nalbibliografie; les données bibliographiques détaillées peuvent être consultées sur Internet à l'adresse http://dnb.d-nb.de.

ISBN-10: 3-89645-220-7

ISBN-13: 978-3-89645-220-7

Cet ouvrage a été publié grâce au soutien financier du Ministère Fédéral de la Coopé-ration Économique et du Développement (Bundesministerium für wirtschaftliche Zusammenarbeit und Entwicklung) et à l'assistance de la Coopération Technique Allemande (Deutsche Gesellschaft für Technische Zusammenarbeit).

Portrait de Heinrich Barth, tiré de l'édition allemande abrégée en deux volumes
(Barth 1859–1861)

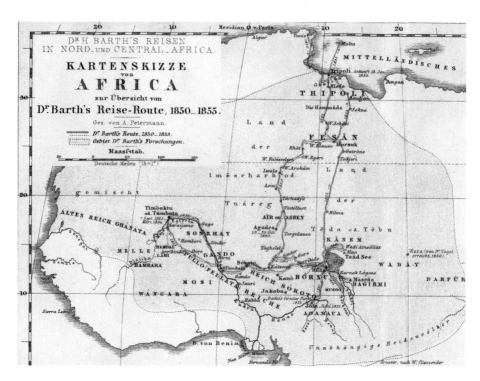

Carte du trajet de Barth en Afrique, tirée du premier volume de l'édition allemande en cinq volumes (Barth 1857–1858b) et légèrement adaptée

Reisen und Entdeckungen

in

Nord- und Central-Afrika

in den Jahren 1849 bis 1855

von

Dr. Heinrich Barth.

_____

Im Auszuge bearbeitet.

- - - - - -

Erster Band.

Mit Holzschnitten, 2 Bildern und dem Portrait des Reisenden.

Das Recht der Uebersetzung wird vorbehalten.

Gotha.

Verlag von Justus Perthes.
1859.

L'édition allemande de _Reisen und Entdeckungen in Nord- und Central-Afrika in den Jahren 1849 bis 1855_ (Barth 1857–1858b)

TABLE DES MATIERES

INTRODUCTION

HEINRICH BARTH EN EUROPE ET EN AFRIQUE

HEINRICH BARTH : TEXTE ET CONTEXTE

HEINRICH BARTH ET LE QUOTIDIEN EN AFRIQUE

HEINRICH BARTH ET L'HISTOIRE

INTRODUCTION

Mamadou Diawara, Paulo Fernando de Moraes Farias, Gerd Spittler

Le contexte scientifique et politique

En 1967, un volumineux ouvrage est publié sous la direction de Heinrich Schiffers : *Heinrich Barth. Ein Forscher in Afrika : Leben – Werk – Leistung*[1]. Ce titre aurait également pu convenir au présent ouvrage. Quelles sont alors les similitudes entre ces deux ouvrages et en quoi se distinguent-ils ? Pourquoi publier, quarante ans plus tard, un nouvel ouvrage collectif sur Barth ? Afin de répondre à ces questions, je rappellerai d'abord dans les grandes lignes le contenu de l'ouvrage de 1967, peu connu dans les pays francophones.

L'ouvrage de Schiffers, qui réunit les contributions de quinze chercheurs, fut publié à l'occasion du centenaire de la mort de Barth, décédé en 1865. Outre une biographie de Barth, il s'agissait avant tout de rendre hommage à son œuvre scientifique et de présenter son héritage. À cette fin, l'œuvre de Barth, et plus spécifiquement les *Reisen und Entdeckungen in Nord- und Centralafrica in den Jahren 1849–1855* en cinq volumes, a été étudiée par des géographes, des ethnologues, des historiens, des linguistes africanistes, des orientalistes, des médecins et des biologistes. Les géographes prédominent parmi les auteurs, à commencer par Heinrich Schiffers, le directeur même de l'ouvrage, qui a rédigé six des contributions. Barth est avant tout perçu comme un géographe, et l'on rend hommage aux services qu'il a rendu à la géographie. Les ethnologues, les historiens et les linguistes ne sont représentés respectivement que par un seul article.

Une des contributions les plus importantes est le chapitre écrit par Heinrich Schiffers sur le legs manuscrit de Barth. C'est en effet la première fois qu'est décrit ce volumineux héritage, dispersé à de nombreux endroits. Alors que les manuscrits de la *Central African Mission* déposés dans les archives à Londres étaient largement connus et avaient déjà été exploités par plusieurs chercheurs (Boahen 1964, Bovill 1958, Kirk-Greene 1962, Prothero 1957), ceux dispersés en Allemagne et en France, notamment à Hambourg et à Paris, ne l'étaient guère. Barth est l'un des rares chercheurs dont on puisse reconstituer avec exac-

---

1 En français, *Heinrich Barth, un chercheur en Afrique : vie, œuvre, réalisations.*

titude les phases du voyage et des recherches à partir de la documentation existante (voir la contribution de Spittler dans cet ouvrage). Outre les journaux conservés, dont le texte mis au point par Barth couvre la plus grande partie de son voyage, il existe ainsi une version antérieure sous forme de carnets de notes (« Memorandenbüchlein »), rédigés en cours de route et transportés dans la sacoche de la monture. En tout et pour tout, plus de 2 400 pages de ces journaux et carnets de notes ont survécu. À cela s'ajoutent des documents ayant trait aux itinéraires et à la linguistique. Une correspondance abondante adressée par Barth à sa famille et à des chercheurs en Europe fournit d'autres renseignements sur l'homme et le chercheur.

Ces manuscrits laissés par Barth ont été peu exploités jusqu'à présent. Manifestement, la publication du récit de voyage offre une telle richesse d'informations et son exploitation a exigé tant d'efforts que les chercheurs s'en sont largement contentés. A cet égard, la biographie publiée en 1897 par Gustav von Schubert constitue une exception[2]. Les auteurs de l'ouvrage de Schiffers se réfèrent très largement au récit de voyage publié. Dans la mesure où leurs travaux s'appuient sur des documents d'archives – par exemple, ceux du ministère des Affaires étrangères britannique ou de la *Royal Geographical Society* à Londres pour Prothero, « Barth and the British » ou ceux de l'université de Berlin pour Engelmann, « Heinrich Barth in Berlin » – ces auteurs ont davantage exploité les sources disponibles sur Barth que les sources produites par lui-même. De même, l'ouvrage présent sur Barth ne met pas à profit ce riche héritage, mais se limite pour l'essentiel à l'œuvre publiée.

Notre ouvrage se distingue de celui de Schiffers à trois égards : la date de sa publication, les disciplines représentées et la langue de publication. Notre ouvrage paraît presque quarante ans plus tard. Loin d'être une simple question de chronologie, ce décalage temporel renvoie à deux époques profondément différentes. Lors de sa parution, l'ouvrage de Schiffers revêtit un caractère pionnier, puisque, avant cette date, il n'existait pas de vue d'ensemble comparable sur l'œuvre de Barth. Aujourd'hui, nous publions en pouvant nous appuyer sur les connaissances exposées dans cette publication antérieure. Mais les temps ont également changé. L'ouvrage de Schiffers est paru à un moment où l'époque coloniale venait de se terminer. La plupart de ceux qui y ont contribué avaient principalement effectué leurs recherches sous le régime colonial : dans leur perspective, les voyageurs du XIXe siècle étaient des pionniers et les explorateurs de mondes inconnus auxquels on rendait hommage à ce titre. Rares sont les moments où les Africains eux-mêmes font leur apparition, comme par exemple dans le chapitre de Schiffers consacré aux rapports entre Barth et les Africains.

Depuis, les explorateurs du XIXe siècle ont fait l'objet d'études plus critiques, et les Africains occupent une place plus importante sur la scène de la recherche. Cette évolution se reflète dans notre ouvrage. La conférence organisée en décembre 2004 eut lieu non pas en Europe, mais à Tombouctou.

---

2   Dans son testament, Barth a nommé comme légataire son beau-frère von Schubert.

L'occasion n'était pas un anniversaire de la vie de Barth, mais celui de son arrivée dans cette ville. Trois chercheurs africains ont participé à ce colloque, même si, ce qui est significatif, tous enseignent dans une université européenne ou américaine. Mais c'est la participation de savants originaires de Tombouctou qui a laissé la plus forte impression : grâce à eux, les débats et les luttes politiques menés il y a 150 ans ont été ravivés. Malheureusement, leurs contributions n'ont pu être incluses dans cet ouvrage.

La plupart des contributions de cet ouvrage portent un jugement très positif sur l'œuvre de Barth, sans pour autant céder à l'hagiographie et sans hésiter à se montrer critique. Les débats postcoloniaux et la critique textuelle des dernières décennies se reflètent ici. Mais le temps passe et des voix critiques s'élèvent désormais à leur tour contre cette approche. L'une des contributions (Muhammad Umar) interroge non seulement de façon critique Barth à la lumière de Said, mais aussi ce dernier à la lumière de Barth.

Notre ouvrage, comme celui de Schiffers, réunit les contributions de quinze chercheurs, mais la gamme des disciplines représentées n'est pas du tout la même. En raison de l'importance accordée aujourd'hui à la critique textuelle, il n'est pas étonnant que deux littéraires aient écrit sur les textes de Barth. Ce n'est pas la seule différence. Alors que les géographes occupaient une place de premier plan chez Schiffers, aucun n'est représenté ici. Ce sont les historiens et les ethnologues, faiblement représentés chez Schiffers, qui prédominent, avec respectivement six et cinq contributions. À cet égard, les deux ouvrages sont donc complémentaires. Si l'on pose la question de savoir dans quelles disciplines Barth a apporté les contributions les plus importantes, ce sont certainement la géographie, l'histoire et l'ethnologie. Peut-être faudra-t-il ajouter la linguistique africaniste, une fois que le legs linguistique de Barth aura été exploité. La contribution de Doris Essing (« Die afrikanisch-linguistische Hinterlassenschaft von Barth ») dans l'ouvrage de Schiffers souligne en effet que Barth a également été un pionnier dans le domaine de la linguistique.

La différence la plus frappante entre les deux ouvrages est la langue de publication. La publication de Schiffers est pour l'essentiel un livre allemand : sur ses vingt contributions, quinze ont été écrites en allemand, trois en anglais et deux en français. Notre ouvrage est français : sur les dix-neuf contributions, quatre sont écrites en anglais, le reste en français. Cela ne reflète pas l'appartenance nationale des auteurs, car seuls trois des quinze auteurs sont de nationalité française. Alors que, aujourd'hui, la langue des publications scientifiques est l'anglais, et ceci indépendamment de la nationalité de l'auteur, la plupart des auteurs se sont efforcés ici d'écrire leur texte en français, même si ce n'est pas leur langue maternelle.

Quelles en sont les raisons ? La conférence a eu lieu au Mali, pays dont la langue officielle est le français. Son objectif, réussi, a été de s'adresser, au-delà du cercle étroit des chercheurs qui y ont participé, à un public large à Bamako et à Tombouctou et de le faire participer aux débats. Toutefois, à Tombouctou, y participaient des savants qui parlaient l'arabe et non pas le français. À la différence de la plupart des chercheurs occidentaux présents à cette occasion, Barth, qui était polyglotte, n'y aurait vu aucun inconvénient ! Il y avait d'autres raisons qui justifiaient le choix de la langue française. Barth a voyagé surtout dans des régions africaines devenues plus tard des colonies françaises : l'Algérie, le Niger, le Tchad, le Burkina Faso et le Mali. Les résultats de ses recherches peuvent constituer une contribution importante à l'historiographie de ces pays. Jusqu'à présent, il n'existe aucune traduction française du texte intégral du récit de voyage de Barth. Alors que, en 1857–1858, la grande édition en cinq volumes fut publiée simultanément en anglais et en allemand, on ne trouve aujourd'hui qu'une version française considérablement abrégée (voir la contribution de Ricard et de Spittler dans cet ouvrage). Jusqu'à nos jours, la réception de l'œuvre de Barth dans l'ensemble du monde francophone souffre de ce handicap. La conférence de Tombouctou sur Barth ainsi que cet ouvrage sont également destinés à inciter à la traduction française intégrale du récit de voyage.

En ce qui concerne la réception des écrits de Barth, ce n'est pas seulement la langue, mais aussi la nationalité qui a joué un rôle. Barth était allemand mais il a entrepris son voyage en Afrique en tant que membre, voire même, après la mort de Richardson, en tant que chef, d'une expédition financée par le ministère des Affaires étrangères britannique. Le fait que la *Central African Mission* – le titre officiel de l'expédition – soit composée, hormis son chef anglais (Richardson), de trois chercheurs allemands (Barth et Overweg, dès le début, et Vogel plus tard) a également été interprété sous un angle nationaliste. D'après la correspondance de Carl Ritter (Plewe 1965), la *Central African Mission* était perçue du côté allemand comme s'inscrivant dans le cadre de la rivalité entre l'Angleterre et l'Allemagne. Ritter et d'autres chercheurs avaient intérêt à présenter les exploits de Barth, d'Overweg et de Vogel comme des contributions de l'Allemagne à la science, même si l'initiative de l'expédition revenait au ministère britannique des Affaires étrangères. Alors même que Barth séjournait en Afrique, de nombreux traités sur son voyage furent publiés dans des revues allemandes[3]. Barth lui-même, qui dirigea loyalement l'expédition du gouvernement anglais après la mort de Richardson, n'a pas été tout à fait insensible à cette rivalité entre les deux nations, comme le montre la dernière phrase du cinquième et dernier volume de son récit : « J'espère que cette heureuse exploration de l'intérieur de l'Afrique sera toujours vue comme un glorieux exploit du génie allemand. » (Barth 1857–1858b V: 454). Cette phrase ne figure pas dans la version anglaise, en principe identique[4] !

---

3   Les Anglais, de leur côté, veillèrent à être les premiers à recevoir des nouvelles de l'expédition. La *Royal Geographical Society* se plaignait que August Petermann publiait en Allemagne des nouvelles avant qu'elles ne fussent connues en Angleterre. Quant aux publications anglaise et allemande du grand récit de voyage de Barth, une clause stipulait que l'édition anglaise devrait paraître au moins une semaine avant la version allemande.

4   Ce n'est pas le seul passage où les éditions allemande et anglaise divergent. Ces différences mériteraient une comparaison systématique.

Au cours de la deuxième moitié du XIXe siècle, la rivalité entre nations s'est trouvée renforcée par les conflits impérialistes pour le partage de l'Afrique. Barth a été victime de ces conflits à plusieurs égards. Les Britanniques refusèrent de le reconnaître pleinement du fait de sa nationalité, bien qu'il ait voyagé pour le compte du gouvernement anglais. Inversement, les Allemands lui en voulaient, parce qu'il s'était mis au service des Britanniques. La réception limitée de l'œuvre de Barth en Allemagne est également due au fait que, même si Barth a exploré une immense région de l'Afrique, celle-ci a été répartie par la suite au sein de l'empire colonial français, et de l'empire colonial anglais.

Lorsqu'en 1897, Gustav von Schubert, officier de métier, publie sa biographie de Barth, il justifie sa démarche en faisant valoir que Barth était tombé dans l'oubli, bien qu'il ait été jadis célébré par Alexander von Humboldt pour avoir exploré toute une partie du monde. Il veut rappeler l'explorateur à la mémoire des Allemands. Le titre de sa biographie est significatif à cet égard : *Heinrich Barth, der Bahnbrecher der deutschen Afrikaforschung* [« Heinrich Barth, le pionnier des recherches allemandes en Afrique »]. Von Schubert aborde également la question de la colonisation de l'Afrique et tente alors d'établir un lien, au moins partiel, entre Barth et les intérêts coloniaux allemands : « Et pourtant, Barth n'a pas seulement ouvert la voie vers le Sahara et le pays du Niger aux Anglais et aux Français, il a aussi dirigé les regards de l'Allemagne vers les régions de l'Afrique orientale que nous considérons aujourd'hui comme un bien national précieux ; ainsi, l'endroit depuis lequel Barth a aperçu la Bénoué pour la première fois [...] fait partie de la sphère d'intérêts allemande en Afrique occidentale depuis 1883. Il a dirigé son regard vers ce qui est aujourd'hui un territoire allemand » (von Schubert 1897: v).

Barth a peut-être dirigé son regard vers un territoire destiné à devenir plus tard allemand, mais il n'a pas exploré ce territoire. Cela a eu des conséquences pour la réception ultérieure, indépendamment des vanités nationales. Jusqu'à la fin de l'époque coloniale, les chercheurs anglais ont mené leurs enquêtes surtout dans les colonies anglaises, les chercheurs français dans les colonies françaises, et les chercheurs allemands dans les colonies allemandes. Barth a bénéficié d'une réception bien plus intense de la part des chercheurs anglais que de leurs collègues allemands, parce que ses publications portaient sur leur domaine de recherche (par exemple, Rodd 1926, Bovill 1958, Kirk-Green 1962, Prothero 1957). À la différence de leurs collègues français, les chercheurs anglais ont eu à leur disposition une version intégrale du récit de voyage en langue anglaise. Quant aux chercheurs allemands, ils étaient en principe familiers de l'édition allemande. Mais, puisque seuls quelques-uns ont effectué leurs recherches dans les régions explorées par Barth, ce dernier a connu une réception moins intense qu'en Angleterre. La publication de Schiffers avait, entre autres, pour but de faire connaître l'œuvre de Barth en Allemagne. C'est seulement depuis que les pays africains sont devenus indépendants que ce lien étroit entre colonies et chercheurs a commencé à se défaire. Les Allemands effectuent désormais des recherches dans les anciennes colonies françaises et anglaises, les Français et les Anglais se sont mis progressivement à regarder au-delà des frontières de leurs anciennes colonies.

Gerd Spittler

Le contexte de l'événement

Au printemps 2002, l'ambassade de la République Fédérale d'Allemagne prit contact avec Point Sud, afin d'organiser une rencontre à caractère scientifique à l'occasion du cent cinquantième anniversaire de l'arrivée de l'explorateur allemand Heinrich Barth à Tombouctou, le 7 septembre 1853. L'initiative revenait en fait à l'*Institut Heinrich Barth* de Cologne, qui s'en était fait l'écho auprès de l'ambassade à Bamako. L'institut s'est adressé à Point Sud dans un courrier électronique en date du 7 mai 2002. C'est ainsi que je fus chargé, au nom de Point Sud, de prendre les premiers contacts avec les spécialistes.

Point Sud, le Centre de Recherche sur le Savoir Local (*Centre for Research on Local Knowledge, Forschungszentrum Lokales Wissen*) est un institut de recherche international et autonome pour la formation et la recherche. Il est le fruit d'une initiative locale de Maliens et d'expatriés, de l'Université de Bayreuth et du *Wissenschaftskolleg zu Berlin*. Point Sud fut lancé grâce à la Fondation Volkswagen (*VolkswagenStiftung*) qui l'a entièrement financé pendant trois ans et a continué d'appuyer la publication d'ouvrages scientifiques. Il est actuellement financé par la *Johann Wolfgang Goethe-Universität* de Frankfurt, la *Deutsche Gesellschaft für Technische Zusammenarbeit*, la *Bank of Sweden Tercentenary Foundation* de Stockholm de Suède. L'objectif est de mettre la recherche universitaire en relation avec les organismes de développement sur le terrain et de débattre des problèmes du continent africain non seulement en Europe, mais aussi en Afrique même. L'enseignement, la recherche et la diffusion des résultats sous forme de débats publics et de conférences scientifiques sont au cœur de son action. La conférence de Tombouctou s'inscrit dans ce cadre.

L'enthousiasme du professeur Gerd Spittler, de l'Université de Bayreuth, m'a encouragé à poursuivre mes efforts pour réunir les spécialistes nécessaires et prolonger l'initiative au-delà de Bamako. Très rapidement, le professeur Paulo Fernando de Moraes Farias, de l'Université de Birmingham en Grande Bretagne, témoigna l'engagement nécessaire pour nous lancer dans une œuvre intellectuelle à trois. Mais l'essentiel faisait défaut.

Il manquait encore l'intérêt, non des moindres, des collègues et amis présents sur le terrain. Heureusement, est arrivé à l'ambassade de la République Fédérale d'Allemagne, un chargé d'affaire, M. Georg Schmidt, qui était convaincu du bien-fondé de l'entreprise. Il fut informé du projet par le Dr Wilfried Hoffer, directeur de la *Deutsche Gesellschaft für Technische Zusammenarbeit* à Bamako. Georg Schmidt, avec ses collègues et amis du Programme Mali Nord, Dr Henner Papendieck et Dr Barbara Rocksloh-Papendieck, prirent alors l'affaire en charge. Avec le Dr Hoffer, ils parvinrent successivement à convaincre le siège de la *GTZ* à Eschborn, le Ministère Fédéral pour la Coopération Économique à Bonn, ainsi que les autorités maliennes, de l'opportunité de la conférence dont G. Spittler, P.F. Moraes Farias et M. Diawara avaient pris soin de préparer l'appel à candidature.

Du côté malien, nous fîmes, les Drs Hoffer, Papendieck et moi, le déplacement auprès du ministre de la Culture pour nous assurer de l'intérêt et de l'appui de la partie malienne, lesquels étaient acquis d'avance. Heinrich Barth a été en quelque sorte immortalisé à Tombouctou : d'ailleurs, la maison où il habitait lors de son séjour tombouctien (1853–1854) porte son nom.

Sur place et dans la région, l'idée d'organiser une telle rencontre à Tombouctou plutôt que dans la capitale provoqua un enthousiasme dont nous ne nous aperçûmes qu'une fois sur le terrain. Les débordements de joie le long de notre itinéraire et l'engagement des populations de Tombouctou pendant la conférence dépassaient tous nos espoirs.

La conférence a réuni, du 28 novembre au 5 décembre 2004, vingt chercheurs venus d'Europe du Nord, des États-Unis, du Brésil et d'Afrique. Les manifestations se sont déroulées à Bamako et à Tombouctou. Le Musée National organisa, dans la capitale, une exposition d'objets personnels de l'explorateur, présentés par son arrière-arrière petit-neveu le Dr Achim von Oppen, historien au *Zentrum Moderner Orient* à Berlin. L'exposition fut ouverte officiellement par le ministre du Mali de l'Éducation Nationale du Mali, le Professeur Mamadou Lamine Traoré et par le Secrétaire d'État aux Arts et à la Culture de l'État de Hessen, le Professeur Joachim Felix Leonhard qui avait fait spécialement le déplacement.

La conférence a permis la rencontre entre des univers et des personnes qui ont rarement l'occasion d'être réunis.

La conférence fut marquée tout d'abord par la rencontre entre le monde du développement et le milieu universitaire. La *Deutsche Gesellschaft für Technische Zusammenarbeit* qui, depuis deux ans, finance Point Sud, Centre de Recherche sur le Savoir Local, a donné l'occasion à cette jeune institution, également soutenue par l'État de Hessen, et par la *Johann Wolfgang Goethe-Universität* de Frankfurt d'initier une rencontre unique entre le monde du développement et celui de l'université. Ces deux milieux, réputés méfiants l'un de l'autre, ont pu discuter de la question, prioritaire s'il en est, du dialogue entre les mondes et les civilisations.

Par ailleurs, la conférence a permis la rencontre entre les intellectuels de la Cité Mystérieuse et ceux de Djenné, Gao et Mopti. Entre Maliens, l'échange était à la fois dense et courtois. Les Tombouctiens et habitants des environs ont pu, grâce à une retransmission en direct des débats sur les ondes de la Radio FM locale, suivre l'essentiel de ce qui se passait en salle. Ils ont pu également suivre la soirée spéciale du 3 décembre, consacrée au dialogue singulier entre universitaires et intellectuels locaux. Les nombreuses visites, individuelles ou de groupes, dans les bibliothèques privées et publiques de la ville ont permis un dialogue d'une autre nature que celle de la salle de conférence. Là, on échangeait entre savants en privé, au milieu des livres et des archives. Malheureusement, une panne des magnétophones de la radio chargée d'enregistrer *in extenso* les débats nous empêche de rendre compte de cet aspect singulier de la conférence.

Ce fut aussi l'occasion de réunir les protagonistes de l'époque (qu'ils fussent de Tombouctou, Hamdallaye, Djenné, Mopti ou Gao) et l'arrière-arrière-petit-neveu de Heinrich Barth. Les conversations avec le descendant du Berabísh, 'Alí, fils de Hámed Weled 'Abéda qui à l'époque exécuta le Major Gordon Laing (Barth 1957 II: 336), les descendants de Shaykh Ahmad al-Bakkā'ī Kunta et de Seku Amadu de Hamdallaye étaient d'une rare qualité. Le forum se prêtait d'autant mieux à ce dialogue que les descendants de Seku Amadu présents dans la salle n'avaient guère l'opportunité d'échanger avec les tombouctiens depuis leurs ancêtres.

La conférence a aussi rapproché le monde de la presse et celui de l'université. Si les acteurs du développement sont habitués aux reportages des équipes de télévision, nationales et étrangères, tel n'est pas le cas des chercheurs. Pour nombre d'entre eux, c'était la première fois qu'ils avaient ainsi l'occasion d'échanger avec les journalistes de la télévision malienne (ORTM) et la station de télévision des États germanophones (3-SAT). La première réalisa une demi-heure d'émission spéciale tandis que la seconde consacra 45 minutes à l'événement. Les deux émissions furent diffusées aux heures de grande écoute, ce qui donna à l'événement un écho inattendu tant en Allemagne qu'au Mali.

Enfin, le projet permit la rencontre entre les bénéficiaires des actions de la *GTZ*, en l'occurrence du Programme Mali Nord, avec le monde universitaire. On avait rarement vu un tel enthousiasme de la part des bénéficiaires d'une action de développement face à une délégation de chercheurs. Des visites des sites mis en valeur dans le cadre de ce programme ont eu lieu, ainsi que des rencontres spontanées avec les paysans de la région riveraine de la zone du programme.

La conférence a permis à Point Sud de montrer que, plutôt que d'adopter le splendide isolement du chercheur enfermé dans sa tour d'ivoire, on pouvait, en collaborant avec le milieu du développement, réaliser des actions de grande envergure et fructueuses pour tous, y compris pour les paysans.

Mamadou Diawara

Les thématiques de l'ouvrage

Lorsque l'on mentionne aujourd'hui le nom de Heinrich Barth, on évoque non seulement des vestiges du passé africain, mais aussi des traces laissées par un Européen, les deux étant étroitement imbriqués. L'objet de cet ouvrage est de comprendre comment ces traces ont été produites et sous quelles perspectives elles sont aujourd'hui rassemblées et analysées. Mais étudier le parcours de'Heinrich Barth c'est aussi se pencher sur l'histoire de l'interprétation de son héritage jusqu'à nos jours. La majeure partie de cet héritage étant en fait un corpus de textes incarnant un savoir, il est nécessaire de retracer la construction et la filiation de ces écrits et de s'interroger sur la fiabilité de ce savoir.

Le point de départ de cette démarche est un ouvrage dont il existe plusieurs versions. Les deux premières, rédigées par Barth et publiées l'une en allemand (*Reisen …*), l'autre en anglais (*Travels …*), ne sont pas tout à fait identiques. La version abrégée qu'il a élaborée par la suite, en collaboration avec le docteur Lorenzen, fut publiée en allemand (*Reisen …*) et traduite en français par Paul Ithier (*Voyages …*). Des différences d'orientation non négligeables existent entre la version abrégée et les versions antérieures. De même, la traduction française n'est pas toujours absolument fidèle à la version originale. Cette multiplicité de variantes constitue un sujet à explorer.

Par ailleurs, si le nom de Heinrich Barth est devenu synonyme d'un grand voyage chez l'Autre, cet Autre n'en demeure pas moins multiple, puisque Barth, entre 1849 et 1855, s'est successivement confronté à des cultures africaines très différentes. A cet égard, il s'avère pertinent de comparer le savoir produit sur la route et le savoir élaboré lors de séjours plus ou moins prolongés en ville. Même si l'on se concentrait sur le savoir « sédentaire », force serait de reconnaître les horizons cognitifs ouverts au voyageur par la rapidité des déplacements, qui permet d'établir des relations entre des pays divers et de saisir les transitions d'un paysage à un autre. Les moyens de locomotion utilisés jouent donc un rôle crucial, de même que les points de vue à partir desquels Barth dessina ses croquis de paysages et de villes. La relation entre texte et illustration, dans les *Reisen/Travels/Voyages,* ne va en effet pas de soi et appelle une analyse approfondie.

Le voyage d'exploration était pour Barth une aventure du regard, de l'écriture, et de la lecture (il trouva beaucoup à lire en Afrique). C'était aussi une aventure de l'écoute et de la conversation (pour cela il apprit des langues africaines). Ses manières de voir relevaient d'idéaux esthétiques et d'approches scientifiques étroitement imbriqués à son époque en Allemagne. Bien que son discours aspire toujours à la description objective de la réalité, il serait naïf de ne le lire et de ne l'évaluer que comme une pratique scientifique. Il faut également saisir ce discours comme une pratique littéraire s'inscrivant dans la tradition européenne des récits de voyage et ayant contribué à l'évolution du genre et de son iconographie.

Son récit revêt enfin une dimension idéologique : il traduit une certaine manière de voir l'Afrique et de présenter ses enjeux politiques, quelques décennies avant le partage du continent par les puissances européennes. Les relations que Barth parvint à nouer en Afrique avec les gens du cru, sa connaissance des savoirs locaux ainsi que sa vision du passé et de l'avenir de l'Afrique, font en fait écho à des questions d'une grande actualité. Le présent ouvrage examine l'ensemble de ces sujets et chacun de ses chapitres envisage une ou plusieurs de ces thématiques.

H. Barth : sa biographie et son souvenir dans l'oralité européenne et africaine

Les articles de Richard Kuba et de Achim von Oppen contribuent à l'un des objectifs principaux de cet ouvrage : situer Barth dans son temps et son atmosphère culturelle, au sens large. Mises ensemble, ces contributions parviennent à cerner Barth d'encore plus près, en évoquant son milieu familial, les bizarreries de son tempérament et ses espoirs souvent déçus de réussite universitaire (sur les conséquences de son manque de succès auprès des étudiants, voir aussi la contribution de A. Jones). L'article de R. Kuba contient une abondance de renseignements biographiques, sans équivalent dans les textes publiés en français jusqu'à nos jours. Il souligne en particulier l'influence intellectuelle exercée sur Barth par le géographe Carl Ritter et le philologue et épigraphiste August Böckh (sur se sujet, voir aussi M. Grosz-Ngaté et G. Spittler, dans ce volume). R. Kuba explicite enfin les relations existant entre Barth et le cartographe August Petermann, ainsi qu'avec d'autres figures intellectuelles de l'époque.

A. von Oppen écrit ici non seulement en tant que chercheur, mais aussi, de manière peu ordinaire, en tant que membre de la famille de Barth. Il s'attarde sur le sort des papiers et des objets personnels laissés par l'explorateur, ainsi que sur les rapports qu'il entretenait avec le peintre et illustrateur Johann Martin Bernatz. Comme R. Kuba, il remarque que Barth avait assez peu d'amis en Europe, alors qu'il s'était lié d'amitié avec plusieurs Africains (sur ce sujet, voir la contribution de G. Spittler). Enfin, Achim von Oppen nous permet d'entrevoir des souvenirs de Barth transmis oralement au sein de sa famille.

Il n'est pas hors de propos de rappeler ici que, dans certaines régions du Sahel, la mémoire de Barth fut aussi préservée assez longtemps par la tradition orale. Le nom arabe « ʿAbdu l'Karīm », qu'il avait adopté en Afrique, servit de sauf-conduit à d'autres Européens, dans des régions où il avait laissé un très bon souvenir. Le lieutenant de vaisseau Hourst en parle en connaissance de cause, à propos de sa descente du Niger en 1896. Il se réclama en effet de Barth, en se présentant comme un membre de sa famille :

> […] un Touatien, Bechir ould Mbirikat, établi depuis longtemps à Tombouctou, […] me donna, en outre, un conseil. Je le suivis immédiatement, sans en mesurer encore toute l'importance. Ce conseil a peut-être plus contribué à la réussite de notre entreprise que nos propres paroles et actions. « Raconte-leur [aux Touareg du

long du Niger] » me dit Bechir, « que tu es le fils d'Abdoul Kerim. » [...] [Si je n'avais pas suivi ce conseil], je n'aurais pas pu, comme cela m'est souvent arrivé, résoudre des situations, parfois très difficiles, par ces simples mots : « Je suis le fils (ou plutôt le neveu) d'Abdoul Kerim ». (Hourst 1898: 84–85)[7]

Rodd (1926: 312–313) trouva aussi à Tintellust, dans l'Aïr, des mémoires vivantes de Barth et de ses compagnons James Richardson et Adolf Overweg ; on lui y montra la « Maison des Chrétiens » habitée par eux en 1850. En janvier 2006 pendant une visite à Tintellust, Gerd Spittler fut lui aussi amené à cette maison[8].

Une intertextualité complexe : les Reisen/Travels/Voyages de Barth

Au moment de la mort de Barth (1865), son ouvrage était déjà publié en allemand et en français sur le continent européen, et en anglais en Angleterre et aux États-Unis[9]. Ces volumes imprimés constituaient l'ultime étape d'un long processus d'écriture. Comme nous le rappellent Isabelle Surun et Véronique Porra dans le présent ouvrage, le voyage d'exploration impliquait d'emblée, sur le terrain, une « pratique scripturaire ». G. Spittler et A. von Oppen soulignent ainsi que les Reisen/Travels constituent le sommet d'une véritable pyramide d'écriture, érigée par Barth. Les fondations de la pyramide étaient les carnets de route, et ses niveaux intermédiaires étaient successivement constitués du journal de Barth, scrupuleusement rédigé en Afrique à raison de trente pages par jour, et de comptes-rendus plus élaborés, affranchis de la dimension chronologique du journal.

Heinrich Barth envoyait d'Afrique des lettres, des rapports, des cartes et d'autres documents à ses nombreux correspondants scientifiques en Europe, ainsi qu'au gouvernement britannique. Certains de ces documents furent publiés avant le retour de Barth en Europe (voir Spittler, à paraître [2006]). Au moment de rédiger les diverses versions de son ouvrage, Barth pouvait puiser sa matière dans ces publications[10], ainsi que dans les papiers qu'il avait rapportés d'Afrique. Il lui était ainsi possible de trier certains éléments de la masse de documents disponibles et de les reprendre au besoin dans une autre version de son exposé. Il disposait de toute latitude pour organiser ces éléments de manière différente selon les versions des Reisen/Travels.

---

7 À Lokodja (Lokoja), Hourst (1898: 454) rencontra Abbega, qui était venu en Europe avec Barth, et dont nous parlent, dans le cadre de ce volume, Mamadou Diawara, Richard Kuba, et Achim von Oppen.

8 Spittler (communication personnelle). Je remercie Spittler de ce renseignement, et de bien d'autres qu'il a pu m'offrir grâce à sa connaissance inégalée de l'œuvre, et de la biographie, de Barth.

9 Une édition en trois volumes fut publiée à New York (Barth 1857–1859), à peu près en même temps que les éditions en cinq volumes publiées à Gotha (Barth 1857–1858b) et à Londres (Barth 1857–1858a). Cette édition américaine fut réimprimée à Londres plus d'un siècle plus tard (Barth 1965).

10 Ainsi, Barth (1965 III: 283, 294) fait référence à la publication de ses extraits du Ta'rīkh as-Sūdān par Ralfs (1855).

Prenons l'exemple de la production de sucre près de Sokoto (Moraes Farias, dans ce livre). En avril 1853, Barth fit une excursion à Sokoto à partir de Wurno. Au cours de cette excursion, il visita une petite plantation de canne à sucre dans la vallée de Bamurna. Cette plantation appartenait à un Africain qui produisait également du sucre de canne dans la vallée, mais qui était absent au moment de la visite de Barth (1857–1858b IV: 172–173 ; 1857–1858a IV: 171 ; 1965 III: 127).

T. Lewicki (1967: 55) signala un autre passage, dans la première édition allemande des *Reisen*, où l'explorateur mentionne un endroit (qu'il ne nomme pas cette fois-ci), près de Sokoto, où du sucre de canne était produit par un Peul, qui avait été esclave au Brésil pendant vingt-cinq ans (Barth 1857–1858b III: 139). Manifestement, T. Lewicki considérait cette édition en cinq volumes des *Reisen* comme l'édition canonique de l'ouvrage de Barth. En tout cas, dans son article, il ne jugea pas nécessaire de la comparer ni à l'édition allemande abrégée en deux volumes (Barth 1859–1860), ni à aucune autre édition. Une telle comparaison permet de noter que dans les éditions anglaises de l'ouvrage (voir Barth 1857–1858a III: 153 ; Barth 1965 II: 340), les passages correspondants ne précisent pas que le producteur de sucre était un Peul revenu d'Amérique du Sud. À première vue, cela semble confirmer que les *Reisen* en cinq volumes sont, à tous niveaux, la plus complète des éditions du livre de Barth, et la seule édition qui fasse autorité[11].

T. Lewicki considérait que, dans la première édition des *Reisen*, le passage consacré au Peul producteur de sucre devait être assimilé au passage sur la vallée de Bamurna. Mais il ne pouvait guère l'affirmer de manière certaine. Plus tard, j'ai constaté que les deux passages étaient réunis dans la version française de l'ouvrage :

> C'était la vallée Bamourna, célèbre par sa fertilité […]. Mon attention fut attirée plus encore par le rare spectacle d'une petite plantation de canne à sucre, située au pied du rocher. Ces cannes n'étaient hautes que de 16 à 18 pouces, mais je fus encore plus étonné d'apprendre qu'elles produisaient réellement du sucre. Le propriétaire de la plantation était un Poullo qui avait été vingt-cinq ans esclave au Brésil ; malheureusement il était absent, ce qui ne me permit pas de faire sa connaissance. (Barth 1860–1861 III: 227)

À l'époque, cette traduction française des *Reisen*, publiée en quatre volumes à Paris, Bruxelles et Genève, avait une très mauvaise réputation, même en France (voir Bernus 1972: 1). On accusait le traducteur, Paul Ithier, d'avoir dénaturé le texte de Barth, en ayant omis des passages cruciaux des *Reisen* / *Travels*, ou en les ayant rattachés arbitrairement à d'autres passages (Ricard & Spittler, ce volume). C'est pourquoi je crus que P. Ithier, étant moins prudent que T. Lewicki, avait amalgamé les deux passages sans être autorisé à le faire.

---

11 En réalité, il y a des passages qui n'y figurent pas mais furent publiés dans d'autres éditions. Voici un exemple : les renseignements sur le *Shitîma* (*Shettima*) Makarêmma du Bornou, publiés dans l'édition de New York (Barth 1857–1859 II: 16), sont absents du texte des *Reisen* en cinq volumes (voir Lange 1977: 7).

Mais une surprise m'attendait (Moraes Farias 1990: 40), sous la forme d'une « Esquisse des environs de Sokoto et Wurno » relevée par Barth en 1853, puis redessinée et publiée par A. Petermann en 1855. Sur cette esquisse, la note suivante est attachée au toponyme « Bamurna » :

> Fruchtbares Thal, mit Quellwasser und einem Markt versehen. Auch wohnt hier ein Fellani, der 27 Jahre Sklave in Brasilien war, und hier eine Zucker-Plantage angelegt hat. [Vallée fertile, pourvue d'eau de source et d'un marché. En outre, ici habite un Fellani qui fut esclave au Brésil pendant 27 ans, et qui a établi ici une plantation de canne à sucre]. (Petermann 1855: pl. 1) [12]

L'hypothèse de T. Lewicki était donc correcte, et P. Ithier n'était coupable d'aucun rapprochement arbitraire. Pourtant, ce n'était pas A. Petermann que P. Ithier avait repris, puisque, comme l'édition des *Reisen* en cinq volumes, le texte français parle de « vingt-cinq ans » au Brésil, au lieu de vingt-sept. Qui donc avait-il pu reprendre ?

Une élégante solution à cette énigme nous est maintenant donnée par A. Ricard et G. Spittler. Ils démontrent en effet que la traduction publiée par P. Ithier, hormis un certain nombre de coupures et de contresens, reproduit l'édition allemande abrégée. On retrouve effectivement dans celle-ci (Barth 1859–1860 II: 171) l'original du passage sur la vallée de Bamurna qui est repris dans la traduction de Paul Ithier.

Il reste à préciser que dans l'édition allemande abrégée, le texte de la version longue n'est pas simplement raccourci et réorganisé. D'autres différences existent entre ces deux éditions. V. Porra, dans cet ouvrage, signale par exemple que Barth propose, dans la version abrégée, une image beaucoup moins favorable de son prédécesseur, René Caillié, que dans la version longue. Et A. Ricard et G. Spittler soulignent la présence, dans la version abrégée, de renseignements et commentaires qui étaient absents de la version longue. La version abrégée jouit donc d'une autorité qui lui est propre.

Le vu, l'écrit, et le dessiné … et ce que Barth n'arriva pas à noter ni à voir

Dans la description qu'en donne Barth (1965 III: 226–233), le relief de la région de Hombori, au Mali, est « grotesque et fantasque » et ressemble « aux ruines d'un château du Moyen-âge ». En même temps, il n'oublie pas de calculer approximativement l'altitude de ces montagnes. Ce récit témoigne du mélange, chez Barth, entre appréciation esthétique et souci scientifique. Des extraits de son ouvrage furent publiés en français, en 1860, dans le *Tour du Monde*, avec une « Vue des Monts Hombori » dessinée par l'illustrateur D. Lancelot. Ces extraits et le dessin qui les accompagne inspirèrent ensuite Jules Verne et ses illustrateurs, d'autant plus que des penchants romantiques coexistaient, chez Barth (von Oppen, ce volume) comme chez Verne, avec des

---

12 Sur la « Carte des routes entre Kano, Katsina & Say », Petermann (voir Barth 1965 III: en face de la page 88) associe le toponyme « Bamurna » simplement à « du sucre » et « de vastes champs d'ignames », sans autres détails.

tendances réalistes. D'ailleurs, Jules Verne « [cultivait] volontiers et concrètement la métaphore de l'écriture, imaginée comme un voyage » (Robin 1986: 119, 122 ; Gauthier 1981 ; Ricard & Spittler, ce volume)[13]. Cette affinité entre le récit d'exploration et le roman de voyage reflétait aussi l'existence, en Europe et en Amérique, d'un public qui lisait les deux genres sans les opposer l'un à l'autre (voir Adams 1983 ; Duncan & Gregory 1999). C'est plutôt le discours des anthropologues qui, plus tard et pour longtemps, s'est opposé aux récits du réel produits par les explorateurs (Grosz-Ngaté, cet ouvrage).

Il y a évidemment, chez Barth, un écart entre ce qu'il vit et ce qu'il écrivit et réécrivit à partir de ce « vu », d'abord sur le terrain même, puis à son retour d'Afrique. Il est essentiel d'être averti de ce parcours à plusieurs étapes qui mène de l'observation à l'écrit publié (Porra, ce volume). Ce qui ne signifie pas pour autant qu'il faille concevoir un « vu » brut, immédiatement collé au réel, ni qu'il faille l'opposer aux objets fabriqués par l'écriture, éloignés de plus en plus des faits et partageant la facture rhétorique des récits fictifs.

En premier lieu, le regard lui-même n'était pas innocent. L'explorateur arrivait avec son bagage d'images et de façons de voir, issues de ce qu'il avait vu ou lu ailleurs. De plus, le vu s'inscrivait non seulement en mots, mais aussi en croquis et esquisses de plans et de cartes. Or, pour fabriquer ces objets, le voyageur faisait appel à des procédures de représentation graphique traditionnelles ou émergeantes dans sa propre culture. Il y avait donc un passage du vu au dessiné, non moins prégnant que le passage à l'écrit (Surun, ce volume). En plus de l'écart entre les carnets de route et le texte publié, une autre distance existe entre, d'un côté, les croquis et les esquisses de cartes dessinés par Barth lui-même en Afrique, et de l'autre, les illustrations et les cartes produites, pour les *Reisen/Travels/Voyages*, par des illustrateurs et cartographes professionnels tels que Johann Martin Bernatz, D. Lancelot et August Petermann. Dans les *Reisen*, Barth (1857–1858b I: xviii, 488) se plaignit de Bernatz au sujet du manque de vivacité de certaines illustrations, mais aussi des libertés que ce peintre orientaliste avait prises dans une « Vue d'Agadès »[14].

Dans le présent ouvrage, Robert Harms et Achim von Oppen mettent en lumière le regard que Barth portait sur l'Afrique (voir aussi Surun, et Umar, ce volume). R. Harms examine certaines descriptions dans le texte des *Travels*, tandis que A. von Oppen analyse des représentations iconographiques et cartographiques réalisées par Barth, Bernatz et Petermann. R. Harms démontre ainsi l'intersection, chez Barth, entre des modes de contemplation et de représentation de la nature, et des terres cultivées, dérivés de l'esthétique du pay-

---

13 À titre d'exemple, Robin (1986: 122, note 17) compare la description des Monts Hombori par Barth, parue dans le *Tour du Monde* (« double série de crêtes fantastiques, surgissant le long de la plaine, et ressemblant aux ruines des châteaux du Moyen-âge »), avec un passage de Jules Verne dans *Cinq semaines en ballon* («Rien de plus étrange que les crêtes d'apparence basaltique ; elles se profilaient en silhouettes fantastiques sur le ciel assombri ; on eût dit les ruines légendaires d'une immense ville du Moyen âge »).

14 Bernatz ajouta à sa Vue d'Agadès (Barth 1857–1858b I: en face de la page 448) des femmes aux seins nus qui n'existaient pas dans l'esquisse originale tracée par Barth.

sagisme allemand, et de l'optique de la sylviculture scientifique allemande[15]. Mais il souligne aussi que, parfois, sous l'influence des pratiques et des savoirs locaux, l'explorateur se montrait capable de transcender ces modes.

Comme le remarque A. von Oppen, les textes et les illustrations de Barth sont mis en relation de façon si inattendue qu'ils s'interrogent mutuellement plus qu'ils ne se confirment. On peut citer, à titre d'exemple, le cas de la Mosquée des *Askyia*, à Gao. Le texte de Barth mentionne un bâtiment à deux tours, l'une étant en ruines et l'autre comptant sept « terrasses ». Mais l'illustration accompagnant ce texte, qui est basée sur un croquis fait par Barth sur place, montre une tour comportant moins d'étages que cela. En outre, on ne trouve aujourd'hui aucun vestige d'une deuxième tour à la mosquée. De plus (et cela ne peut pas être mis sur le compte des libertés prises par l'illustrateur Bernatz), ni les textes, ni les illustrations des *Reisen/Travels/Voyages* ne font référence aux stèles médiévales datées et portant des inscriptions en arabe, qui se trouvaient juste à côté de la mosquée (certaines s'y trouvent encore de nos jours). On se demande comment Barth put ne pas les voir, ou ne pas y accorder d'attention, lui qui était arabisant et s'intéressait si passionnément à l'histoire de Gao. Le cimetière où se trouvaient ces inscriptions médiévales est situé à l'est de la mosquée, à l'endroit même où le texte de Barth place la « tour en ruines »[16]. La chronique de Tombouctou dont Barth avait connaissance, le *Ta'rīkh as-Sūdān* (Moraes Farias dans ce volume), date la création du titre *Askyia* de 1493. Mais si Barth avait prêté attention aux inscriptions funéraires du cimetière de la Mosquée des *Askyia*, il se serait rendu compte que ce titre était déjà utilisé à Gao en 1234[17]. Son analyse du passé de la ville aurait donc été différente.

Cela nous amène à réitérer, sous un nouvel angle, les questions posées plus haut sur les manières de voir et les procédures graphiques, qu'elles soient scripturaires ou non. Qu'a donc retenu Barth de tout ce qu'il y a avait à voir, à entendre, à dessiner et à écrire ? Au-delà de la fatigue du voyageur et de l'impossibilité même de tout voir, doit-on accorder autant de signification à certains de ses silences qu'à ses dires ? Quelles limites pouvons-nous établir à la fiabilité de ses écrits et de ses croquis ?

Barth lui-même était considéré en Afrique comme un homme qui voulait tout voir et tout écrire : « écrire le pays » (von Oppen, Spittler, et Surun, ce volume). Il cherchait à se mettre au fait de « tous les traits distinctifs » des pays et des populations (Barth 1965 III: 86). Mais il savait que sa condition d'observateur « de passage » lui imposait des limites (Barth 1965 II: 228 ; voir aussi Diawara, et Grosz-Ngaté, ce volume). En ce qui concerne Gao, il avoue assez franchement que, dans d'autres circonstances, il aurait fait des recherches plus poussées sur la région (Barth 1965 III: 494).

---

15 Sur l'histoire naturelle, la sylviculture et l'environnementalisme dans le contexte de l'expansion européenne, voir Pratt (1992), Grove (1995), Barton (2002).
16 Voir Barth (1857–1858b V: 216–217 ; 1965 III: 478–482) ; Prussin (1986: 129) ; Leary (1978: 276) ; Mauny (1950) ; Insoll (1996: 55) ; Moraes Farias (2003: L, §53–§55).
17 Voir Moraes Farias (2003: xcix, §197–§199 ; et les inscriptions n° 62 et n° 63).

Comme il ne pouvait pas tout apprendre, il était amené à faire des choix. À Gao, il lui était difficile d'obtenir des renseignements car il ne parlait pas le songhay : il dit en effet avoir refusé d'apprendre cette langue (Moraes Farias, et Gardi, dans ce volume). On peut également mettre en évidence des angles morts dans son champ d'observation, comme le montre B. Gardi à propos de l'artisanat africain.

G. Spittler, ainsi que A. Jones, M. Grosz-Ngaté et B. Gardi, se penchent sur les modalités et les rythmes de déplacement de Barth, en analysant leur influence sur ce qu'il fut amené à voir, à entendre et à penser (voir aussi Spittler 1987, 1996, à paraître [2006]). Jan Jansen (2000: 100–101), à propos de la Mission Griaule dans les années 1950, a affirmé que « l'automobile doit être considéré comme un outil méthodologique » qui, pour le meilleur ou pour le pire, donna naissance à la notion de culture « pan-soudanienne » en tant qu'objet de recherche. Pour Barth aussi, la mobilité fut un outil méthodologique, pour le meilleur ou pour le pire. Si elle lui valut certaines erreurs d'interprétation[18], elle lui permit néanmoins d'adopter une perspective globale et de saisir les rapports dynamiques existant entre différentes régions (voir Grosz-Ngaté). En particulier, les *Reisen/Travels/Voyages* ignorent tout naturellement la ligne de démarcation, instaurée ensuite par la colonisation, entre l'Afrique « francophone » et l'Afrique « anglophone ».

Récit du réel, reconstruction de l'altérité et dialogue

Penchons nous sur le passage suivant, où Henri Lhote évoque les gens de Bentia (Bentyia), en aval de Gao :

> Les gens, qui constituent un type physique nettement supérieur à celui des populations de la région de Gao, ont un faciès bestial assez accusé, mais leur village, par l'originalité de sa construction, est fort sympathique et l'on a tout à fait l'impression d'être au milieu d'un groupe de primitifs. (Lhote 1946: 146–147)

Ce « joyau » de la littérature de voyage, avec son clin d'œil complice au lecteur, est extrait du récit d'une descente du Niger en kayak, pendant le premier semestre de 1939[19]. La citation de ce passage ici permet de rappeler la dégradation du genre littéraire du récit de voyage, et du goût présumé de son public, entre l'époque de Barth[20] et l'apogée du colonialisme. Ce rappel est un prélude indispensable, si l'on veut éviter les anachronismes, à l'analyse de l'idéologie qui informe les *Reisen/Travels/Voyages*. Au moment du voyage de Lhote, le colonialisme était intronisé : les jeux étaient faits. Au temps de Barth, rien n'était encore réglé. L'avenir des rapports euro-africains n'était pas scellé et ces derniers étaient susceptibles de prendre des chemins différents de celui qu'ils finirent par emprunter. La réalité concrète du colonialisme a ensuite

---

18 Sur ces erreurs, voir Spittler (1987) et Last (1967: xlvi–xlvii).
19 Au cours du même voyage, Lhote attira l'attention de l'IFAN de Dakar et du Musée de l'Homme, sur les inscriptions arabes des cimetières de Bentia. Il faut lui en savoir gré.
20 Et même l'époque du Lieutenant de vaisseau Hourst (1898) !

effacé le souvenir de ce moment incertain mais fécond et de ces voies poten-
tielles qui ne se sont jamais concrétisées. Mais il y a besoin de les évoquer ici.

En ce qui concerne les habitants, le discours de Lhote est opaque au référent
et sans surprise. Dans sa monotone pauvreté, ce discours ne prétend rien découvrir ni rien dire de nouveau sur les Africains, seulement illustrer des idées
reçues. En théorie, il nous livre un réel mis en récit sur place. Mais, en fait, ce
« réel » était arrivé sur le Niger aussi prêt à l'usage que le kayak du voyageur.
En parlant du vapeur *Le Mage*, il note « que tout son personnel de machinerie
est composé de Noirs », et qu'il est donc « bien extraordinaire que les pièces de
turbines soient encore bout à bout ! » (Lhote 1946: 57). Son récit est un miroir,
non point une fenêtre ouverte. L'écrivain n'y voit et n'y inscrit que lui-même,
un homme heureusement civilisé et naturellement colonisateur, et ne découvre
que ce qu'il était persuadé de savoir déjà sur l'Autre primitif. D'un tel Autre, il
n'avait rien à apprendre.

Le discours de Barth est, au contraire, riche en surprises et en positions
ambiguës et contradictoires. Il n'est pas monolithique (Umar, ce volume) et
choisit d'« écrire le pays » dans des registres souvent opposés (Bello-Kano
2000: 75 ; 2001: 63).

Comme Lhote, Barth compare les Songhay de Gao (mais aussi ceux de
Tombouctou) avec les populations parlant la même langue, en aval de Gao.
Afin d'expliquer pourquoi il n'avait pas voulu apprendre le songhay, Barth
prétend que les dialectes songhay du nord s'étaient appauvris, suite à la soumis-
sion de leurs locuteurs à des conquérants étrangers (voir Moraes Farias dans ce
volume). Mais, il s'empresse d'ajouter,

> je suis sûr que le dialecte parlé par ceux [parmi les Songhay] qui sont restés indé-
> pendants, à Dargol et Kuman [en aval de Gao], est beaucoup plus riche, et quicon-
> que veut apprendre la langue songhay doit l'étudier là-bas. (Barth 1965 III: 328)

Ainsi, d'après Barth, la pauvreté supposée des dialectes du nord était un ac-
cident historique tardif, plutôt qu'une caractéristique immuable de la langue
songhay. Il était prêt à accorder aux locuteurs songhay du sud le respect que le
texte de Lhote dénie à tous les Songhay, voire tous les Noirs, sans trop y
penser[21].

Et pourtant, les discours de Barth et de Lhote partagent des caractéristiques
communes, au premier rang desquelles la déception face à de célèbres villes
soudanaises, thème qui constitue un classique des récits de voyage au Sahel.
Cette déception fut exprimée en premier à Gao par le Pacha Djouder, l'Andalou
converti à l'islam qui commanda les envahisseurs venus du Maroc en 1591.
René Caillié reprit le thème concernant Tombouctou (Porra et Surun, ce

---

21 "Les Noirs sont de grands enfants, des attardés sur le chemin de la civilisation, un peu cu-
pides, mais chez qui le sens social est beaucoup plus élevé que chez nous. Les moins bons
sont, pour la plupart, ceux qui ont évolué trop rapidement, qui se sont corrompus au contact
des Blancs, parce qu'ils ont pris de notre civilisation tout ce qu'il pouvait y avoir de plus
mauvais » (Lhote 1946: 89).

volume). Barth (1965 III: 480, 482), qui cite Djouder, fut déçu par Gao, tandis que la déception de Lhote (1946: 37) retombe sur Tombouctou.

De même, si l'on y regarde de plus près, l'expression de Lhote sur le « faciès bestial » n'est pas sans rappeler certaines pratiques scripturaires de Barth (1965 I: 418, 536 ; 1965 II: 157 ; 1965 III: 107, 155). Certains passages des *Reisen/Travels/Voyages* se servent du corps des Noirs, hommes ou femmes, en particulier de la forme du crâne et de la physionomie, comme d'une métonymie de l'altérité africaine et ses modalités (Bello-Kano 2000: 77–85). En outre, le discours de Barth comporte souvent des généralisations qui confondent biologie et culture, individu et ethnie, avec une terminologie qui emprunte au champ lexical de la « race » et de l'hybridité (Grosz-Ngaté, cet ouvrage).

A l'aune de la littérature critique des récits de voyage et d'exploration publiée à la suite d'Adams (1983), Pratt (1992) et Duncan & Gregory (1999)[22], on peut rétrospectivement considérer les *Reisen/Travels/Voyages* de Barth comme une étape de l'appropriation politique de l'Afrique par l'Europe. L'ouvrage de Barth devient alors l'un des moyens d'invention, parallèlement à d'autres récits d'exploration, de l'altérité du « reste du monde » par rapport à la civilisation occidentale. En même temps, le Soudan y est présenté comme une zone ayant besoin d'être ramenée à l'ordre et à la prospérité par des pouvoirs locaux prêts à accueillir le commerce européen (Barth 1965 III: 299, 369), ou par les puissances européennes elles-mêmes.

De ce point de vue, l'Afrique est mise en récit, par Barth, pour être délivrée à la volonté de connaissance, qui est en fait volonté de puissance, de l'Europe (voir Bello-Kano 2001: 60–61, 2002: 25 ; et Jones et Grosz-Ngaté dans le présent volume). L'intérêt que Barth porte aux « siècles obscurs » de l'Afrique, souvent loué par les historiens modernes, devient alors un procédé de fabrication, un élément nécessaire au scénario diachronique de l'altérité, voire un appel à des missions (re)civilisatrices.

En effet, l'éloge du passé africain n'était pas incompatible avec le projet colonial. Contrairement à des opinions aujourd'hui assez répandues, ce projet proclamait souvent les anciennes gloires des royaumes africains, et se présentait volontiers comme un retour à elles. Ainsi, en 1941 (voir Moraes Farias 2003: 7–8), le Colonel et Commandant de Cercle Duboin encastra dans le mur de la mosquée de Dioula-Bougou à Gao, sous une inscription médiévale en marbre trouvée à Saney en 1939, une plaque de laiton sur laquelle on peut lire :

> Le royaume de Gao a connu une période de prospérité éblouissante. Des canaux amenaient l'eau dans des régions aujourd'hui arides et déboisées. Certaines provinces versaienit [sic] annuellement cent cinquante mille ducats or au trésor de Gao. La France qui règne à son tour sur Gao travaille à recréer cette prospérité avec la collaboration confiante de ses sujets, et le vieux proverbe sera toujours vrai pour Gao plaque tournante de l'Afrique : « De même que le goudron guérit la gale des chameaux, la pauvreté trouve son remède à Gao ». (Janvier 1941)

---

22 Pour un excellent compte rendu de cette littérature jusqu'à l'année 2000, écrit par un spécialiste de Barth, voir Bello-Kano (2001).

Néanmoins il y a, dans les *Reisen/Travels/Voyages* de Barth, un surplus d'écriture qui n'est pas réductible à la production de l'altérité, ni à la construction d'un espace économique et géopolitique voué à la mainmise européenne. Si Barth produit un discours européen hégémonique sur le Soudan, il le fait à partir de positions qui ne sont pas toujours conciliables. Et son texte ne s'enferme pas dans ce projet d'hégémonie. En réalité, il s'en échappe souvent.

Bien qu'il anticipe la colonisation de certains autres territoires d'Afrique de l'ouest, il n'envisage apparemment pas la conquête européenne de Tombouctou, et s'attend plutôt à ce que la région garde son indépendance politique (Barth 1965 II: 196, 353 ; 1965 III: 403)[23]. S'il est capable de comparer le faciès d'un Africain à celui d'un singe (Barth 1965 II: 426), il peut aussi s'émouvoir devant la beauté « classique » d'une jeune mère et de son enfant (voir Gardi, dans ce volume). Ces passages d'un point de vue à un autre, complètement opposé, abondent dans le texte de Barth. Ils témoignent de la richesse de son champ sémiotique et de sa capacité à produire des significations discordantes, au-delà de tout projet conscient que l'on veuille attribuer à l'auteur.

Le préjugé le plus exclusif sur l'Afrique comme altérité était le degré zéro d'histoire, imputé à l'Afrique noire par contraste non seulement avec l'Europe, mais aussi l'Asie (Hegel 1956: 98–99). Hegel niait la possibilité même de narrer le récit du passé africain, en réduisant ce dernier à des oscillations violentes, continuellement répétées sans avancée, sans but à atteindre et sans dénouement. Par sa « redécouverte » de narrations historiques ouest-africaines (voir von Oppen, Umar, et Moraes Farias, dans ce volume) mais aussi par sa propre mise en récit du passé de la région, Barth porta un coup mortel à cette prétendue altérité. Il est vrai qu'il la remplaça par une autre, non plus fondée sur l'absence d'histoire, mais sur des itinéraires historiques censés aller de la grandeur à la décadence, et du chaos présent à la prospérité future grâce à l'intervention de l'Europe. Il n'empêche qu'il ouvrait ainsi incontestablement le chemin à d'autres conceptions de l'histoire africaine, capables de saper l'autorité de la domination coloniale. Et la joie qui le transporte au moment de lire le *Ta'rīkh as-Sūdān*, et son respect pour l'intelligentsia africaine ayant produit cette chronique et d'autres textes, sont manifestes (Barth 1965 II: 16 ; 1965 III: 146, 281–284, 287, 680).

H. Barth avait choisi des stratégies de narration réaliste. Pour authentifier son discours, en y produisant des « effets de réel » (Barthes 1967, 1968), et parce qu'il accordait beaucoup d'importance à l'écoute (et non seulement au regard) comme moyen de légitimer sa propre prise de parole, il accorde une place importante à ses interlocuteurs africains dans le récit. Il n'efface pas leur identité individuelle et rapporte souvent leurs propos. Dans certains cas, il y a une véritable mise en scène de la rencontre interculturelle et de la confrontation de discours. Barth y a le dernier mot sans monopoliser la parole, et s'y montre capable de respecter les arguments d'un contradicteur particulièrement acharné

---

23 Sur Barth et Tombouctou, voir surtout Boahen (1964: 210, 226–230).

(voir la contribution d'Umar). Ce supplément d'information, lié aux relations individuelles, a attiré l'attention de plusieurs des auteurs de cet ouvrage.

G. Spittler souligne l'importance des réseaux d'amitiés locales et « de caravane » que Barth parvint à constituer. M. Grosz-Ngaté nous rappelle que les conversations informelles, si présentes dans les *Reisen/Travels/Voyages*, ont aujourd'hui tendance, après une longue absence, à faire leur retour dans les textes des anthropologues. Grâce à la réciprocité de ses échanges, Barth parvient à dévoiler une autre forme de réciprocité, qui tient aux interlocuteurs eux-mêmes. Il n'est en effet pas « le seul cosmopolite » dans son texte. Son regard croise celui d'autres voyageurs, non-européens, qui ont eux-mêmes connu des pays lointains, comme l'Inde et l'Europe ottomane.

Georg Klute explore cette question en mettant en relief l'information sur l'Europe, mais aussi les stéréotypes à propos des Européens, qui circulaient en Afrique noire au temps de Barth. Mamadou Diawara examine la constellation de relations de pouvoir dans laquelle s'inscrivaient les conversations de Barth avec des gens de pouvoir et des gens du commun (y compris ses serviteurs, qui furent aussi des sources d'informations pour le voyageur).

S. Umar insiste sur l'importance du fait que, dans l'ouvrage de Barth, les Africains sont présentés comme capables de se représenter eux-mêmes[24]. De telles formes de représentation seraient surprenantes si on ne lisait les *Reisen/Travels/Voyages* que comme un exemple de littérature « orientaliste ». À son tour, A. von Oppen met l'accent sur le caractère dialogique et interculturel de la production du savoir chez Barth et, plus largement, dans le Sahel de l'époque. Pour mieux comprendre ces échanges, il faudrait non seulement étudier les cahiers de route, le journal manuscrit et la correspondance de Barth, mais aussi effectuer des recherches dans la bibliothèque des Kunta à Tombouctou et dans d'autres collections de manuscrits sahéliennes. Il serait également intéressant de revenir sur les publications de Dorugu, le remarquable Hausa qui fut l'un des compagnons de route de Barth.

Peu d'historiens sont encore la proie de « l'illusion référentielle » du discours historique, ou du récit du réel en général. Cette illusion consistait à croire que l'on pourrait vider le signe de son signifié, pour n'y laisser que le signifiant, et qu'il serait possible d'établir un rapport direct entre le référent du signe et le signifiant, et donc de dénoter immédiatement « le réel concret » et « ce qui vraiment a eu lieu » (Barthes 1967, 1968). Aujourd'hui, on est également loin de l'illusion positiviste selon laquelle il serait possible d'écrire le réel sans partager les procédés de la littérature de fiction (White 1976 : 27–30).

Paradoxalement, le positivisme et le réalisme à outrance seraient maintenant du côté de ceux qui, à la différence de I. Surun, V. Porra (ce volume) et de I. Bello-Kano (2001 : 67), voudraient opposer un « Soudan fictif », dépeint tout en trompe-l'œil par l'écriture de Barth, à un « Soudan réel » ou « Soudan-en-soi »,

---

24 De ce point de vue, le texte de Barth est comparable à celui de Peter Kolb (1719) à propos du Cap de Bonne-Espérance (voir Pratt 1992: 44–45).

capable d'être reconnu, on ne sait trop comment, en dehors de tout discours européen ou africain.

Au lieu de regretter la facture rhétorique du discours de Barth et de la considérer comme un contretemps empêchant l'utilisation de son ouvrage comme source historique « sûre », il incombe à l'historien d'embrasser l'analyse de la « mise en fiction » qui est une partie intégrante de toute littérature du réel. Les *Reisen/Travels* sont un ouvrage sur le Soudan, mais aussi un travail de création d'un discours moderne capable de représenter cette région. Les difficultés et les audaces de Barth dans cette entreprise sont exemplifiées par l'une des stratégies qu'il y adopte : elle consiste à faire alterner des chapitres thématiques et des sections de son journal de voyage, et constitue ainsi un jeu sur la représentation de la temporalité.

Dans les *Reisen/Travels/Voyages*, les données qui restent fragmentaires ou ponctuelles, c'est-à-dire qui résistent, à différents degrés, à la mise en narration, sont particulièrement intéressantes. Barth n'était pas en mesure de situer la production de sucre de la vallée de Bamurna dans le contexte de l'histoire de la diaspora africaine et des réformes du Calife Muhammad Bello (Moraes Farias 1990). Il ne pouvait pas guère mieux mettre en récit historique la vaccination contre la variole pratiquée par les Marghi (voir Gardi dans ce volume), ni dévoiler les relations linguistiques précises entre l'*emghedeshie* parlé à Agadez et d'autres dialectes songhay. Aujourd'hui, certaines de ces observations fragmentaires sont parmi les plus utiles à l'historien, et sont complémentaires des nouvelles connaissances élaborées depuis. Néanmoins, Barth fut critiqué, dans certains comptes-rendus de son livre, pour son accumulation de « trivialités » (von Oppen, dans le présent volume). La version abrégée et remaniée des *Reisen* constitue ainsi une deuxième tentative d'« écrire le Soudan » de manière « adéquate » pour un public moderne (qui inclut d'ailleurs depuis longtemps des lecteurs africains[25]). Manque encore une étude systématique et comparative des tropes qu'il utilisa successivement dans ses cahiers de route, son journal et les *Reisen/Travels*.

H. Barth n'écrivit pas l'Afrique à l'abri de toute concurrence, à la façon d'un démiurge tout-puissant. Le Soudan était déjà écrit par des Soudanais, dans des textes incarnant d'autres volontés de connaissance et puissance. Barth se saisit de cette écriture, et en devint le porte-parole.

Les *Monumenta Germaniae Historica* commencèrent à être publiés en 1826, cinq ans après la naissance de Barth. C'était un projet « romantique » et nationaliste de réhabilitation de l'histoire allemande, mais aussi un projet « scientifique » visant à soumettre les sources à la plus rigoureuse critique, pour établir l'histoire germanique sur des fondations inattaquables (Geary 2002 : 26–32). Pour ainsi dire, Barth chercha à son tour à constituer des « Monumenta Africae Historica » (un corpus de sources africaines en arabe) destinés à réhabiliter

---

25 Pour des lectures africaines de Barth, voir Boahen (1964), Ayandele (1968), Usman (1982–1985), Bello-Kano (2000 ; 2001 ; 2002), et Diawara et Umar dans ce volume.

l'histoire africaine[26]. Mais contrairement à l'esprit des *Monumenta Germaniæ Historica* et en dépit de ses études universitaires en philologie classique (Kuba, dans ce volume), il ne mit quasiment pas la critique de sources en pratique (Moraes Farias, dans ce volume). Il ne dit rien des singularités de l'arabe dans lequel le *Ta'rīkh as-Sūdān* est écrit[27]. De même, il passa trop rapidement sur la question de la paternité littéraire de l'ouvrage (Barth 1965 III : 282). Enfin, Barth se fit volontiers la victime, mais aussi le promoteur, de « l'illusion référentielle » en ce qui concerne le *Ta'rīkh as-Sūdān* (Moraes Farias 2003 : xlvi–xlix, et chapitre 2). En effet, il n'analysa pas suffisamment la volonté de puissance à l'origine du *Ta'rīkh as-Sūdān* (voir Moraes Farias dans ce volume), ni la « mise en fiction » élaborée par l'auteur de cet ouvrage[28]. Son impatience passionnée à dévoiler les « faits » de l'histoire – la quatrième et invisible dimension du paysage africain et des espaces urbains comme ceux de Gao et Tombouctou – lui voila les yeux.

Voilà Heinrich Barth, notre ancêtre non éponyme, tel que nous le représentons dans cet ouvrage.

Paulo Fernando de Moraes Farias

---

26 Pendant son voyage, Barth consulta sur place des sources africaines en arabe (voir Boahen 1964 : 201–202). En outre, il envoya en Europe un manuscrit du *Dīwān salatīn Bornū*, publié par Blau (1852), des extraits du *Ta'rīkh as-Sūdān*, publiés par Ralfs (1855), et d'autres documents en arabe. Aussi grâce à Barth, deux textes arabes du bornouan Ibn Furtū ou Ibn Furtūwa datant de 1576 et 1578 arrivèrent en Europe – ils furent traduits par Redhouse (1862a ; 1862b). Pour plus de détails, et pour l'histoire des éditions et traductions subséquentes de ces sources, voir Lange (1977 ; 1987), et Hunwick (1995 ; 2003).
27 Sur l'arabe du *Ta'rīkh as-Sūdān*, voir Hunwick (1999 : lxiii-lxv), et Moraes Farias (2003 : lxx-lxxi, §106). Sur les particularités de l'arabe du *Dīwān salatīn Bornū*, voir Lange (1977 : 16–20).
28 Sur ces points, Barth se limite à quelques remarques sur l'attitude hostile des lettrés musulmans à l'égard du souverain songhay *Sonyi* Ali *Beeri* (Barth 1965 III : 285–286).

Remerciements

Nous ne saurons terminer sans exprimer notre gratitude aux services et aux personnalités suivants sans lesquels cette conférence aurait tout simplement été impensable.

Le Ministère Fédéral pour la Coopération Économique et du Développement (*Bundesministerium für wirtschaftliche Zusammenarbeit und Entwicklung, BMZ*), La Coopération Technique Allemande (*Deutsche Gesellschaft für Technische Zusammenarbeit*, GTZ), le Bureau GTZ de Bamako, le Programme Mali Nord, Bamako, l'Ambassade de la République Fédérale d'Allemagne ont soutenu et financé l'opération depuis sa conception jusqu'à sa réalisation sur le terrain. Le BMZ et la GTZ, ont subventionné entièrement la réalisation de cet ouvrage. Nous leur en savons gré.

Le Ministère de la Culture de la République du Mali, le Musée National du Mali, le Ministère du Land de Hessen, chargé de la Science et de l'Art, nous ont assuré de leur soutien matériel et moral inébranlable, qu'ils en soient remerciés.

Aux représentants de la cité de Tombouctou, à monsieur l'Imam de la ville de Tombouctou, qui nous a honoré de sa présence personnelle lors des débats, à monsieur Baba Cissé, architecte et Tombouctien, aux employés du Centre Ahmad Baba de Tombouctou et en particulier à son directeur Mohamed Gallah Dicko qui nous a accueilli dans leurs locaux, aux représentants des familles dépositaires de bibliothèques ainsi qu'à tous les habitants de la ville nous disons merci. De même, nous exprimons notre gratitude aux autorités administratives et militaires de la ville, en l'occurrence aux gouverneurs de région de Tombouctou et de Gao.

Monsieur Georg Schmidt, le premier secrétaire de Ambassade de la RFA, nous a assuré de son soutien sans faille, son enthousiasme est à l'origine de la reprise de l'initiative de la conférence.

Le Dr Henner Papendieck, le Dr Barbara Rocksloh-Papendieck, directeurs du Programme Mali Nord, Catherine Daraspe, stagiaire à la GTZ, chargée de l'organisation de la conférence, ont assuré la préparation matérielle impeccable et la réussite de la conférence. Le Dr Moussa Sissoko, co-directeur de Point Sud, a assuré la coordination entre les actions sur le terrain à Point Sud. À tous nous vous savons gré.

Last, but not least, le Dr Wilfried Hoffer, directeur du Bureau GTZ de Bamako, a assumé pendant toute la durée du projet la redoutable tâche de la coordination entre Bamako, Eschborn, Francfort et Bonn. À une époque où l'idée de la conférence a failli être rejetée aux calendes grecques, avec tact il la ressuscita. Membre fondateur de Point Sud, il a su en sa qualité de médiateur nous donner la capacité de croire au projet. Au-delà de son rôle d'animateur du groupe qui se réunissait par mail et physiquement chez lui ou à Mali Nord, lui et son épouse Ruth Hoffer ont su largement nous ouvrir leurs portes pour mener à bien ce projet et tant d'autres à Point Sud. C'est le lieu de leur rendre un hommage mérité.

Nous exprimons notre vive reconnaissance à toutes les autorités, aux collègues, amis et participants de tout horizon. Nous savons gré au Dr Richard Kuba, au Dr Ute Röschenthaler et à Matthias Gruber pour leur concours précieux, ainsi qu'à madame Céline Pauthier pour sa collaboration éditoriale.

HEINRICH BARTH EN EUROPE ET EN AFRIQUE

HEINRICH BARTH, UNE VIE DE CHERCHEUR

Richard Kuba

Abstract

Heinrich Barth was the foremost scholar amongst the explorers of Africa during the 19th century. Born in 1821 into a middle-class family of Hamburg, he soon discovered his talent for languages and his passion for science. Barth was educated at the University of Berlin, where he was taught by the scientific virtuosos of his time in history and geography. He then embarked upon a series of journeys to the Mediterranean Sea. He notably undertook a three year expedition that led him to North Africa and the Near East. In 1849, after submitting his thesis, he joined a British expedition to the Chad Lake as a scientific member. Five years after, he returned in triumph as the only European survivor and settled down in London where he wrote his travelogue. Torn apart by national rivalries between England and Germany and disappointed by a lack of recognition from the English side, he returned to Berlin after publishing his work. Due to unfortunate circumstances and his rather difficult character, he was able to obtain a university post only two years prior to his premature death in 1865. During the last years of his life he became, nevertheless, a central figure in the domain of scientific exploration of Africa.

Introduction

Ceux qui se penchent sur la biographie de Heinrich Barth sont frappés par le décalage entre l'importance de son œuvre et l'ignorance du public pour ce grand voyageur. Alors que les spécialistes sont quasiment unanimes pour considérer son voyage comme l'une des plus grandes explorations scientifiques du XIXe siècle et comme le point de départ d'une nouvelle époque dans la connaissance de l'Afrique, son nom est loin d'avoir la même résonance que ceux de Mungo Park, de Livingstone ou de Caillié. En Allemagne, les quelques tentatives visant à le « récupérer » pour les causes de l'impérialisme du Kaiserreich, ou les ambitions néocolonialistes des Nazis, restèrent étrangement stériles. On s'en servit tout au plus en RDA, où le besoin en sujets exotiques lui ménagea une certaine renaissance dans la littérature d'aventures avec trois monographies publiées à plusieurs tirages[1].

Pour expliquer cela, on a souvent invoqué le caractère difficile de Heinrich Barth, qui échappe aux catégorisations réductrices et ne se prête guère à une banale glorification posthume. Effectivement, le personnage apparaît complexe. Ainsi on comprend mal comment cet homme qui, en Afrique, était doué d'empathie, d'une grande habileté pour les contacts humains et d'une capacité à se lier d'amitié dans des contextes pourtant difficiles (Kirk-Greene 1970) pouvait en même temps être, selon ses contemporains, un être original, impatient, hautain, sourcilleux, susceptible et parfois agressif avec son entourage. Son beau-frère le décrivait comme « un nageur audacieux et endurant sur le fleuve de la vie mais un nageur peu adroit »[2]. Sur le plan professionnel il semble être déchiré entre deux extrémités : les promesses de liberté et d'indépendance du voyage et le besoin presque vétilleux de documenter et de classer les nouvelles connaissances dans le calme de son cabinet d'étude. Politiquement, il apparaît comme un citoyen du monde, tolérant et polyglotte, même s'il se rapprocha vers la fin de sa vie des tendances nationalistes.

Cette image à facettes multiples ne résulte pas d'un manque de sources susceptibles d'éclairer sa vie. Il tenait assidûment ses carnets de voyage, et, comme s'il était conscient que les générations futures seraient mieux capables d'apprécier sa valeur, il préparait tous ses documents, lettres, et actes en laissant à la postérité une importante remise soigneusement classée. Une partie des documents, ayant trait à sa vie professionnelle, se trouve aux Archives d'Etat de Hambourg, tandis que le reste de ses papiers de nature plus privée, alla d'abord à sa sœur et son beau-frère, Gustav von Schubert[3]. Ce dernier, devenu général de division à la retraite, les utilisa en 1897 pour publier une biographie qui servit de base à tous les écrits biographiques postérieurs[4].

Tentons donc de dessiner les grandes lignes de cette vie de chercheur au milieu du XIXe siècle.

Jeunesse et université

Né le 16 février 1821 à Hambourg dans une famille récemment devenue bourgeoise, le jeune Heinrich fut éduqué selon les principes de l'éthique protestante. Son père, issu d'une famille modeste de tisserands de Thuringe,

---

1 Müller, 2 tirages 1954–1955, Keienburg, 5 tirages 1961–1966 et Genschorek, 2 tirages 1982–1983.
2 Schubert 1897: 140. Traduction par Richard Kuba tout comme les autres citations allemandes de cet article. Les citations en anglais ont été conservées en l'état.
3 Schubert 1897. Concernant la remise de Barth voir von Oppen dans ce volume ainsi que Schiffers 1967b.
4 Voir notamment Kirk-Greene 1962, Schiffers 1967a et Italiaander 1967.

devint orphelin à l'âge de quatorze ans et fut pris en charge par son oncle maternel qui vivait à Hambourg. Il y apprit le métier de boucher et s'engagea parallèlement dans le commerce outre mer, en profitant de l'expansion économique du port, ce qui ménageait à sa famille une certaine aisance. Heinrich se sentit toute sa vie très proche de son père qui, par sa discipline, sa droiture d'esprit et son ardeur au travail, parvint à s'élever au-dessus de son milieu. Pour ce « self-made man », la qualité de l'éducation et de la formation de son fils aîné concourait à son prestige et signalait l'accession au milieu bourgeois. Le père admirait la culture et les exploits scientifiques de son fils. Bien que Heinrich ait pu regretter que sa famille « ait sacrifié l'intimité et la tendresse de la vie familiale aux nécessités matérielles »[5], il était le premier à profiter des largesses de son père, qui finança, outre ses études universitaires, plusieurs voyages coûteux. Ceci impliquait des efforts considérables, notamment lorsqu'une bonne partie des biens familiaux disparurent dans le grand incendie de Hambourg en 1842. Ce feu détruisit aussi la bibliothèque considérable que Heinrich avait constituée quand il était encore écolier. Dès sa jeunesse il montra un grand intérêt pour les auteurs classiques et les récits de voyages (ceux de Mungo Park et des frères Lander entre autres) qu'il préférait aux jeux et activités de ses camarades. Ces derniers le considéraient d'ailleurs comme un pédant renfermé et dépourvu de tout sens de l'humour : « tout comme son père, qui charcute la viande dans sa boutique du matin au soir, il croit devoir bouquiner jusqu'au crépuscule »[6].

Le monde académique s'avéra un véritable paradis pour cet esprit indépendant. En effet, au Johanneum, fameux lycée de Hambourg, il souffrait de l'étroitesse du curriculum et du manque d'ouverture de ses professeurs. Il quitta donc le lycée à l'âge de 18 ans pour s'inscrire immédiatement à l'université de Berlin. Outre sa passion de la lecture, il avait un talent considérable pour les langues. A côté du grec et du latin il maîtrisait déjà l'anglais à l'âge de 14 ans et il avait commencé à étudier l'arabe en privé. Cependant, c'est l'étude de l'antiquité classique qui le fascina le plus, et qui marqua ses premiers semestres à Berlin. Il s'immergea complètement dans la vie intellectuelle de cette université qui, à l'époque, était une des meilleures d'Europe et où il eut la chance de rencontrer des enseignants exceptionnels. Dès le début, il étudia la philologie classique auprès de August Böckh, le fondateur de l'épigraphique scientifique et initiateur du *Corpus Inscriptionum Graecarum*. Celui-ci développa bientôt une amitié paternelle pour cet étudiant talentueux et l'invita fréquemment dans sa

---

5   Lettre à son père en date du 20 mai 1843 citée dans Italiaander 1970: 52.
6   Article publié le 29 novembre 1865 par un de ses camarades de lycée dans la *Berlinische Zeitung* (cité par Italiaander 1967: 286–288). Plusieurs contemporains de Barth ont constatés son manque d'humour. Kirk-Greene (1962: 55) écrit à ce propos : « Barth is often accused of being the stereotype Prussian without a sense of humour. » Néanmoins Kirk-Greene apporte quelque nuance à ce constat en s'appuyant sur les écrits du voyageur : « [...] although Barth seldom raises a laugh [...] he can frequently be amusing. One of his readiest skills in this context is the typical English use of ironical understatement, which he uses frequently and effectively. Another is his willingness to tell tales against himself ».

maison. Un peu plus tard, Carl Ritter, le fondateur de la géographie universitaire, remarque le jeune Heinrich et noue avec lui une amitié très profonde. Outre ces deux professeurs, qui ont le plus marqué Barth, il suit les cours d'histoire et d'archéologie de Ernst Curtius sur la Grèce antique, de Richard Lepsius sur l'Égypte antique, de Jakob Grimm en linguistique, de Leopold Ranke en histoire générale et de Schelling et Trendelenburg en philosophie.

Toute sa vie s'organise alors autour des études qu'il poursuit avec beaucoup d'ambition. On retrouve, dans les lettres à son père, ce déchirement caractéristique du romantisme allemand, entre la noblesse de la mission à accomplir et le désespoir face à une réalité souvent banale. Cet état d'esprit peut d'ailleurs conduire à une certaine misanthropie :

> [...] tandis qu'on trouve tout le plaisir dans ses propres pensées, on apprend se priver des hommes et même à les mépriser. [...] J'ai un cœur extrêmement sensible, j'ai cette énorme aspiration en moi, cette aspiration altruiste à la grandeur, à la vérité et à la beauté. Être utile aux hommes, les stimuler et les inciter à une vie intellectuelle belle et harmonieuse [...] Et dans cette ambition, dans cette conscience je vois qu'il n'y en a que très peu parmi ceux qui croient me connaître, qui me connaissent, que la plupart me méconnaissent et que d'autres me méprisent ignoblement. [...] J'aspire à être utile aux hommes le plus possible, il est vrai que je voudrais gagner de la reconnaissance et peut être aussi un peu de gloire[7].

La science et le goût du voyage

Dès le début de ses études, Barth refuse de se limiter aux livres et à la théorie et s'intéresse à l'expérience immédiate. Dès la fin du deuxième semestre il entame, grâce au soutien financier de son père, un premier voyage culturel en Italie, pays qui témoigne des cultures de l'antiquité et constitue une destination de prédilection pour les intellectuels européens depuis la Renaissance (Stagl 1995). Il visite Venise, Florence, Rome et la Sicile, et les lettres qu'il envoie à sa famille débordent d'enthousiasme. Les paysages sont « sublimes », les villes et bâtiments historiques « délicieux » et les rencontres lors du voyage « charmantes ».

Ce voyage le marque profondément pour le reste de sa vie. Il y fait l'expérience d'une liberté inconnue jusque là, une valeur qu'il estime énormément. « Plus l'homme est libre et moins il s'attache au monde extérieur, plus il est heureux », écrit-il en 1842 à son père, qui venait de perdre la moitié de sa fortune dans le grand incendie de Hambourg. Bien plus tard en 1856, alors qu'il travaille dans sa petite maison de Londres au récit de son voyage africain, il écrit à son beau-frère :

> Comme j'aspire à un gîte libre au milieu du désert, dans ces espaces infinis, ou sans ambitions, sans les mille tracas qui tourmentent les gens ici, je m'étalais avec tout le délice de la liberté [...] sur ma couche[8].

---

7 Lettre de Barth à son père du 20 mai 1843 dans Italiaander 1970: 51–56.
8 Lettre à Schubert dans Schubert 1897: 105. Cf. Barth 1857–1858b, II: 100 ainsi que Spittler

Sur la route, le sentiment d'être maître de son destin et de suivre son propre rythme lui donne en outre une aisance inattendue dans les relations humaines. Ses tendances misanthropes semblent avoir complètement disparues. Lors d'une balade touristique à travers l'Allemagne, le jeune étudiant écrit : « Vous ne pouvez pas vous imaginer quelle confiance je peux trouver chez des personnes qui ont souvent 20 à 30 ans de plus que moi »[9]. Hors de son pays natal, il se montre également habile dans les relations sociales, même si le fait de voyager seul n'inquiète point un homme qui, hormis quelques très bons amis, resta un solitaire toute sa vie. Ainsi, il est plutôt laconique lorsqu'il commente la séparation d'avec son compagnon Overweg aux confins du Gober après qu'ils ont traversé ensemble le Sahara : « Je continuai donc tout seul mon voyage, sans véritable regret, puisque j'ai pris dès ma jeunesse l'habitude de voyager seul parmi des étrangers » (Barth 1857–1858b II: 14). On peut également évoquer la rencontre inattendue avec Eduard Vogel au milieu de la brousse entre Gumel et Kukawa. Barth, bien qu'il n'ait pas vu d'Européen depuis plus de deux ans, quitte Vogel après deux heures de conversation pour continuer son chemin (Barth 1857–1858b V: 381). Cette scène fut probablement plus touchante pour Barth qu'il ne le laisse entendre dans son récit (Koner 1866: 20), mais on peut difficilement trouver plus grand décalage avec la fameuse rencontre entre Livingstone et Stanley et sa médiatisation auprès du grand public.

Sa passion pour le bassin méditerranéen, qui marque tout son parcours scientifique, s'est éveillée lors de son premier voyage en Italie : « le projet s'est formé en moi, de parcourir ce bassin sur toute son étendue et de connaître ses rivages par ma propre expérience » (Barth 1849: vi). Jusqu'à la fin de sa vie, il poursuivit ce projet en n'entamant pas moins de sept voyages, dont un de plus de trois ans, dans les régions limitrophes de la Méditerranée. Il les considérait comme un espace uni non seulement au niveau géographique, mais aussi historiquement et culturellement. Dans cette perspective, on peut voir en lui un prédécesseur de Fernand Braudel et de son magistral ouvrage sur la Méditerranée. On pourrait même aller jusqu'à considérer son périple africain comme une grande excursion dans les arrière-pays de la Méditerranée (Barth 1857–1858b I: iv, Marx 1988: 13).

Son désir de faire de la recherche non seulement dans les livres mais aussi à travers ses propres expériences, le conduisit à changer l'orientation de ses études en faveur de la géographie. Longtemps, il eut des difficultés à se décider entre ses deux mentors, Böckh et Ritter, c'est-à-dire entre la philologie et la géographie. Son doctorat, qu'il dédicace à August Böckh, porte encore sur un thème historico-philologique puisqu'il est consacré aux relations commerciales de la Corinthe antique[10], un sujet tout choisi pour ce fils de la cité commerciale de Hambourg. Mais avec beaucoup de ténacité, Carl Ritter chercha à attirer

---

1996: 245.

9   Lettre de Barth à sa famille du 11 août 1842, dans Italiaander 1970: 49.

10 Sa thèse, rédigée en latin, a été rééditée en 2002 par l'Institut Heinrich Barth à Cologne avec une traduction allemande et anglaise (Barth 2002).

Barth vers la géographie (Plewe 1965: 251). Quatre ans plus tard, dans l'introduction de l'ouvrage consacré à son voyage en Afrique du Nord, Barth ne rend plus hommage qu'à un seul maître : Ritter (Barth 1849: xvi).

Intellectuellement Barth était un disciple de Ritter, pour lequel l'histoire naturelle et l'histoire de la civilisation ne constituaient pas encore des disciplines séparées. Pour Ritter, la configuration de l'environnement conditionne le développement humain (Ritter 1822–1859 I: 414, VII: 176–177). Cela se traduisait dans sa vision de l'Afrique : ce grand continent peu structuré ne présentait, par son uniformité géographique, que peu de tensions dialectiques et ne disposait donc guère de potentiel de développement interne. Fils d'un marchand hambourgeois, Barth, tout comme Ritter, considère le libre commerce et la communication comme de puissants facteurs de progrès. Bien plus tard, il remarque à propos de la configuration géographique de l'Afrique, isolée du reste du monde par des océans et des déserts : « Cette absence presque totale de contact avec les éléments extérieurs, qu'ils soient hostiles ou amicaux […] [explique] le retard de développement de plusieurs millénaires et l'affleurement des couches les plus anciennes » (Barth 1862: 220).

En termes heuristiques, Ritter et Barth avaient la même approche, qui insistait sur l'observation et la recherche de terrain, afin de pouvoir identifier les rapports entre les différents phénomènes et leurs évolutions. Le modèle le plus fameux était le grand voyage de Alexander von Humboldt en Amérique du Sud (1799–1804). Bien que Barth s'intéresse davantage à l'histoire et l'ethnographie que son illustre prédécesseur, il le suivait sur sa méthode, qui consistait, par l'observation exacte et l'induction réflexive, à mener une interprétation globalisante de la nature et de l'homme.

Après son doctorat en été 1844, Heinrich Barth est décidé de poursuivre son habilitation, la thèse d'Etat du système universitaire allemand, malgré les mises en garde de Böckh, qui attirait son attention sur les difficultés d'une carrière universitaire. Cependant, on lui conseilla de laisser passer trois ans avant de soumettre ce travail et il en profita pour entamer un nouveau voyage, cette fois beaucoup plus ambitieux : un parcours à travers le Maghreb, l'Egypte, le Proche Orient et la Turquie, longeant la Méditerranée avec des crochets dans l'arrière-pays. Il sillonne des routes sûres et bien connues ; il fait entre autres une croisière sur le Nil jusqu'à Assouan (ce qui était déjà devenu un classique de son temps), mais s'écarte également des sentiers battus. Ainsi, il visite Kairouan, la ville sainte qui n'avait encore jamais été bien décrite par un Européen. Dans le *no man's land* entre la Libye et l'Egypte, il est victime de bandits qui lui volent non seulement la majeure partie de son équipement, mais aussi son journal de route. Pour rédiger le récit de ce voyage après son retour (Barth 1849), il ne put alors s'appuyer que sur quelques notes éparses, ses lettres et surtout sur son infaillible mémoire. Ni cette perte, ni le fait d'avoir reçu deux balles dans la jambe, ne l'empêchent de continuer son voyage. La façon dont il minimise cet incident laisse croire qu'il ne voulait pas inquiéter sa famille (Kirk-Greene 1962: 4), mais témoigne aussi d'un caractère très déterminé et prêt à surmonter tout obstacle.

C'est ce voyage surtout qui le prépara pour le grand périple africain. Il y perfectionna sa manière de voyager et sa capacité à faire simultanément des observations dans plusieurs disciplines. Avant tout, il se prépare minutieusement. Début 1845, il se rend à Londres où, par le biais de correspondants de son père, il reçoit des lettres de recommandation pour les consuls britanniques en Afrique du Nord et il rencontre le Chevalier von Bunsen. Cet envoyé de la Prusse à Londres est lui-même un érudit, auteur de plusieurs ouvrages sur Rome et l'Egypte antique, et il facilite plus tard la participation de Barth à l'expédition africaine. Barth profite de son séjour à Londres non seulement pour établir ce type de contacts, mais aussi pour visiter des grands musées, et pour rafraîchir ses connaissances en arabe. Un petit Coran qu'il étudie régulièrement l'accompagne durant tout son voyage. Une fois sur la route, il ne néglige pas l'apprentissage des langues. Ainsi, il fait escale pendant un mois à Gaza pour se familiariser avec le dialecte syrien de l'arabe et apprendre un peu de turc. Il emploie cette méthode plus tard en Afrique, chaque fois qu'il approche d'une nouvelle aire linguistique. Il voyage plus ou moins seul, en dehors de quelques serviteurs qu'il embauche en cours de route et qui l'accompagnent la plupart du temps. Par occasion, il se joint à des caravanes. Il s'habille, se nourrit et vit exactement comme les gens autour de lui. Régulièrement, il contacte les autorités, en particulier les puissants consuls de l'empire britannique et il entame une intense correspondance avec sa famille comme avec ses collègues à Berlin[11].

Son père finança généreusement le voyage qui dura près de trois ans à hauteur de 14.000 Thaler, soit environ 2.000 £ St. (Günther 1896: 170, Kirk-Greene 1962: 3). Il dota notamment son fils d'un des premiers daguerréotypes. Le voyage eut un effet positif sur Barth, qui « rentra vif, le corps endurci et l'esprit mûri » (Schubert 1897: 23). Ses mérites lui valurent une solide réputation, ainsi que le respect de ses pairs à l'université de Berlin. Dès le retour fin 1847, il se mit à la rédaction du récit de son voyage. La révolution de mars 1848 et les bouleversements politiques le laissèrent de marbre et dès le mois d'octobre 1848, il présenta un volume de près de 600 pages sous le titre « Randonnées à travers le littoral punique et cyrénaïque ou Mâg'reb, Afrika et Barká »[12] comme thèse d'Etat. Celle-ci fut favorablement reçue par Böckh et Ritter (Plewe 1963). C'est ainsi que Barth devient maître de conférence à l'âge de 28 ans et se mit à donner des cours à l'université de Berlin, en géographie sur les sites célèbres de l'antiquité et sur l'Afrique du Nord ainsi qu'en histoire sur les colonies grecques.

---

11 Sur la méthode de voyage de Barth voir Kirk-Greene 1962 ainsi que Spittler dans ce volume et 2006.
12 Barth 1849. Le départ pour le grand voyage africain fin 1849 empêcha la rédaction du deuxième volume. Des courtes descriptions de la deuxième partie du voyage ont été publiées dans les *Monatsberichte über die Verhandlungen der Gesellschaft für Erdkunde zu Berlin* N.F. 6 (1850) et la *Zeitschrift für allgemeine Erdkunde* VII (1859).

Mais le jeune privatdocent est bien vite déçu de ce que ses conférences ne fascinent que très peu d'étudiants et, exaspéré, il arrête bientôt ses cours. Des raisons différentes ont été avancées pour expliquer cet échec. D'un côté, les temps étaient troublés et bien des étudiants avaient mieux à faire que de suivre des cours de géographie, une science qui n'était d'ailleurs pas encore fermement établie à l'université. Mais il semble aussi que la pédagogie n'ait pas été son fort. Il présupposait beaucoup et ne savait pas très bien structurer sa matière. C'est d'ailleurs la critique que l'on avançait envers son récit de voyage :

> En dépit de l'énorme matériel amassé dans ce livre, sa première publication a un caractère lacunaire et hâtif ; cette manière de courir sans répit de lieu en lieu, et en même temps cette méticulosité incessante empêchent le vrai plaisir de la lecture (Koner 1866: 10).

Le contexte du grand voyage

Quoi qu'il en soit, la possibilité de se joindre à une expédition britannique en Afrique centrale tomba à point nommé. La réponse positive de Barth fut néanmoins moins enthousiaste et impulsive qu'on n'a pu le croire : elle semble au contraire avoir été mûrement réfléchie et intensément négociée avec le ministère de la culture de Prusse, afin d'assurer sa future carrière académique. Barth exigea aussi, pour dissiper les soucis de son père, un engagement formel du ministère lui garantissant, après son retour, un poste de professeur titulaire à l'université de Berlin. Grâce au soutien de Ritter on lui laisse finalement entrevoir un « poste convenable dans la fonction publique »[13].

Le voyage était d'abord conçu comme une mission diplomatique afin de conclure des traités de libre commerce avec des souverains à l'intérieur de l'Afrique. Les participants allemands, Barth et Overweg, un géologue, étaient responsables du volet scientifique du voyage. Les accords passés avec eux à Londres et réglant leur statut, leur laissaient à priori des libertés considérables[14]. Mais le déroulement du voyage, avec Barth comme seul survivant, amena des contraintes et des obligations envers le gouvernement et le public britannique dont Barth ne prit conscience que bien plus tard. En dehors de son rôle scientifique, il assuma vite une fonction diplomatique, qui semblait lui convenir.

Sur la route, Barth rencontre à maintes reprises de sérieux problèmes financiers. Certes, le voyage était très peu coûteux au vu de sa durée et des distances parcourues. Bien qu'il reste encore quelques questions à élucider concernant les fonds dépensés, le budget ne semble pas avoir excédé 2.000 £ St., financé au deux tiers par le *Foreign Office* (le ministère des affaires étrangères britannique), et au tiers par des sources allemandes. Les intéressés allemands cherchaient à assurer l'indépendance de leur compatriote envers le

---

13 Engelmann 1967: 111–113, Schiffers 1967a: 8. Selon Essner (1984: 95), Barth n'aurait pas eu de véritable intérêt pour l'Afrique, mais le voyage aurait été une stratégie pour faire carrière à l'université. Cette interprétation est fermement rejetée par Marx (1988: 13).

14 Voir Schubert 1897: 34–35, 41–42 et Kirk-Greene 1962: 8. Cf. aussi Boahen 1964: 132–139.

Foreign Office, qui n'avait, d'après eux, que des intérêts mercantiles et non scientifiques (lettre de Ritter dans Plewe 1965: 262). Dans ce contexte, des premières irritations apparaissent du côté britannique, où l'on craint que l'expédition ne soit accaparée par les Allemands et leur nationalisme montant. Il est cependant clair que le fait de voyager sous le drapeau de la nation la plus puissante de l'époque contribua fondamentalement au succès de Barth[15].

Début septembre 1855, Barth rentre d'Afrique en passant d'abord par Londres. L'accueil qui lui est réservé en Angleterre comme en Allemagne est triomphal. Il est, entre autres, nommé docteur à titre honorifique par les universités d'Oxford et de Jena. Il se voit remettre des médailles d'or des sociétés géographiques de Londres et de Paris et devient membre d'honneur de différentes sociétés scientifiques allemandes et internationales. Le roi de Prusse le décore et l'invite à déjeuner. Hambourg, sa ville natale, la ville de Weimar, le Wurtemberg, et la Sardaigne le décorent également.

Cependant, on sent assez vite que Barth a des difficultés à se réadapter à la vie européenne. D'après son beau-frère, il a adopté :

> [...] le comportement sérieux, digne, réservé, fier et presque orgueilleux des fils du désert [...] Plus inquiétant, il est aussi devenu extrêmement méfiant et se tient toujours sur le qui-vive envers son entourage. Il voit partout des mauvaises intentions ou des calculs pour se servir de lui. En ce qui concerne la vie culturelle européenne, il doit complètement s'y réhabituer (Schubert 1897: 82–83).

C'est un fait que certains ont tiré profit de sa gloire et de ses exploits scientifiques. Ainsi le voyage de Barth, accompagné des excellentes cartes réalisées par August Petermann, devint le gros titre des *Petermanns Mittheilungen*, une revue géographique qui venait d'être fondée à Gotha et dût en partie son rapide succès à la couverture du voyage de Barth. La revue devint en effet la publication de référence pour un public qui, en Allemagne comme dans le reste de l'Europe, s'enthousiasmait de plus en plus pour les voyages d'exploration (Demhardt 2000: 22–23).

Cependant, bien des ennuis et des malentendus résultaient de la difficulté à se repérer dans le monde conservateur et bourgeois de l'Europe du XIXe siècle. En Afrique, Barth était seul et il avait négocié face à face avec des souverains, mais en Europe, les choses étaient différentes, et le ton très direct qu'il adoptait parfois vis-à-vis de personnes haut placées n'était pas toujours approprié. Arrivé à Berlin, il prit ombrage du fait que ses lettres avaient été éditées et publiées sans son autorisation dans le journal de la Société de Géographie de Berlin[16], et

---

15 Boahen 1964: 209–210, Prothero 1958: 326–327. Cf. aussi Plewe 1965: 254. Un exemple d'appropriation du voyage par les nationalistes pendant le Kaiserreich est donné dans Löwenberg (1875: 96) « l'expédition est, [...] en raison des moyens intellectuels et matériels qui ont été mis à sa disposition, mais surtout à cause à son déroulement, une expédition *allemande*. » (souligné par Löwenberg).

16 *Monatsberichte über die Verhandlungen der Gesellschaft für Erdkunde zu Berlin*, Neue Folge 1851, 8: 81–132 ; 1852, 9: 189–325, 326–396 et *Zeitschrift für allgemeine Erdkunde* 1853, 1: 77–80, 194–214, 319–321 ; 1854, 2: 313–363 ; 1855, 4: 400–414.

il fut profondément blessé par la notice nécrologique prématurée publiée dans le même journal (Gumprecht 1855). Ce n'est qu'après s'être fait prier pendant plusieurs années qu'il consentit finalement à y publier de nouveau[17].

Barth avait compté sur un poste de professeur de géographie à Berlin. Ritter avait tout fait pour qu'il lui succède et Humboldt le considérait comme un « magnifique atout pour l'éclat de notre université ». Le roi même pensait que Barth serait une « acquisition brillante » pour l'université de Berlin. Mais Barth finit par décevoir ses amis et protecteurs. Tandis que ceux-ci l'appuyaient pour obtenir un poste à Berlin, le Chevalier von Bunsen, rentré de son poste diplomatique à Londres préconisa une autre stratégie et finit par convaincre Barth. Bunsen voulait à tout prix que Barth se rende à Londres. Il avança des arguments d'ordre pécuniaire, stratégique et personnel : en tant que professeur prussien, Barth perdrait la rémunération considérable qu'on lui avait laissé entrevoir à Londres. En outre, il ne trouverait guère le temps, en occupant un tel poste, d'achever la publication de son récit de voyage. L'argument qui a dû l'emporter fut celui de la liberté : « Donc restez libre, la liberté est le bien le plus cher. Berlin ne vous échappera pas et le poste de professeur non plus. Toute autre chose pourra se dérober facilement » (lettre de Bunsen à Barth du 2 novembre 1855 dans Schubert 1897: 100).

Londres

En novembre 1855, Barth arrive donc à Londres où il reste près de trois ans. Bien qu'il vive assez retiré, travaillant quasiment du matin au soir à la rédaction de son récit de voyage, il garde le contact avec les chercheurs et explorateurs en Afrique. A Londres, il devient l'interlocuteur estimé de personnalités comme Francis Galton, Balfour Baikie, Richard Burton, David Livingstone et Desborough Cooley. Ce dernier aide Barth aux corrections du manuscrit anglais. Déjà en mai 1857, les trois premiers volumes de *Travels and discoveries in North and Central Africa* sont publiés. Peu après, l'édition allemande paraît : il l'a rédigée plus ou moins parallèlement sans que leur contenu soit exactement le même (voir Spittler dans ce volume). Une année plus tard, les deux derniers volumes seront publiés en anglais et en allemand.

Bien que la rédaction et la publication du récit de voyage progressent bien, Barth regrette bientôt d'avoir suivi le conseil de Bunsen de s'installer à Londres. Il se heurte à l'essor des nationalismes européens du milieu du XIXe siècle. Le fait qu'un Allemand ait emporté les lauriers d'une expédition britannique irrita une partie de l'opinion en Grande Bretagne où des sentiments anti-allemands étaient présents dans la presse pendant l'expédition et après son retour[18].

---

17 Koner 1866: 10. Il s'agit d'un article qui rend compte d'une partie du grand voyage méditerranéen de Barth : « Reise von Assuan über Berenike nach Kosser im October und November 1846 », *Zeitschrift für allgemeine Erdkunde* 1859, 7: 1–31.

18 Voir à ce propos la lettre de Ritter à Barth du 5 janvier 1852 dans Plewe 1965: 265, ainsi que Schubert 1897: 88 et Kirk-Greene 1962: 30, 67.

L'hostilité de la presse était suscitée par des membres de la société de géographie de Londres, la *Royal Geographical Society* (RGS), scandalisés que les lettres envoyées par Barth d'Afrique aient été publiées d'abord en Allemagne, avant même que la RGS en prenne connaissance. Etant une des premières sociétés scientifiques du monde, la RGS attendait certains privilèges d'une expédition britannique – bien qu'elle n'ait pas participé à son financement[19]. Très vite froissé, Barth déclina brusquement l'invitation honorifique de la RGS, qui voulait lui remettre sa médaille d'or. Il n'accepta la médaille qu'en 1856 et ce n'est qu'à ce moment qu'il tiendra son discours devant la RGS (Prothero 1958: 335).

Un autre front s'ouvrit avec la puissante *British and Foreign Anti-Slavery Society* qui critiquait Barth pour s'être joint à une razzia d'esclaves de l'armée du Bornou (Barth 1857–1858b I: xxvii–xxix) et l'accusait d'avoir été lui-même mêlé à la traite en emmenant en Europe deux esclaves comme serviteurs. Il s'agissait de Dorugu et Abbega, deux jeunes esclaves affranchis que Barth avait emmenés en Angleterre pour les y faire éduquer à la chrétienne et les envoyer ensuite comme missionnaires au pays hausa. Scandalisé par ces accusations, Barth insista pour que les deux adolescents soient rémunérés et renvoyés en Afrique sans délais (Kirk-Greene et Newman 1971: 8–10, voir aussi von Oppen dans ce volume).

Un conflit bien plus grave s'engagea avec le *Foreign Office*. A Tombouctou comme dans les autres étapes de son voyage, Barth s'était présenté comme représentant du gouvernement britannique et il y avait invité son hôte al-Bakkā'ī, chef politico-religieux de la ville, à envoyer une délégation à Londres pour nouer de contacts diplomatiques et commerciaux. En encourageant ce genre de démarches, Barth se sentait investi d'une mission civilisatrice. Ayant vu de ses propres yeux les terribles conséquences des razzias esclavagistes, il préconisait le commerce libre et légitime pour remplacer la traite. Il était moins question pour lui de promouvoir les intérêts commerciaux du Royaume Uni (bien que sur ce point les ambitions de Barth et celles du *Foreign Office* soient convergentes) que de se faire l'avocat d'un développement éthique de l'Afrique à travers le commerce. A l'occasion de la remise de la médaille d'or de la *Royal Geographical Society* en 1856, il exposa ainsi son point de vue :

> Her Majesty's Government will not allow the opportunity to pass by, to establish, in a vigorous manner, legitimate commerce with those unfortunate regions, and thus hold out to the natives a humane and lawful way in which they may be able to supply their wants for foreign produce, without bringing, by slave-hunts and slave-trade, misery and desolation over wide and fertile districts (Barth 1858: clxix).

---

19 Schubert 1879: 34, Kirk-Greene 1962: 29–30. De son côté, Ritter déplore que les rapports envoyés régulièrement par Barth au *Foreign Office* ne soient connus en Allemagne que sous formes d'extraits (lettre de Ritter à Barth du 23 décembre 1851 dans Plewe 1965: 259) tandis que le journal de la RGS (vol. 21, 1851: 130–221) en publie un entier en anglais (lettre de Ritter à Barth du 5 janvier 1852 dans Plewe 1965: 265).

Cependant les rapports de force en Europe avaient évolué pendant que Barth voyageait en Afrique. La concurrence mondiale entre le Royaume Uni et la France avait fait place, provisoirement, à l'alliance des deux puissances européennes lors de la guerre de Crimée (1854–1855). Une alliance que le gouvernement britannique ne comptait pas mettre en péril en s'infiltrant ouvertement dans l'aire d'influence des Français ferment établis au Sénégal et en Algérie. Nouer des contacts avec Tombouctou aurait tôt ou tard mené à des incidents diplomatiques sérieux (Boahen 1964: 226–230).

Quand une délégation envoyée par al-Bakkā'ī se présenta en juin 1857 auprès du consul britannique de Tripoli pour se rendre à Londres, le *Foreign Office* se trouva bien embarrassé. Après quelques hésitations, on finit par la renvoyer avec des faux prétextes. Plus idéaliste que réaliste, Barth n'avait pas saisi le changement fondamental dans la politique du Royaume Uni : il interpréta donc cet épisode comme une traîtrise et se mit très en colère lorsqu'il reçut d'al-Bakkā'ī une lettre indignée par le traitement infligé à sa délégation. Il se sentit discrédité, ayant manqué à la parole donnée. En 1861, Barth écrivait encore avec rancœur à son beau-frère que « les Anglais dans leur hypocrisie de missionnaires ont traîné dans la boue ce que je leur avait offert les bras ouverts »[20]. Barth était devenu gênant pour le *Foreign Office*, où on considérait qu'il avait outrepassé ses compétences en offrant à ses amis de Tombouctou l'aide militaire de la Grande Bretagne contre les Français[21].

Sur le plan sentimental, les années londoniennes ne furent guère plus réussies que sur le plan diplomatique. Barth s'y rend avec l'idée de se marier et cherche une « camarade qui pourrait, si j'ai la chance de bien choisir, épanouir toute ma vie. Je brûle d'envie d'un échange de cœurs [...] » (lettre à Schubert vers 1856 dans Schubert 1897: 104). Mais, à en croire son beau-frère, il n'était pas prêt à ralentir son rythme de travail pour consacrer plus de temps à la recherche d'une compagne. Il ne s'est donc jamais marié et nous ne savons rien de ses relations amoureuses. Italiaander (1967: 283) suggère même un penchant homosexuel, en constatant l'enthousiasme parfois débordant de Barth envers des hommes tandis qu'il semblait gauche et mal à l'aise lorsqu'il écrivait sur les femmes.

Le séjour à Londres devenant de plus en plus insupportable, l'identité allemande de Barth refit surface. La politique ne l'avait jamais beaucoup intéressé. Comme bien des citoyens de sa ville natale, il était anglophile ; en Angleterre il se faisait appeler « Henry » et le premier journal de son grand voyage porte le nom arabe « Abd el-Kerim Barth el-Inglis » (Barth l'Anglais, serviteur du Miséricordieux). Mais le sentiment d'injustice et d'ingratitude le fit changer d'esprit. Il se mit à comparer sa situation personnelle à celle de son pays natal sur l'échiquier politique européen et, dans des moments de frustration, il avait des difficultés à mettre un frein à ses « bouillonnements patriotiques » (Schubert 1897: 136). Ce n'est pas un hasard si l'édition

---

20 Lettre à Schubert du 23 mai 1861 dans Schubert 1897: 128.
21 Voir à ce propos Barth 1857–1858b V: 124–125, ainsi que Barth et Duveyrier 1872.

allemande de son récit de voyage se termine ainsi : « [...] j'espère que cette heureuse exploration de l'intérieur de l'Afrique sera toujours reconnue comme un exploit glorieux du génie allemand » (Barth 1857–1858b V: 454). Mais ce genre de propos reste relativement rare. Dans le fond, Barth n'était pas un nationaliste étroit et ses idées politiques le rapprochent plutôt des citoyens du monde tels que Goethe ou Humboldt.

S'il avait eu, au début de son séjour de Londres, l'espérance d'entreprendre d'autres voyages au service de sa Majesté pour « aider les Anglais à ouvrir les contrées éloignées à la communication avec l'Europe »[22] et de faire de sa passion du voyage une profession, ce n'était plus guère envisageable après sa querelle avec le *Foreign Office*. Il fallut donc s'orienter différemment.

Les dernières années

Peu après avoir publié les deux derniers volumes de son récit de voyage en mai 1858, il s'embarque pour son pays natal et continue jusqu'en Turquie pour un voyage d'études. Dans cette phase de sa vie, la carrière universitaire était devenue une option parmi d'autres. Ainsi il envisagea de prendre un poste diplomatique au Proche Orient, mais cette option échoua notamment à cause des attentes pécuniaires de Barth (Schubert 1897: 139, 143). A Berlin, Ritter essaya cependant de préparer le terrain pour lui trouver un poste à l'université. De retour à Berlin, Barth reprit ses contacts et sa vaste correspondance avec le monde scientifique mais à part d'une apanage du roi de Prusse, renouvelable chaque année, aucune perspective concrète ne s'ouvrit à lui. Le ministère de la culture de Prusse fit mine de ne pas se rappeler les engagements pris avant le grand voyage et le fit patienter d'année en année. Non seulement l'enthousiasme du public pour ses exploits en Afrique s'était attiédi pendant les années passées à Londres, Barth vit en plus la disparition de trois de ses protecteurs puissants : Humboldt, Ritter et Bunsen. Sa déception fut à son comble lorsque l'espoir de succéder à Ritter s'évanouit et que l'Académie des Sciences de Berlin refusa de le nommer membre régulier.

Ce n'est qu'en 1863 que Barth se vit offrir un poste de maître de conférence extraordinaire (*Extraordinarius*) à Berlin, au moment où l'université de Jena lui proposait un poste de professeur. Il lui avait fallu attendre huit ans après son retour d'Afrique pour atteindre son but et il ne put jouir de cette position que deux ans avant sa mort. Outre un contexte général défavorable, Barth avait des défauts qui constituaient autant d'obstacles à sa carrière universitaire : un grand manque de diplomatie, des manières brusques, confinant à la rudesse et sans égard pour le statut social de ses interlocuteurs, ainsi qu'une sensibilité et une susceptibilité exacerbées[23].

---

22 Lettre à Herman, consul général britannique à Tripoli, du 24 décembre 1858 dans Schubert 1897: 135. Cf. lettre à Schubert du 9 janvier 1858 dans Schubert 1897: 134.

23 Koner 1866: 26. Pour les détails des querelles autour de la nomination de Barth, voir Engelmann 1967.

Cela ne veut pas dire que Barth était isolé à Berlin. Au contraire, il s'engagea intensément pour la recherche africaine et, ayant fait l'expérience du manque de financement, il milita sans cesse pour un meilleur encadrement institutionnel des voyageurs en Afrique. En 1863, il fut nommé président de la Société de Géographie de Berlin, qu'il contribua à transformer en une véritable société scientifique (Lenz 1978: 17). En outre il créa la fondation Carl Ritter, qui collectionnait des fonds pour des expéditions et à laquelle il contribua lui-même pour d'importants montants. Il fut ainsi plus ou moins directement engagé dans la réalisation des expéditions de Heuglin, Beurmann, Decken, Rohlfs et Schweinfurth. Si Barth était en Allemagne au cœur de la recherche africaniste, il fut également un interlocuteur recherché à l'étranger et correspondit avec des explorateurs comme Livingstone, Burton, Baikie en Angleterre, Mage et Duveyrier[24] en France et du Chaillu aux États-Unis.

Dans le même temps il retourna à son ancienne passion et reprit ses voyages vers le bassin méditerranéen. A peine après avoir quitté Londres en 1858, il visite le nord de la Turquie[25]. En 1861 c'est l'Espagne, où il escalade les Pyrénées. Ensuite les voyages s'enchaînent chaque année : en 1862 en Hongrie, dans les Balkans et la Grèce avec la première ascension de l'Olympe[26], en 1863 dans les Alpes, en 1864 en Italie avec l'ascension du Gran Sasso et en 1865 en Macédoine, Albanie et Monténégro. Peu après le retour de ce dernier voyage il meurt le 25 novembre 1865 à l'âge de 44 ans après une courte maladie. Selon le fameux pathologiste Rudolf Virchow, présent lors de l'autopsie, une inflammation avait causé une perforation gastrique. Son décès interrompt la rédaction de son lexique de langues centre africaines. Les deux premières parties de cette œuvre, à laquelle il avait consacré beaucoup de temps vers la fin de sa vie, avaient été publiées en 1862 et 1863, et un troisième tome parut de manière posthume en 1866[27].

Conclusion

Barth n'a pas toujours adopté la meilleure stratégie pour sa carrière professionnelle : il était trop franc pour être diplomate et il aimait trop sa liberté pour être obséquieux. Sa franchise confinant à la brusquerie et son sens rigide du devoir, suscitèrent souvent l'incompréhension de ses contemporains. Finalement, l'élément marquant de cette vie de chercheur reste avant tout le grand périple africain, bien qu'on se demande comment il a pu aller aussi loin en Afrique avec un tel manque de flexibilité et de diplomatie.

24 Pour la relation particulièrement amicale entre Barth et Duveyrier voir Barth et Duveyrier 1872, Furon 1967 ainsi que les lettres de Duveyrier publiés dans Italiaander 1970.
25 Le récit de ce voyage fut publié 1860 dans *Petermanns Mitteilungen*, Ergänzungsheft 3.
26 Le récit de ce voyage fut publié 1863 dans *Zeitschrift für allgemeine Erdkunde* vol. XV: 301–358, 457–538 et 1864, vol. XVI: 117–208.
27 Barth 1862–1863. La bibliographie la plus complète de Barth a été réunit par Peter Kremer et publiée dans Barth 2002.

Un des secrets de son succès réside sans doute dans les amitiés sincères qu'il a su tisser avec des Africains et qui constituent un exemple rare dans les relations entre Européens et Africains au XIXe siècle : on peut ainsi mentionner son amitié intellectuelle avec al-Hajj Bashīr, vizir du Bornou, sa relation à son serviteur Muhammad al-Gatroni ou simplement la sympathie avec nombre d'Africains rencontrés en route. Curtin (1964: 381) voyait sans doute juste en affirmant que, parmi les voyageurs en Afrique, Barth était celui qui avait le moins de préjugés et était le était moins limité par sa culture. Cette disposition était renforcée par la connaissance des langues de ses interlocuteurs africains et sa capacité à communiquer directement sans interprète. Barth semblait être un autre homme dès qu'il voyageait et c'est dans ce contexte qu'il nouait des liens avec de nombreux Africains. Ce n'est qu'en voyageant qu'il pouvait éviter les engagements et obligations à long terme qui auraient entravé son amour de liberté et d'autonomie.

En Europe, Barth était « assis entre deux chaises » tant du point de vue académique entre histoire ancienne et géographie, qu'au niveau identitaire, entre identités hambourgeoise, prussienne et anglaise. Ni les Anglais, ni les Allemands ne pouvaient revendiquer entièrement ses exploits scientifiques pour leur nation. Il était le premier de sa famille à avoir joui d'une éducation universitaire. Solitaire et non-conformiste, parfois même marginal, il était moins bien intégré à la société que d'autres. C'est ailleurs bien souvent ce type de personnalités marginales qui porte le regard plus libre sur l'autre (Stagl 1974: 84).

En plus de ces dispositions, il avait reçu une excellente formation, dans une des meilleures universités de son temps et s'était imprégné de l'ouverture d'esprit de Humboldt et de Ritter, ce qui l'aidait à poser les bonnes questions. A une époque où l'Afrique subsaharienne était encore perçue comme un continent sans histoire, il fut le premier à ouvrir la perspective historique. Jamais ne décrivit les contrés visitées sans avoir recours à l'histoire. C'est surtout dans ce sens que, reprendre une expression d'Humboldt, « il nous a déverrouillé une partie du monde »[28].

---

28 Lettre à Barth du 26 février 1859 dans Schubert 1897: 142. Pour l'influence toujours présente de Barth sur l'historiographie de l'Afrique de l'Ouest voir Masonen 2000: 397–417 et Moraes Farias dans ce volume.

HEINRICH BARTH, UN VOYAGEUR SAVANT EN AFRIQUE

Gerd Spittler

Abstract

Two themes are elaborated in this contribution. On the one hand, the text deals with the organization of travels which Barth embarked upon, and on the other hand, it examines Barth's *habitus* as a scholar. Barth traveled in different contexts such as in expeditions organized by Europeans, African caravans, small groups of African travelers and a train that he organized. The organization of the journey as well as the transport choice, are really important while doing field research. In this respect, the comparison with the *Mission Saharienne* lead by Foureau and Lamy is particularly rich in information. Unlike other explorers, Barth was a scholar and he behaved as such in the field. In the absence of an institutional scientific framework in Africa, he created one himself. His linguistic competence was so diverse that he could work without an interpreter throughout all his field trips. His relationships with his informants were very sophisticated. The information he collected during his travel reveals several phases and ways of recording. First of all, while riding a horse or a camel, Barth took notes in a pad. In the evening, he transferred his notes into a diary. During his extended stays in the same place, he wrote his texts systematically. Beyond his local adaptations, Barth was part of a scientific network through contacts he had with European scientists. This generated a vast amount of mail as well as an intensive publication activity during his stay in Africa.

Il s'agit dans cette contribution de mettre en lumière les conditions dans lesquelles Barth a effectué son travail de terrain en Afrique. Pour cela, nous aborderons deux questions principales : celle de l'organisation du voyage (I) et celle de la mise en œuvre d'un environnement scientifique en Afrique (II).

I. Voyageur en Afrique

Pendant son voyage en Afrique (1849–1855), Barth a fait l'expérience de différents types de voyage. Mais avant de les présenter, il est nécessaire de rappeler l'itinéraire emprunté par Barth (voir carte p. 57).

Le voyage de Barth donne l'impression d'avoir été planifié bien à l'avance, mais en réalité, la route empruntée dépendait de nombreux aléas. Au départ, l'expédition commandée par Richardson prévoit de se rendre au Soudan par la route du Bornou (Mourzouk, Bilma, Kukawa), sans passer par Agadez, le massif de l'Aïr et les Tuareg Kel Ewey. C'est seulement à Mourzouk que Richardson prend la décision d'éviter la route du Bornou (à cause des dangers qui y sont liés) et d'emprunter celle qui passe par Agadez (Schiffers 1967: 13). Même le voyage à Tombouctou n'était pas prévu. À l'origine, Barth voulait traverser le continent et s'embarquer au Mozambique, mais ce n'est qu'en cours de route qu'il s'est donné d'autres objectifs. C'est probablement pendant son séjour à Agadez qu'il a commencé à s'intéresser à Tombouctou et à ses relations avec Agadez.

Heinrich Barth a passé en tout 625 jours sur la route, pendant lesquels il a parcouru 15 500 km. Son trajet quotidien s'élève ainsi à quelque 25 km en moyenne, parcourus en six à huit heures (Schiffers 1967: 19). Les déplacements ont donc pris beaucoup de temps, mais par rapport aux cinq années qu'a duré le voyage, ils ne représentent qu'un tiers du temps. Barth a en effet fait des séjours prolongés dans plusieurs villes : trois semaines à Agadez, deux mois à Kano, huit mois à Tombouctou et une année entière à Kukawa.

À de nombreuses reprises, Barth s'interroge sur les avantages et les inconvénients que confèrent les différents moyens de transport. Il montre une préférence pour la monture, à laquelle il attribue plusieurs avantages. En effet, il souligne plusieurs fois la vue d'ensemble que permet la hauteur du cavalier. Ce constat ne vaut pas uniquement pour la rase campagne mais aussi pour des villes comme Kano. Barth poursuit également des réflexions sur les différents types de monture. A un moment, faute de mieux, il tente – en vain – de monter sur un bœuf de bât (Barth 1857–1858b I: 407). Le chameau, en revanche, serait selon lui beaucoup mieux adapté aux besoins du voyageur et de l'explorateur. Son allure tranquille permet une prise de notes continue (Barth 1857–1858b I: 295). L'intégration dans une caravane tuareg s'avère aussi particulièrement favorable à la concentration. Mais, en général, Barth préfère le cheval au chameau : celui-là est moins sujet aux sautes d'humeurs et se prête mieux à la traversée des contrées arborées (Barth 1857–1858b II: 4). En outre, le cheval est plus facile à guider et offre donc au cavalier une plus grande mobilité, aussi bien au sein de la caravane que loin d'elle. Cela permet d'engager la conversation avec différentes personnes ou de s'attarder pour explorer plus longuement un village ou un champ.

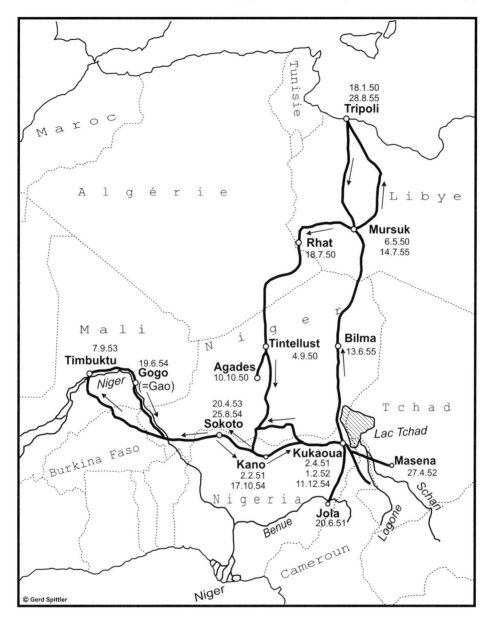

Le voyage de Barth en Afrique (note: d'après la carte originale de Petermann (Barth 1857–1859b I, carte 1). Les dates se réfèrent à la date d'arrivée de Barth dans les différentes villes. Les frontières reflètent la situation politique actuelle.)

Il convient cependant de préciser ces propos d'ordre général en prenant en compte la modalité du déplacement. Dans l'article intitulé « Explorers in Transit: Travels to Timbuktu and Agadez in the Nineteenth Century » (1996), j'ai déjà abordé l'importance des modalités de déplacement dans l'exploration. On peut ainsi distinguer entre les voyages, selon qu'ils ont été organisés par des Européens ou par des Africains et selon le nombre de voyageurs.

Taille	Organisation du voyage	
	Organisation africaine	Organisation européenne
Entreprise	Caravane	Expédition
Groupe de voyageurs	Troupe ou compagnie de voyageurs	Train (petit convoi)

Cette typologie vise ici uniquement à étudier le rapport entre modalité de déplacement et modalité de recherche. Les recherches sur le terrain dépendent étroitement des modalités de déplacement, et les types esquissés ci-dessus créent des conditions différentes pour la recherche. Ce que l'on voit, les personnes que l'on rencontre, les conditions dans lesquelles s'établit un contact et la façon dont il est interprété, tout cela dépend non seulement de la personnalité du chercheur et de ses éventuels préjugés, mais également de la façon dont il se déplace. Les contacts noués dans le cadre d'une caravane diffèrent ainsi de ceux établis dans le cadre d'une expédition, et les deux se distinguent à leur tour de ceux qui caractérisent un groupe de voyageurs.

Barth, membre d'une expédition

Dans un premier temps, Barth participe à une expédition financée par le ministère britannique des Affaires étrangères et commandée par James Richardson ; en fait également partie un autre chercheur allemand, le géologue Adolf Overweg. Après la mort de James Richardson, Barth en prend le commandement. Ce n'est que pendant la période relativement courte du commandement de James Richardson que le voyage d'exploration a lieu sous forme d'une expédition. Hormis les trois Européens (Richardson, Barth et Overweg), le corps de l'expédition est composé de serviteurs, d'assistants techniques (par exemple, un interprète, un marin et un charpentier) et de chameliers. Le matériel comprend une embarcation démontable pour explorer le lac Tchad (d'où le marin !) et divers instruments tels que des thermomètres, des jumelles, des boussoles, des chronomètres, des chaînes d'arpenteur, des tentes, des tables, des lits, des ustensiles de cuisine, des livres, des cadeaux et de la nourriture. Pour transporter tout ce matériel, il faut une quarantaine de chameaux. Au départ, il est prévu de ne pas armer les membres de l'expédition, mais on revient sur cette décision en raison de la taille de l'expédition (Barth 1857–1858b I: xxv).

Le fait d'être en expédition freine la prise de contact avec les Tuaregs, ne serait-ce qu'à cause du temps et de l'énergie passés à faire face à la menace des attaques. En outre, cette menace crée une distance avec les Tuaregs, dont les agressions sont avant tout dirigées contre les riches Européens et chrétiens. Mais, même en l'absence de danger, l'expédition favorise l'isolement de ses membres. Elle dispose de ses propres chameaux et chameliers. Ses membres sont tellement préoccupés d'eux-mêmes (entre autres à cause des tensions qui règnent entre les trois Européens) que le temps leur manque pour entrer en contact avec des personnes extérieures.

Barth se montre d'emblée critique à l'égard de ce style d'expédition, considérant comme un fardeau l'équipement et la compagnie des membres européens. La multitude de caisses attire les voleurs qui les croient remplies d'or et d'argent, alors qu'elles ne contiennent que du biscuit et du thé (Barth 1857–1858b I: 348 et suivante). Mais c'est surtout ses compagnons de voyage européens que Barth ressent comme un fardeau. La séparation d'avec Overweg et Richardson ne suscite chez lui aucun regret ; c'est plutôt un soulagement. La séparation avec Overweg, le 14 janvier 1851, inspire à Barth le commentaire suivant : « Je continuerai donc désormais tout seul mon voyage, sans véritable regret, puisque j'ai pris dès ma jeunesse l'habitude de voyager seul parmi des étrangers, et j'ai commencé à m'attacher plus fortement à mon ami noir Gadjere » (Barth 1857–1858b II: 14). Cet ami Gadjere est un esclave qui l'accompagne lors de son voyage à Katsina et qui ne se contente pas de répondre aux nombreuses questions de Barth, mais lui indique spontanément certaines choses sur lesquelles il souhaite attirer son attention, tels qu'un arbre rare ou un éléphant. En outre, il informe Barth sur la situation politique de certaines régions et, à de nombreuses occa-sions, lui raconte des histoires.

Barth en compagnie de voyageurs africains

Barth profite de la première occasion pour quitter l'expédition. Lorsque, en octobre 1850, l'occasion se présente de voyager à Agadez avec des Tuaregs, il la saisit aussitôt. Bien que tous lui prédisent une mort certaine, il renonce à tout équipement et à toute aide personnelle de la part de l'expédition. Quand l'interprète hausa refuse, par peur, de l'accompagner, Barth se montre davantage soulagé qu'inquiet. Il voyage en compagnie de plusieurs Tuaregs Kel Ewey sous le commandement de Hamma, gendre d'Annur, le chef des Tuaregs Kel Ewey. Barth décrit ainsi la première nuit qui suit le départ : « Dans le but d'éviter, autant que possible, d'attirer l'attention des gens du cru, je n'avais pas pris de tente avec moi, et m'étendais la nuit sous le toit en saillie formé par les blocs granitiques, mes amis Kel Ewey dormant autour de moi. » (Bernus 1972: 88). Cette phrase banale, rédigée apparemment sans intention particulière, en dit long en réalité sur l'explorateur qu'est Barth. Il ne se sent en sécurité qu'en s'adaptant au milieu naturel et humain : il dort au milieu des Kel Ewey, « sous le toit naturel d'un rocher saillant ». Il renonce à la tente qui trancherait trop avec l'environnement[1].

---

1   Quel contraste avec Malinowski, considéré comme le fondateur de l'observation participante

Barth s'adapte autant que possible à la population locale dont il adopte la manière de voyager, de s'habiller et de se nourrir. De cette façon, il obtient de nombreuses informations sur ses compagnons de voyage, sur les voyageurs qu'ils rencontrent, sur l'économie pastorale, sur la qualité des vêtements et de la nourriture. Il comprend peu à peu, à travers ses propres expériences, que la culture locale est mieux adaptée pour voyager que l'équipement d'une expédition, y compris en ce qui concerne le climat.

Dans la ville d'Agadez, il bénéficie de l'aide de ses nouveaux amis. Hamma, influent Kel Ewey, lui sert de guide partout à Agadez et le présente à ses amis. Dès le deuxième jour, il lui obtient une audience auprès du sultan d'Agadez. À Agadez, Barth est logé dans la maison du chef tuareg Annur. Tant d'occasions de nouer des contacts se présentent à lui qu'il lui arrive même de s'en plaindre par moments.

Les résultats scientifiques du séjour à Agadez, qui n'aura duré que trois semaines, sont considérables. Barth est le premier Européen à livrer une description de l'histoire, de la langue et de la vie quotidienne à Agadez, qui reste jusqu'à nos jours une source importante. Pour lui, ce voyage et ce séjour à Agadez constituent une expérience cruciale. Deux ans plus tard, en avril 1853 à Sokoto, Barth évoque Agadez comme le lieu « où j'ai commencé à prendre confiance dans la réussite de mon entreprise » (Barth 1857–1858b IV: 187).

Barth, membre d'une caravane

Lorsque Barth revient dans l'Aïr en novembre 1850, après un séjour d'un mois à Agadez, il doit se résoudre à rejoindre l'expédition de Richardson jusqu'à ce que, deux mois plus tard, Richardson, Barth et Overweg se quittent. Or, Barth ne continue pas seul son voyage mais se joint à une grande caravane africaine. Une caravane de cette dimension est composée d'éléments extrêmement hétérogènes. Barth mentionne ainsi des « Berbères, gens hausa, Toubous, Arabes, métisses, Anglais et Allemands » (Barth 1857–1858b I: 594). Un grand nombre de chefs Tuaregs se joignent à la caravane, tout comme des commerçants étrangers et d'autres personnes cherchant à voyager en toute sécurité. Au sein de cette caravane, où il voyage en tout pendant deux mois, Barth noue de nombreux contacts qui lui permettent de recueillir des informations et de se constituer un réseau, sur lequel il s'appuiera à plusieurs reprises dans la suite de son périple.

La fécondité des contacts est, entre autres, due à la spécificité du mode de déplacement[2]. Détachés de leur milieu habituel, les voyageurs disposent de

---

dans l'ethnologie ! Pour Malinowski, planter sa tente dans un village indigène constitue le point ultime de l'adaptation aux indigènes et il en donne fièrement la preuve à travers deux photographies (Malinowski 1922: 6 et photographies I et II).

2 Georg Simmel, notamment, l'a souligné dans sa *Sociologie* : « Les amitiés de voyage, tant qu'elles restent vraiment telles et ne prennent pas un caractère indépendant de leur occasion initiale, produisent souvent une intimité et une franchise auxquelles on ne peut trouver en fait de raison intérieure. Il me semble que trois causes y concourent : être affranchi de son milieu

temps pour converser et sont moins soumis aux normes qui régissent leur milieu d'origine. Ils peuvent donc parler de façon plus ouverte et plus libre. Ce constat vaut notamment lorsque le voyage se prolonge et qu'un sentiment de solidarité naît au sein de la caravane. À la différence de l'expédition, la caravane permet de nouer des relations avec des Africains influents – hommes politiques, pèlerins et commerçants – qui sont tous des grands voyageurs et qui peuvent fournir d'importantes informations. Par ailleurs, les liens noués avec eux peuvent s'avérer utiles ultérieurement.

Comparaison avec la Mission saharienne

La Mission saharienne, ou mission Foureau-Lamy, est en général présentée comme une expédition militaire[3]. En réalité, elle a été conçue en premier lieu comme une expédition scientifique et dépendait du ministre de l'Éducation. Foureau, chef de l'expédition, est un civil et le colonel Lamy est son lieutenant. Ce n'est qu'à partir de Zinder que, sous le commandement de Lamy, l'expédition prend un caractère militaire et qu'elle passe sous la responsabilité du ministère de la Marine[4]. La Mission saharienne a été l'expédition française la plus coûteuse du XIXe siècle (Broc 1982: 271). Elle était composée de 375 personnes, dont quatre civils, onze officiers et 360 sous-officiers et soldats. Parmi les 48 Français, on compte, outre les civils et les officiers, 33 sous-officiers. En dépit de leurs différents statuts, les Français forment un groupe soudé qui se réunit tous les soirs.

Au moment du départ, en octobre 1898, l'expédition ne dispose pas moins de 1 004 chameaux, qui servent en partie de montures, mais surtout d'animaux de bât pour transporter un matériel réparti sur 5 000 à 6 000 ballots : tentes, mobilier, nourriture, munitions, fusils et canons, médicaments, instruments scientifiques, objets destinés au troc, etc. ... Les aliments (pain, sucre, thé, café, conserves de viande, farine, riz, seigle, graisses), par exemple, doivent permettre de subvenir aux besoins pendant au moins un an (Reibell 1931: xi et 11).

Les résultats scientifiques de cette expédition ont été publiés par Foureau dans un ouvrage en deux volumes de 1 200 pages avec supplément cartographique (Foureau 1905). L'ouvrage contient surtout des informations de nature géographique, géologique, météorologique, hydrologique, botanique, zoologique et archéologique. L'esquisse ethnographique et l'aperçu commercial, par contre, ne comptent même pas 200 pages. Cela est surprenant car dans la

habituel, avoir en commun les impressions et rencontres du moment, être conscient d'un retour prochain et définitif à la séparation » (Simmel, *Sociologie* 1999: 652).

3   La Mission saharienne est bien documentée grâce à ses participants. On dispose de plusieurs récits de voyage contemporains : Foureau 1902, Reibell 1931 et Guilleux 1904. Plus récemment ont été publiés d'autres journaux : Abadie 1989, Britsch 1989. Hormis ces récits de voyage, est disponible l'ouvrage en deux volumes publié par Foureau en 1905, *Documents scientifiques de la Mission Saharienne*.

4   Une analyse plus poussée, qui ne peut être effectuée dans le cadre présent, devrait aussi prendre en considération la Mission saharienne comme caravane. Voir à ce propos Spittler 1996.

conclusion, l'auteur insiste sur l'importance cruciale des informations à caractère social et humain dans la perspective d'une domination coloniale française. La cinquantaine de pages consacrées aux Tuaregs de l'Aïr n'offrent presque aucune information nouvelle par rapport à l'ouvrage de Barth.

Foureau explique la pauvreté de ses résultats ethnographiques par l'hostilité des indigènes. Les raisons de cette hostilité sont faciles à deviner. Outre les changements politiques survenus depuis l'époque de H. Barth (Tombouctou a ainsi été conquise par les Français en 1894), le comportement même de l'expédition explique la distance que maintiennent les indigènes. L'expédition organise des raids pour voler des chameaux, des ânes, du bétail et des chèvres. Parfois, elle prend des otages qu'elle échange contre de la nourriture et contre des chameaux.

À l'approche de l'expédition, la population s'enfuit. Lors du séjour à Aouderas, entre le 6 et le 27 juillet 1899, Haller, l'un des deux médecins de la Mission saharienne, note : « Nous aurons tout loisir d'y étudier les indigènes, à condition qu'ils n'aient pas filé dans la montagne, rapides comme des chamois » (Abadie 1989: 124). Il fait des observations similaires à Agadez : « Les indigènes répugnent à toute promiscuité avec les étrangers que nous sommes. Si, d'aventure, on en rencontre un, il s'enfuit en rasant les murs sans même détourner la tête, et il disparaît dans l'une des mystérieuses maisons » (Ibid.: 143).

On ne saurait trouver plus grand décalage avec l'expérience de Barth. Alors que ce dernier se plaint d'être envahi par les habitants d'Agadez, et en particulier par les femmes, les membres de la Mission saharienne se déplacent dans une ville désertée ! La rencontre avec le sultan d'Agadez constitue un autre exemple éclairant. Nous nous souvenons que Barth lui a rendu visite le lendemain de son arrivée, en compagnie de son ami tuareg Hamma, et s'est longuement entretenu avec lui. Etant donné l'importance de la Mission saharienne et de ses chefs, le premier contact avec le sultan prend une forme plus spectaculaire. Le sultan se rend au camp de Foureau – et non l'inverse ! – où il est reçu avec tous les honneurs militaires. Or, dix jours plus tard, il s'avère que le vrai sultan n'a jamais quitté son palais d'Agadez, mais a envoyé à sa place un faux sultan. Sur ce, Lamy fait braquer deux canons sur le palais du sultan et lui enjoint de se rendre le jour même au camp, sous peine de voir son palais réduit en cendres.

II. Créer un milieu scientifique

Toute recherche scientifique s'inscrit dans un contexte spatial, temporel, matériel et personnel. En effet, les chercheurs travaillent dans des lieux spécifiques, comme les bureaux (à la maison ou à l'université), les laboratoires, les bibliothèques ou les archives. De plus, si le temps de travail des chercheurs en sciences naturelles est souvent préétabli, comme le sont les horaires d'un employé, les chercheurs en sciences humaines bénéficient d'une plus grande liberté. Mais eux aussi tentent en règle générale de respecter un certain rythme, spécifique à leur activité scientifique. Quant à l'environnement matériel, on sait que les chercheurs en sciences naturelles ont besoin d'instruments coûteux et nombreux pour mener leurs recherches. Le chercheur en sciences humaines a lui aussi besoin d'un matériel de travail, ne serait-ce que d'un crayon et de papier, d'une table de travail et d'une lampe ainsi que, bien sûr, de livres. Enfin, l'activité scientifique exige à la fois des contacts avec d'autres chercheurs et une démarcation par rapport aux non-spécialistes. Les chercheurs échangent tous les jours, par des discussions informelles ou lors de conférence, ou encore par correspondance. C'est par ce biais que peut s'établir une communauté scientifique stable. Par ailleurs, le travail de recherche implique que l'on se démarque des non scientifiques : pour cela, la condition minimale est non seulement de se dire chercheur, mais d'être soi-même reconnu comme tel par la communauté scientifique.

Chez les chercheurs occidentaux, ce contexte institutionnel est plus ou moins garanti. Mais comment adopter une démarche scientifique alors que le contexte ne s'y prête pas, que l'espace, le temps et les outils font défaut et que l'on est entouré de personnes étrangères au travail scientifique et qui interfèrent dans le travail du chercheur ? C'est pourtant dans cet environnement que Barth a mené ses recherches. La question se pose donc de savoir comment il a pu, dans de telles conditions, créer un contexte scientifique.

À la différence de presque tous les autres explorateurs de l'Afrique, Barth est, par sa formation, un savant. Lorsqu'il entame, à l'âge de vingt-huit ans, son grand voyage en Afrique, il a déjà soutenu sa thèse de doctorat *(Dissertation)* et sa thèse d'État *(Habilitation)* et il a d'excellentes connaissances des littératures antique et arabe sur l'Afrique. Il emporte d'ailleurs avec lui des ouvrages historiques, comme celui d'Hérodote (Schubert 1897: 63). Néanmoins, ce qui nous intéresse ici est moins la formation antérieure de Barth et sa préparation au voyage, que son comportement en tant que savant au cours du voyage. On peut l'aborder sous les angles suivants : ses connaissances linguistiques, ses rapports avec les informateurs et sa façon d'enregistrer et de traiter les informations recueillies.

Lorsque Barth entame son voyage en 1849, il connaît déjà parfaitement l'arabe grâce à un voyage antérieur dans le bassin méditerranéen. À son grand étonnement, il constate toutefois que les Africains parlent rarement arabe. Peu à peu, il apprend donc plusieurs langues africaines. Il finit par parler couramment le hausa et le kanuri et il peut mener sans interprète une conversation en peul, en tamashek et en baguirmi (Barth 1863–1866: iii–xxii). En outre, il a recueilli le vocabulaire de sept autres langues africaines moins connues (teda, wandala, maba, abu-sarib, longone, songhay, emghedesi). Barth profite de ses déplacements et de ses séjours pour apprendre de nouvelles langues, la plupart du temps grâce à ses compagnons de voyage. Pendant le voyage en caravane à travers le Sahara, il fait de tels progrès dans l'apprentissage du hausa qu'il peut se rendre à Agadez sans l'aide d'un interprète et s'entretenir avec le sultan de cette ville. Avec son serviteur Muhammad, il apprend le teda et le kanuri. Sur la route de l'Adamawa, il a recours à ses compagnons, Muhammad et Billama, pour apprendre le peul et le kanuri. Barth lui-même affirme qu'il ne s'est jamais servi d'un interprète (Barth 1863–1866: ix).

Reste à savoir comment Barth accède à ses informateurs, comment il s'entretient avec eux et comment il traite les informations fournies. Pour Barth, disposer d'un grand cercle de connaissances et d'amis est primordial. Quel que soit le lieu où il séjourne, il noue des amitiés et continue ensuite à les cultiver. Elles constituent en quelque sorte l'infrastructure de sa recherche. C'est auprès de ces amis qu'il est logé, qu'il trouve du crédit en cas de nécessité, et qu'il collecte ses informations. Parmi eux, on trouve surtout des personnalités politiques, des commerçants et des érudits musulmans.

Quelques-uns des informateurs les plus importants de Barth sont des commerçants ayant beaucoup voyagé ; Barth apprécie beaucoup leurs connaissances et leur éducation. Pour lui, ce ne sont pas seulement des informateurs mais aussi des partenaires avec qui il discute. Avec l'un d'entre eux, il a de longues conversations sur le christianisme et l'islam. Par ailleurs, ils ne fournissent pas que des « données brutes » mais lui en restituent le contexte.

Après le séjour à Agadez, Barth doit moins ses informations aux liens tissés avec les commerçants qu'à son amitié avec les érudits musulmans. Il en rencontre même à l'écart des grandes routes, comme cet érudit peul, Faki Sambo, à Massena, au Baguirmi : « Certes, je ne pouvais pas m'attendre à trouver, dans un lieu aussi isolé que Massena, un homme qui n'était pas seulement bien versé dans toutes les branches de la littérature arabe, mais qui avait aussi lu lui-même toutes les parties d'Aristote et de Platon traduites en arabe, ou plutôt intégrées entièrement dans l'islam, et qui en possédait même les manuscrits, outre qu'il disposait des connaissances les plus approfondies sur les pays qu'il avait eu l'occasion de visiter. » (Barth 1857–1858b III: 331)

Qu'il s'agisse de chefs politiques, de commerçants ou de savants musulmans, les informateurs de Barth sont presque toujours des personnes d'un certain rang. Il est rare que Barth écoute la « voix du peuple ». C'est seulement de façon occasionnelle, lorsqu'il s'agit d'obtenir le nom d'un village ou la description d'une route, ou encore lorsqu'il apprend une langue, qu'il recourt à des informateurs issus du petit peuple.

Si Barth décrit « l'histoire des nations » en Afrique et non pas celle des luttes tribales entre des peuples sauvages et sans histoire, c'est qu'il reprend largement à son compte la perspective de ses interlocuteurs de rang. Chez lui, la ligne de partage ne se situe pas entre les Européens et les Africains, mais entre les personnes instruites et celles qui ne le sont pas. Avec les premières, il discute d'égal à égal, tandis que les propos des secondes ne sont pour lui que « croyances populaires » et « superstition ». Dans un passage, il distingue ainsi le discours historique des Tuaregs éclairés de la « geste populaire », à laquelle il ne faut prêter aucune foi.

Les observations et les conversations ne tiennent leur importance scientifique que du fait d'être consignées par écrit, élaborées et exploitées. La première étape de la consignation chez Barth est le carnet *(Memorandenbuch)*. Ce cahier de notes, doté d'une reliure renforcée, est transporté dans la sacoche de sa monture (Schiffers 1967: 512 ; voir aussi la contribution de Achim von Oppen dans ce volume). Il sert à enregistrer diverses observations et conversations à n'importe quelle heure de la journée. Lors de moments plus tranquilles, ces notes sont reportées dans le journal. Les informations consignées sont enfin élaborées pour donner naissance à des textes cohérents dès qu'une plus grande disponibilité le permet.

Barth décrit à plusieurs reprises les efforts que lui demandent les premières étapes de l'écriture, ainsi pendant la traversée du Sahara : « Dans ma tente, à la faible lumière de la lampe, je m'efforçai de remplir mon journal, négligé pendant les longues marches des derniers jours aux cours desquels nous n'avions même pas planté notre tente, pour reporter au propre les informations de mon cahier. Car je tenais ce dernier sans interruption et de façon aussi détaillée que possible, tout au long de la longue journée de canicule, assis sur le chameau » (Barth 1857–1858b I: 295)[5].

Les notes du carnet sont ainsi reportées au journal, généralement le soir. Les efforts consentis pour mener à bien ce journal sont bien mis en relief par un calcul effectué par Schiffers. De décembre 1849 à janvier 1851, pendant une période de treize mois, Barth a écrit, en moyenne, tous les jours quelque 8 700 mots ou 33 pages de son journal (Schiffers 1967: 512). Les descriptions de route sont transposées en itinéraires.

L'ardeur scientifique de Barth n'allait nullement de soi : cela ressort clairement de la comparaison avec son compagnon allemand Overweg, qui accompagnait l'expédition en tant que scientifique. Barth se plaint à plusieurs reprises d'Overweg, qui n'aurait jamais pris la peine d'élaborer ses observations (Barth 1857–1858b II: 39 et 427; 1857 III: 7 et suivante). Overweg se serait parfois moqué de Barth lorsque celui-ci profitait d'une halte pour retravailler ses notes (Barth 1857–1858b II: 422). De son côté, Barth reprochait à Overweg non seulement de ne pas retravailler ses notes, mais aussi de ne pas travailler suffisamment : « Monsieur Overweg était très habile dans le commerce avec les indigènes et, s'il lui eût été donné de revoir sa patrie, il aurait sans doute fourni un récit de voyage intéressant et très vivant ; mais il perdait presque tout son temps au lieu de se consacrer à des investigations scientifiques plus sérieuses » (Barth 1857–1858b I: xxii). Cette remarque est intéressante car elle donne une idée de la conception de la science chez Barth. Overweg avait apparemment de bons contacts avec les indigènes et aurait pu décrire leur vie. Mais Barth ne regrette pas seulement qu'il ne le fasse pas : il reproche surtout à Overweg de

---

5   Nous voyons ici que Barth, lui aussi, utilisait souvent une tente (voir note 1 ci-dessus). Ce qui importe n'est pas tant le fait de posséder ou non une tente mais de comprendre que la tente à l'européenne crée plus de distance que de proximité. La différence de point de vue entre Barth et Malinowski à propos de la tente signale un changement d'époque. Alors que Barth voyage à l'époque précoloniale, dans des régions où l'on n'a pas encore ou rarement vu d'Européen, Malinowski effectue ses recherches à l'époque coloniale. Les Européens vivaient alors dans des stations permanentes, faisant en effet de la tente l'expression d'un rapprochement aux « indigènes ».

s'être trop intéressé à la vie quotidienne des habitants, au lieu de s'adonner à des « investigations scientifiques plus sérieuses ».

Après la consignation dans le journal, le processus d'écriture n'est pas encore terminé. Lors de ses séjours prolongés, Barth reprend son journal pour transformer ses notes en textes cohérents, qui ne suivent plus le fil d'un journal. De plus, parmi ses autres activités scientifiques, il faut mentionner l'élaboration de questionnaires, ainsi que celle d'un « livret de langues » (*Sprachbüchlein*) rédigé en allemand et en hausa (Schiffers 1967: illustration 35) et, surtout, celle de recueils de vocabulaire.

Il ne suffit pas de consigner les informations, encore faut-il les conserver de façon sûre. Barth était particulièrement sensible à ce problème. Lors de son voyage méditerranéen (1845–1847), il avait été, au bout d'un an, victime d'un vol à main armée et avait perdu presque toutes ses notes. En rédigeant son récit, il a donc du s'appuyer sur ses souvenirs et sur les lettres envoyées en Allemagne pour retracer cette période. Lors de son voyage en Afrique, il cherche donc à se prémunir contre semblable perte. Il expédie ses journaux par des caravanes en partance pour Tripoli, afin qu'ils soient déposés au consulat anglais. En août 1855, lors de son retour à Tripoli, il y retrouve donc l'ensemble de ses journaux[6].

Une fois peaufinés, les textes sont envoyés en partie en Europe, non pas tant pour des raisons de sécurité que pour des raisons financières. En novembre 1850, Barth profite d'une halte prolongée de la caravane dans l'Aïr pour élaborer un récit et expédier son premier rapport au ministère anglais des Affaires étrangères, son commanditaire londonien: « Je suis déterminé à faire le meilleur usage possible des ces loisirs involontaires, afin de trier soigneusement les informations recueillies à Agadez, et à envoyer un rapport complet en Europe, pour susciter l'intérêt du public scientifique pour notre expédition et pour justifier auprès du Gouvernement de Sa Majesté l'attribution de nouveaux subsides » (Bernus 1972: 149).

C'est uniquement parce qu'il a déjà retravaillé en grande partie les résultats de ses investigations en Afrique que Barth, une fois revenu en Europe, est à même de sortir rapidement des publications. Les versions aussi bien anglaise qu'allemande du récit de voyage, comprenant chacune à peu près 3 500 pages, sont rédigées à Londres, en l'espace de trois années (entre novembre 1855 et août 1858). Les entrées du journal ont été tantôt retravaillées, tantôt reprises telles quelles. Selon Schiffers (1967: 511), deux tiers des entrées réapparaissent ainsi dans l'ouvrage publié.

Non seulement Barth envoie des rapports en Europe, mais il tient aussi une correspondance avec d'éminents savants. Comment est-il possible de maintenir des contacts avec l'Europe à cette époque, dans une région sans avion, sans chemin de fer, sans voiture et sans liaison téléphonique ? La seule liaison

---

6   La grande majorité des journaux ont survécu, la plus grande partie étant conservée au Staats-
    archiv de Hambourg, et une petite partie à la Bibliothèque nationale de France, à Paris
    (Schiffers 1967: 521).

possible est due aux caravanes qui partent pour Tripoli depuis Kano, Zinder, Kukawa ou d'autres lieux, ou qui font le chemin inverse. Ces caravanes ont été constituées à des fins commerciales ou de pèlerinage, ainsi que pour le trafic d'esclaves. Elles sont rejointes par des coursiers qui effectuent parfois une partie de leur trajet seuls.

Pendant son séjour en Afrique, Barth correspond avec toute une série d'éminents savants berlinois. La plupart de ses lettres sont destinées à l'égyptologue Karl Richard Lepsius ; un grand nombre est adressé à son maître Carl Ritter, alors le géographe le plus renommé en Allemagne, et quelques-unes à Alexander von Humboldt. Non moins importante est la correspondance qu'il entretient avec des savants londoniens. Barth envoie de nombreuses lettres à l'ambassadeur de Prusse à Londres, le baron de Bunsen, lui-même savant, et qui avait servi d'intermédiaire auprès du gouvernement britannique lors de l'organisation de l'expédition, ainsi qu'au célèbre cartographe August Petermann, alors installé à Londres.

Pendant son séjour en Afrique, Barth reste membre de la communauté scientifique dans la mesure où il correspond avec elle et qu'il est reconnu par elle. Mais ces relations fonctionnent-elles dans les deux sens ? On peut en effet se demander s'il recevait régulièrement des lettres, des suggestions, des encouragements ou des critiques sur ses rapports, des exemplaires imprimés de ses traités et de ses cartes ou des essais publiés dans son domaine de recherche. Bien qu'il fusse connu des savants européens, ne restait-il pas lui-même un peu isolé en Afrique, sans avoir accès à leurs travaux ? Barth se plaint en effet souvent de ne pas recevoir assez de nouvelles de l'Europe et des délais d'acheminement. Ces plaintes se renforcent dans la deuxième étape de son voyage. En 1853, en route pour Tombouctou depuis Kukawa, Barth exprime sa déception de ne trouver de courrier ni à Zinder ni à Katsina. En mars 1853, il écrit à Bunsen : « Il est triste, infiniment triste qu'aucune des *kafla* [caravanes] arrivées au Bornou ou au Soudan ces derniers mois n'ait apporté une seule ligne de la patrie ; j'ai en effet la tête à moitié vide, et il me manque tout élan vital pour correspondre ». De même, à Kano, en octobre 1854, il ne trouve ni courrier, ni argent. À Zinder, ses affaires ont été confisquées parce qu'on l'avait déclaré mort.

Conclusion

Sur le terrain, les habituelles conditions institutionnelles de la recherche font défaut, que ce soit les moyens financiers, les espaces de travail ou d'entreposage du matériel, les échanges avec des collègues ou la démarcation face aux non-spécialistes. Les sciences naturelles qui reposent sur des enquêtes de terrain (agronomie, géologie, écologie, biologie, éthologie) résolvent ce problème en fondant sur place des stations, dans lesquelles la science se trouve institutionnalisée à petite échelle et se démarque de son environnement. De telles stations existent également pour les sciences sociales, surtout dans un contexte colonial et postcolonial (par exemple, l'O.R.S.T.O.M. français). Mais, en règle générale, la solution adoptée dans les sciences humaines fait alterner de brefs séjours sur le terrain avec de longues périodes passées dans les institutions scientifiques du pays d'origine.

Pour Barth, cette solution n'existait pas. Il a du instaurer lui-même son propre cadre institutionnel et scientifique en s'appuyant sur son *habitus* de savant, sur ses dispositions personnelles et sur sa formation. Ces attitudes ont été intériorisées et ne sont pas de nature matérielle. Mais, pour pouvoir être mises en œuvre, il a fallu des prémices institutionnelles que Barth, dans ce cas, a du créer lui-même, tels des moyens financiers, des espaces (tente et maison), de l'équipement (table, chaise, lampe), une petite bibliothèque, des contacts avec des savants musulmans. En outre, Barth a inventé le voyage en tant qu'institution scientifique : il a mis à profit la structure d'une caravane chamelière, les possibilités offertes par le déplacement à cheval ou à dos de chameau, les connaissances et les réseaux de ses compagnons de voyage.

Au-delà des ces adaptions locales, Barth a fait partie du réseau scientifique traditionnel à travers ses contacts avec des savants européens, qui ont donné naissance à une vaste correspondance et à une intense activité de publication pendant son voyage en Afrique. Comme nous l'avons vu, ce réseau ne fonctionnait que de manière très imparfaite, surtout en ce qui concernait la correspondance qui lui était adressée depuis l'Europe. Mais, sans ce réseau, ses recherches auraient certainement été couronnées de moins de succès. Il se pourrait qu'il n'eût pas survécu ou qu'il eût dû interrompre son voyage prématurément. Il était également important de voyager en tant que représentant du gouvernement britannique, habilité à conclure des traités diplomatiques. Si ce statut jouait parfois contre lui, il en tirait en général une protection supplémentaire.

Que reste-t-il dans ce contexte de la « participation dense » que j'ai mise au centre de mes travaux antérieurs sur les explorateurs (Spittler 1996 et 2001) ? Faut-il que je révise ou que je transforme mes propos antérieurs ? En fait, ils n'ont pas tant besoin d'être corrigés que d'être complétés en prenant en compte les éléments relatifs à la créaction d'un environment scientifique. Reste toutefois à déterminer comment la distance scientifique et la participation dense, qui s'opposent, peuvent être réunies chez une même personne. Nous avons vu à travers le cas d'Overweg que ce lien n'allait pas de soi. Le grand apport de Barth est d'avoir su pratiquer les deux, et d'avoir trouvé un équilibre entre la proximité et la distance.

HEINRICH BARTH – TEXTE ET CONTEXTE

SUR L'EDITION FRANÇAISE DE BARTH

Alain Ricard / Gerd Spittler

Abstract

Heinrich Barth's work can be singled out from those of the 19th century explorers. Its scientific value is still admired today for its open mindedness and its erudition. Unfortunately in France, it sometimes does not always attract the reputation that it deserves. This is due to groundless suppositions inherent in its French translation that would betray it. In fact, the French translation was established upon an abbreviated German edition of about 1000 pages that was supervised by Barth himself. A comparison is provided here between the original text and its abridged version, as well as a study of its translation made from this edition. The hallmark of this illustrious explorer is not diminished despite the flaws of the French text.

Les « notions éparses de la cartologie africaine » (Jules Verne, *Cinq semaines en ballon*) ont attendu la fin du siècle dernier pour être rassemblées de manière à peu près cohérente. Tombeau de l'homme blanc, la côte africaine infestée de paludisme, décourageait les tentatives de pénétration vers l'intérieur du continent : Tombouctou fascinait. Or l'explorateur est un voyageur d'un type particulier : il a un programme, il veut répondre à des questions : Mungo Park, un médecin écossais, a montré, en 1798, que le Niger coulait bien vers l'orient : allait il vers le Nil ? Les frères Lander, modestes roturiers britanniques, en 1830 arrivèrent non sans mal à descendre le fleuve : ils cherchaient son embouchure. Ils résolvaient un problème géographique majeur, mais n'obtinrent que le deuxième prix de la Société de géographie de Paris en 1832. Le premier alla à un certain Douville, un affabulateur, qui racontait un merveilleux voyage dans un pays de cocagne, le centre de l'Afrique ... Courir après les mythes était bien plus attrayant que raconter la périlleuse descente du Niger. Et les mythes ne manquent pas : l'Empire du Monomotapa, cet Eldorado africain, a fait partir les voyageurs vers le centre du continent.

René Caillié pénétra dans Tombouctou, la ville de ses rêves, assoupie non loin du Niger. Il voyageait déguisé. Le voyage déguisé est un véritable écran : René Caillié était courageux mais son texte empêche toute relation véritable avec ses interlocuteurs. Il y a chez lui un goût de la performance – il sera le premier à faire une sorte d'exploit, mais il n'en ramène pas grand chose. Le chemin se transforme en comédie, qui risque à chaque instant de mal tourner. L'imposture corrode le regard, empêche la rencontre. Se déguiser n'est pas la seule des impostures possibles. A quoi bon voyager en effet si ce n'est pour rencontrer les autres, partager leurs demeures, leurs plats. Art délicat, voire impossible, si l'on a peur, ou si l'on fait peur, par exemple à la tête d'une troupe de 600 porteurs, comme le conquistador Stanley, avant garde d'une exploration conquérante, qui n'a plus rien à voir avec les voyages qui nous concernent.

Il est bon de poser au passé les questions du présent, de faire comme si le voyageur était avec nous, pour comprendre ses attitudes, ses jugements, ses actions. C'est un test que Barth passe brillamment, jusqu'à aujourd'hui.

Pour Jules Verne, Barth était déja un modèle. Il en est de même aujourd'hui, comme le précise remarquablement un historien anglais contemporain :

> S'il me fallait construire le type idéal du voyageur africain, j'aurais besoin d'un demi-douzaine d'éléments. Barth les possédait tous, moins un. Il était doté d'un esprit aussi curieux qu'agile; il n'hésitait pas à montrer son amitié spontanée pour les gens qu'il rencontrait. Il était généreux, qualité hautement appréciée chez les Haoussa. Par dessus tout il était doté d'une grande capacité d'adaptation, toujours prêt à se passer de l'étalon culturel de l'ethnocentrisme européen. Le seul ingrédient de base du service africain qui lui faisait défaut était le sens de l'humour, bien que son journal laisse parfois entrevoir le désir sympathique de raconter une histoire dans laquelle il n'a pas le beau rôle [...]. (Kirk-Greene in Rotberg 1970)

Barth eut aussi l'élégance de rendre justice au premier visiteur européen revenu de Tombouctou, René Caillié. Tout au long de son voyage, il note la justesse des observations de son prédécesseur. Mais il ne se contenta pas de Tombouctou : en 6 années de voyage, de 1849 à 1855, il compila 6 dictionnaires, accomplit une campagne avec un Emir, reconnut le lac Tchad et le cours de la Bénoué, et pour couronner le tout écrivit 3593 pages, illustrées de superbes cartes et publiées un an et demi après son retour ! Barth est toujours resté courtois, ferme : il savait être patient. Il s'est fait apprécier de ses compagnons africains et de ses serviteurs ; il était sensible au charme du beau sexe, mais ne voyageait pas avec un « harem », comme celui que Livingstone, figure emblématique du voyageur, qualifiait de « répugnant » : Richard Burton, fantasque et érudit qui crut que le Nil sortait du lac Tanganyika ...

Barth estimait autant les Arabes que les Hausa ou les Mandingues et ne considérait pas que les cultures noires africaines étaient inférieures à la culture arabe, préjugé absurde qui empoisonne une bonne partie des récits des voyageurs, et en particulier ceux de Burton. Ce dernier est un personnage insupportable ; il est certes allé, déguisé lui aussi, à La Mecque, il a traduit les *Mille et une nuits*, mais il est plein d'arrogance et de préjugés contre les Africains. Cette attitude l'empêcha d'écouter les raisonnements de Speke, qui lui a d'autres manières. Ces officiers sont des originaux, mais ils ne sont pas des savants à la manière moderne. Burton est un homme du XVIe, une sorte de Pic de la Mirandole, qui sait tout sur tout, qui a amassé une vaste culture, mais qui manque de recul et de réflexion. Au contraire, Barth croyait que c'est en parlant, et autant que possible dans leur langue, que l'échange avec les Africains est possible. Il se refusait aux idées générales, ce mal insidieux qui semble saisir les voyageurs et prépare le terrain au racisme ...

Barth dans la galerie des explorateurs est une extraordinaire exception, parce qu'il est parti préparé pour son voyage : il voit cela comme une entreprise scientifique et rares sont ceux qui partagent cette conception. Il est en contact avec les plus grands esprits de son temps, il connaît la problématique géographique, linguistique et ethnologique. Il établit que la Bénoué ne sort pas du lac Tchad et que ce dernier n'est certainement pas le réservoir supérieur du Nil ...

Les éditions françaises

Ces voyages connaissent un écho extraordinaire à travers des publications dans le monde scientifique et le grand public. Dès 1860, soit à peine deux ans après l'édition abrégée nous avons du « rewriting » dans le *Magasin pittoresque* – le Readers Digest de l'époque – avec de belles gravures. Puis, moins de trois ans plus tard, nous avons le début des *Voyages extraordinaires – Cinq semaines en ballon* paraît le 24 décembre 1862 ! – dont Barth est vraiment l'un des piliers. La réussite de ses voyages a donné à Jules Verne l'idée de son projet : réunir Burton à Barth en franchissant la crête Congo–Nil en ballon, pour rejoindre le Tchad et la Bénoué !

Les voyages de Barth seront souvent publié en éditions abrégées, par Malte Brun au XIXe ou aujourd'hui par les éditions Phébus. Il me semble nécessaire d'introduire une différence entre les abrégés du style du *Reader's digest*, fait par des éditeurs, et les version raccourcies éditées par les auteurs eux-mêmes. Telle est bien l'origine de mes réflexions sur Barth : il a lui-même, peu de temps après l'édition originale de son voyage, signé une édition abrégée, qui fait quand même 964 pages, et qui est la source méconnue de l'édition française, dont les quatre volumes – habile stratégie éditoriale – font eux plus de 1200 pages qui correspondent au texte allemand !

En effet l'édition française a été discréditée, du fait de sa brièveté (!), et de raccords qui paraissaient arbitraires, par les commentaires d'Hubert Deschamps (1967). Il fut le premier professeur d'Histoire de l'Afrique à la Sorbonne : ancien gouverneur de Madagascar, il était donc un homme d'un grand poids intellectuel et politique. Dans son livre, *L'Europe découvre l'Afrique*, il se fend d'une note particulièrement acerbe sur l'édition Barth. Il se trouve que j'ai (AR) rencontré Hubert Deschamps et que le ton de cette note m'avait assez surpris : de plus une brièveté de 964 pages, dans l'édition allemande mérite quand même examen ! J'étais donc prêt à explorer d'autres possibilités. D'autant plus que la lecture de l'édition ne cadrait pas tout à fait avec la perspective de Deschamps : pourquoi, dans son hypothèse (le raccourcissement et le charcutage du texte par des Français incompétents) laisser l'éloge de l'Empire allemand, par exemple : s'il fallait raccourcir n'était-ce pas là qu'il fallait commencer ?

Préparant le volume *Voyages de découvertes en Afrique*, j'ai essayé d'obtenir des moyens pour retraduire Barth, fort du jugement de Deschamps. Guy Schoeller, fondateur de la collection Bouquins ne voulut rien entendre : il avait raison, comme la suite devait le montrer !

J'ai donc consulté les catalogues de la Bibliothèque Nationale française, repéré une édition abrégée due à Barth, demandé à Karim Traoré une première vérification, qu'il fit il y a plus de dix ans. J'ai enfin demandé l'aide de Véronique Porra qui a confié à Johanna Holst le collationnement du texte. Nous pouvons dire aujourd'hui que l'édition française est la traduction exacte de l'édition abrégée allemande, dont nous donnons les références. Edition peu courante, difficile à lire – un quart de pages en moins pour le même texte français –, pour le lecteur contemporain du fait de son impression en gothique, mais édition signée de Barth, ce qui change tout ! Gerd Spittler a entrepris la comparaison systématique des textes allemands de l'édition intégrale et de l'édition abrégée, dans la deuxième partie de cet essai (AR).

Comparaison entre les deux éditions allemandes du récit de voyage de Barth

L'édition française, *Voyages et découvertes dans l'Afrique Septentrionale et Centrale pendant les années 1849 à 1855 par le docteur Henri Barth* (Paris 1860/1861), est une traduction de *Reisen und Entdeckungen in Nord- und Central-Afrika in den Jahren 1849 bis 1855. Im Auszug bearbeitet* (Gotha 1859/1860). La qualité de la version française dépend, d'une part, de la qualité de la traduction telle qu'elle est vérifiée en annexe par Holst, et, de l'autre, du rapport de la version allemande abrégée, qui a servi de base à cette traduction, à l'édition complète.

L'ouvrage en deux volumes (ci-après VA, pour version abrégée) a été publié, avec Barth comme auteur, en 1859 et 1860 chez Justus Perthes à Gotha, c'est-à-dire par la même maison d'édition qui avait déjà, sous le même titre, publié le grand ouvrage en cinq volumes (ci-après VL, pour version longue) en 1857 et 1858. En annonçant VA dans *Petermanns Geographische Mitteilungen* en 1859, cette maison avertit les lecteurs que la nouvelle version « a été préparée par le docteur Barth en collaboration avec un savant qui a déjà fait ses preuves ». Ce collaborateur anonyme, dont l'identité n'a été révélé nulle part ailleurs, est un certain docteur Lorentzen (Engelmann 1967: 128). Dans ses comptes-rendus, Petermann indique qu'il s'agit certes d'une édition abrégée de vulgarisation, établie « avec la propre collaboration de Barth », mais que la nouvelle édition a bénéficié d'une plus grande concision assurant une meilleure présentation de l'ensemble et qu'elle possède une valeur scientifique propre grâce à plusieurs corrections et compléments. Mais le seul exemple donné est une carte corrigée par lui-même. Quant à Barth, il peut tout à fait se reconnaître dans la version abrégée. En 1860, il la présente au ministre prussien de l'Éducation Bethmann-Hollweg et note que « la matière de l'ouvrage plus long, résumée et désormais avec une présentation plus claire de l'ensemble, a été rendue plus accessible, y compris pour un public plus large » (Engelmann 1967: 128).

Quelle est alors la différence entre les deux éditions ? Tout d'abord, elles se distinguent par leur taille. Les 3593 pages de l'édition en cinq volumes s'opposent aux 964 pages de celle publiée en deux volumes. Même si l'on tient compte du fait qu'une page imprimée de VA repose sur un calibrage du texte supérieur d'un quart, le texte de VA ne représente qu'un tiers de celui de VL. Qu'est-ce qui a été supprimé ? Ce sont surtout les nombreuses annexes qui ont fait les frais des suppressions. Aucune des 24 annexes (738 pages) n'a été retenu dans VA. Certaines parties plus courtes ont été intégrées dans le texte principal, mais le plus gros a été simplement supprimé[1].

Que trouve-t-on dans ces annexes ? La plupart d'entre elles sont consacrés aux itinéraires et à une présentation des localités d'une région (10), d'autres à l'histoire de certaines régions (3), à la composition ethnique de peuples (3) ou à la structure politique ou militaire de formations politiques (3). L'annexe la plus volumineuse (130 pages) est un dictionnaire de la langue parlée par les Tuaregs Aouelimmiden. Quatre annexes de taille plus petite abordent différents sujets comme le sauf-conduit écrit par El Bakka'ī, qui a déjà été évoqué, ainsi que des poèmes, des chansons et des extraits tirés d'un manuscrit arabe. Chacun des cinq volumes comprend en outre un bref journal météorologique qui n'a pas été repris.

La lecture de l'œuvre de Barth a besoin d'être assistée, et ceci non seulement en raison de la taille de l'ouvrage – même la version abrégée peut être qualifiée de volumineuse – mais aussi à cause de la structure de ce récit de voyage où les informations sur un sujet particulier se trouvent parfois dispersées dans des parties différentes. Le cinquième volume de VL offre un indexe de près de 50 pages. Cet index n'est nullement complet, et sa refonte est une tâche urgente. Mais il permet au moins une première orientation. Pour se repérer, on peut également s'appuyer sur le sommaire très détaillé de 39 pages en tout. Chaque chapitre y bénéficie d'une description bien structurée en paragraphes. La version abrégée, par contre, ne comporte aucun index, et la table des matières se réduit à une seule page par volume.

Pour les récits de voyage du XIXe siècle, les cartes, les lithographies et les estampes sur bois sont d'une grande importance et favorisent de façon essentielle la vente. La version longue de Barth comprend 16 cartes, la version courte une seule grande carte de l'Afrique septentrionale et centrale. Des 60 chromo-

---

1 La version française a toutefois retenu quatre annexes, dont trois ont été résumées dans une seule annexe intitulée « Aperçu historique, ethnographique et politique sur le Wadaï ». À cela s'ajoute une seconde annexe, « Sauf-conduit donné par El Baka'ï à l'auteur, lors de son retour de Tombouctou au Bornou ». C'est là la seule différence substantielle entre la traduction française et l'édition allemande. Je tiens ici à remercier Christine Fürst qui a comparé les deux éditions.

lithographies reproduites dans VL, seuls quatre ont été reprises ; VA contient en revanche une photographie de Heinrich Barth. Seule une partie des 153 gravures sur bois dispersées dans le texte de VL ont été retenues.

En nous tournant vers le texte proprement dit, nous constatons d'abord qu'aucun passage majeur de la version longue n'a été supprimé. De nombreuses parties du texte ont été reprises en l'état. Contrairement aux annexes dont le texte a été supprimé en grande partie, tous les chapitres de VL (avec une seule exception) se retrouvent dans VA, qui tient compte aussi bien du parcours franchi que des informations scientifiques. L'objectif déclaré de la vulgarisation n'a pas entraîné de réduction ni dans le sens d'une description des seules aventures vécues par Barth, ni, inversement, dans celui de la distillation d'une seule monographie scientifique qui aurait fait l'impasse sur le parcours traversé. Mais les suppressions ont affecté toutes les parties de l'ouvrage, et il n'est pas toujours facile d'en retracer les critères. Pour cela, il faudra comparer de près les textes, ce qui est parfois rendu difficile par les réaménagements opérés.

L'œuvre de Barth se situe dans la tradition des récits de voyage qui suivent un fil chronologique et où le parcours et les observations scientifiques se trouvent enchevêtrés l'un dans les autres. Or, ce qui caractérise en particulier cette œuvre, c'est l'insertion de chapitres systématiques supplémentaires dans lesquelles sont présentées, sous une forme concise, des informations historiques et ethnologiques à propos d'une ville ou d'un pays. Nous avons choisi les chapitres systématiques suivants et procédé à une comparaison précise du texte des deux éditions[2].

- Vol. I, chapitre X : « Rhat. Die Imoscharh oder Mazices, die ursprünglichen Bewohner Nord-Afrika's » [« Rhat. Les Imoscharh ou Mazices, les habitants autochtones de l'Afrique du Nord »] ;
- Vol. I, chapitre XIX : « Allgemeines. Agadez und Tumbutu (sic!). » [« Propos général. Agades et Toumboutou »] ;
- Vol. IV, chapitre XIX : « Einige allgemeine Bemerkungen über die Geschichte von Sonrhay und Timbuktu » [« Quelques remarques générales sur l'histoire des Sonrhay et Tombouctou »].

Abordons d'abord le chapitre X (volume I), « Rhat. Die Imoscharh oder Mazices, die ursprünglichen Bewohner Nord-Afrika's », qui comprend 23 pages (pp. 241–263). Dans le sommaire, ce chapitre est divisé en plusieurs parties :

- Ethnographische Verhältnisse Nord-Afrika's [Situation ethnographique de l'Afrique du Nord]
- Über die Namen Tuareg und Mazigh [Des noms Tuareg et Mazigh]
- Über die Namen Asgar und Hogar [Des noms Asgar et Hogar]
- Die Asgar und ihre fünf Familien [Les Asgar et leur cinq familles]
- Der Stamm der Tinylkum [La tribu des Tinylkoum]

2   Je tiens à remercier Christiane Schoder qui a effectué une telle comparaison des textes ligne par ligne et a établi une synopsis. Ce travail constitue une base importante pour la présentation qui suit.

– Die Imrhad und ihre vier großen Abtheilungen [Les Imrhad et leur quatre grandes divisions]
– Vereinzelte Familien der Imrhad [Quelques familles isolées des Imrhad]
– Lebensweise der Imoscharh und Imrhad [Mode de vie des Imoscharh et Imrhard]
– Die Stadt Rhat [La ville de Rhat]

Dans VA, ce chapitre fait partie du chapitre 4 du volume I (Von Mursuk bis Rhat [De Moursouk à Rhat]). Tous les sujets (mais sans la sous-division explicite du chapitre X de VL) y sont traités, et le texte a été repris en partie tel quel de VL. Mais, dans l'ensemble, ce texte de sept pages (pp. 96–102) est bien plus court. Ce qui manque en général, ce sont les vastes notes de bas de page dans lesquelles Barth discute les sources antiques et, surtout, arabes parlant des Berbères. À propos des auteurs arabes, il ne s'appuie pas seulement sur les traductions disponibles, mais a parfois recours aux textes originaux, ainsi chez Ibn Khaldūn.

Chacune des sous-divisions de VL évoquées ci-dessus est également traitée dans VA, sans toutefois être nommée de façon explicite. Il y manque l'exposé sur le Fezzan, la discussion des hypothèses d'Ibn Khaldūn sur l'origine des Berbères ou Mazigh, le peuplement original de la contrée de Rhat par la nation Gober, les origines du nom Hogar et la description des coutumes liées au mariage. Lors de la présentation des différentes tribus tuaregs, seuls quelques-uns des nombreux noms tribaux et toponymes se trouvent indiqués. La description de la ville de Rhat est en revanche plus détaillée dans VA, alors que, dans VL, Barth renvoie à celle donnée par Richardson. Dans VA, il manque cependant la chromo-lithographie montrant Rhat.

Pour Barth, la brève excursion à Agadez a été une expérience cruciale (voir ma contribution dans ce volume). Il y consacre cinq chapitres (volume I, pp. 407–544) tandis qu'elle occupe un seul chapitre (« Ausflug nach Agadez » [« Excursion à Agadez »]) dans VA (volume I, pp. 157–203). Le chapitre XX de VL, dans lesquel sont décrites les routes qui, depuis Agadez, mènent vers d'autres lieux du Soudan, a été supprimé entièrement. La description du voyage de Tintellust [Tintelloust] à Agadez et du voyage de retour a été raccourcie considérablement, tout comme celle de la vie quotidienne et du commerce à Agadez. En revanche, le chapitre XX, « Allgemeines. Agadez und Tumbutu (sic!) » [« Propos général sur Agades et Toumboutou »] (pp. 502–526), un chapitre central, a été maintenu presque en l'état, si l'on fait abstraction des notes – sa taille importante (pp. 169–201) en est la preuve. Ce chapitre décrit la fondation de la ville par cinq tribus berbères, sa conquête par les Songhai et l'importance locale de la langue songhai à Agadez, le commerce à Agadez et les mines de cuivre de Tekkada [Teghidda ou Te Kadda], ainsi que le système de domination en vigueur. Celui qui s'intéresse avant tout aux noms des tribus et des quartiers de la ville se heurtera une fois de plus à certaines lacunes.

Dans sa description d'Agadez, Barth évoque également les relations que cette ville entretient avec celle de Tombouctou – il lui donne ici le nom de

Tumbutu[3]. À propos de Tombouctou même, on trouvera un chapitre systématique, « Einige allgemeine Bemerkungen über die Geschichte von Sonrhay und Timbuktu » [« Quelques remarques générales sur l'histoire de Sonrhaï et de Tombouctou »] (vol. IV, chapitre XIV, pp. 414–445), qui correspond, dans VA, au chapitre 8, « Abriß der Geschichte Timbuktus und der wichtigsten Königreiche des Nigergebietes vor dem Auftreten der Fulbe. Beschreibung der Stadt Timbuktu. » [Esquisse de l'histoire de Tombouctou et des principaux royaumes de la région du Niger avant l'apparition des Foulbe. Description de la ville de Tombouctou »] (volume II, pp. 262–290). La taille de ce dernier chapitre donne l'impression qu'une grande partie du texte de VL a été reprise. De fait, elle s'explique en partie par l'intégration d'une annexe extraite de VL, à savoir l'annexe IX, « Chronologische Tabellen über die Geschichte von Sonrhay und der benachbarten Königreiche » [« Tableaux chronologiques de l'histoire de Sonrhaï et des royaumes voisins »], qui comprend 70 pages.

Comme il fallait s'y attendre, il manque la plupart des notes dans VA. Le sous-chapitre « Das Geschichtswerk Ahmed Baba's » [« L'œuvre historique de Ahmed Baba »] (VL, pp. 415–416) a été largement repris, mais a fait l'objet d'une refonte en raison de l'intégration de l'annexe IX, afin de faire gagner en clarté la présentation. Plusieurs informations ne s'y trouvent pas, par exemple les spéculations sur les éventuels ajouts d'un deuxième auteur. Mais on peut y lire quelques compléments d'information tel que l'éloge de Barth à propos de la « précision analytique » d'Ahmed Babas par rapport aux chroniqueurs du Bornou. Dans le sous-chapitre « Die Gründer der Dynastie der Sa » [« Les fondateurs de la dynastie des Sa »], il manque quelques jugements sur Ahmed Baba, alors que les sous-chapitres « Der ursprüngliche Name von Timbuktu » [« Le nom primitif de Tombouctou »], « Frühere Geschichte der Sonrhay » [« L'histoire antérieure des Sonrhaï »] et « Sturz der Dynastie der Sa durch A'skia » [« Chute de la dynastie des Sa par A'skia »] ont été en grande partie conservés. Par contre, les sous-chapitres « Vergleich zwischen der Entwicklung der Reiche Sonrhay und Bornu » [« Comparaison entre l'évolution des empires sonrhay et du Bornou »], « Einzelne Landschaften des Sonrhay-Reiches » [« Quelques paysages de l'empire sonrhay »] und « Handelsverkehr in Sonrhay » [« Le commerce à Sonrhaï »] ont tous disparu dans VA, et celui intitulé « Die Regierungsweise des Sonrhay-Reiches » [« Le mode de gouvernement de l'empire sonrhaï »] n'y figure que sous une forme largement abrégée. Les autres sous-chapitres ont été repris avec quelques suppressions mineures.

Tentons un jugement global. Il faut d'abord retenir que la version abrégée offre davantage que ce que l'on pourrait attendre d'un texte original réduit à un tiers de sa longueur. À la différence d'une version abrégée récente, publiée en un seul volume, *Die Große Reise. Forschungen und Abenteuer in Nord- und Zentralafrika 1849–1855* (Barth 1977), VA ne se tient pas pour l'essentiel aux seuls récits d'aventures. Mélange de récit de voyage narratif et de description

---

3   Ces informations étaient peut être la raison pour laquelle Barth a changé ses projets de voyage initiaux et s'est rendu à Tombouctou (voir ma contribution dans ce volume).

historique et ethnographique systématique, la version abrégée fait la part belle au lecteur traditionnel des récits de voyage, qui cherche à la fois la distraction et l'instruction. Grâce à ces suppressions, l'édition de 1859–1860 est bien plus lisible que la version longue avec ses descriptions souvent laborieuses. L'omission des itinéraires (dans les annexes comme dans le texte principal) ainsi que de l'énumération des différentes localités se justifie [même] pour les lecteurs scientifiques, hormis quelques spécialistes. Il n'en est pas de même de l'absence des notes de bas de page scientifiques, bien que l'on puisse comprendre que ces notes, consacrées pour la plupart aux auteurs de langue latine et, surtout, arabe (et, en partie, en langue arabe), intéressent les seuls savants et non pas le lecteur qui ne dispose que d'une culture générale.

Quel que soit le jugement que l'on porte sur ces suppressions, la logique à l'origine des critères qui a précédé aux suppressions évoquées ici se comprend. Dans d'autres cas cependant, ces critères restent énigmatiques et sont donc difficile à prévoir. Au chercheur intéressé, il ne reste donc que la lecture de la version longue ! (GS)

Comparaison du texte allemand et du texte français
(par Johanna Holst)

Edition de référence allemande (en deux volumes) : *Reisen und Entdeckungen in Nord- und Central-Afrika in den Jahren 1849 bis 1855 von Dr. Heinrich Barth*. Im Auszuge bearbeitet. Gotha : Verlag von Justus Perthes. Erster Band : 1859 ; Zweiter Band : 1860. [version courte du grand ouvrage en cinq volumes = Im Auszuge bearbeitet]

Edition de la traduction française (en quatre volumes): *Voyages et découvertes dans l'Afrique septentrionale et centrale pendant les années 1849 à 1855 par le Docteur Henri Barth*. Traduction de l'allemand par Paul Ithier. Seule édition autorisée par l'auteur et l'éditeur allemands. Paris : A. Bohné, Libraire ; Bruxelles : Fr. Van Meenen et Cie, Imprimeurs-Editeurs. Tome I et Tome II : 1860 ; Tome III et Tome IV : 1861.

Comparaison du passage de Tombouctou, partie vers Gogo incluse, jusqu'à l'arrivée à la ville de Gogo. Cela correspond au pages suivantes : pour la version allemande, Band II, S. 259 (« Nach einer nicht ganz ohne Sorgen verbrachten Nacht […] ») – 383 (fin du chapitre) ; pour la version française, Tome III, pp. 334 (« Après une nuit qui ne fut pas exempte […] ») – 337 (fin du volume) et Tome IV, pp. 5–159 (Chapitre I – chapitre V).

Pages	Texte allemand	Texte français	Commentaire
F (III) 337 – D (II) 261	So war ich denn endlich an dem Ziele meiner weiten <u>weltlichen Wanderung</u>, in dem lange ersehnten Timbuktu, glücklich angelangt.	J'étais donc heureusement arrivé à Timbouctou, cette ville célèbre, ce but tant désiré <u>de ma longue pérégrination de la partie occidentale du continent africain</u>.	Précision dans le texte français qui n'est pas donnée dans le texte allemand
F (IV) 7 – D (II) 263	Mir selbst erst war das Glück vorbehalten, eine vollständige Geschichte des Königreichs Shonrai bis zum Jahre 1640 unserer Zeitrechnung <u>durchzusehen</u>.	C'est à moi qu'était réservé le bonheur de <u>découvrir</u> une histoire complète du royaume de Sonrhaï jusqu'à l'année 1640 de notre ère.	Les verbes dans les deux versions ne correspondent pas le verbe en allemand signifie plutôt « feuilleter », « tenir dans les mains ». Barth n'a donc pas forcément « découvert » l'histoire.
F (IV 7) – D (II) 263	Die Handschrift bildete einen ansehnlichen Quarterband, und wenn ich leider auch nicht im Stande war, ein vollständiges Exemplar derselben mit nach Europa zu bringen, <u>so konnte ich doch</u> während weniger Tage meines Aufenthaltes in Gando kurze Auszüge derjenigen Abschnitte machen, welche ich für Geographie und Geschichte am wichtigsten hielt.	Le manuscrit formait un gros volume in-4°, et comme il me fut malheureusement impossible d'en rapporter en Europe une copie complète <u>je dus me contenter</u>, pendant mon séjour à Gando, d'en extraire les passages que je considérais comme les plus importants au point de vue de l'histoire et de la géographie.	Tournure à connotation plutôt positive en allemand, plutôt négative en français.

F (IV) 7 – D (II) 264	Dans les deux versions française et allemande, on cite le grand ouvrage (en cinq volumes) et réfère au matériel graphique à la fin du 4ᵉ volume.		
F (IV) 11 – D (II) 266	[...] und durch viele andere Umstände darauf hinweisen, daß für diesen Theil des <u>Negerlandes</u> die Anfänge der Zivilisation von Osten her, von Aegypten, ausgingen.	[...] indique, ainsi que maintes d'autres circonstances, que la civilisation de cette partie du <u>Soudan</u> fut due à l'Egypte.	Dans le texte français, on trouve autre part aussi la traduction « Nigritie ». De même, Barth utilise parfois le terme « Sudan » en allemand.
F (IV) 11 – D (II) 266	[...] Es war dies wahrscheinlich der Berühmte Mhu (Manatus Vogelii), den ich bereits mehrfach erwähnt habe, <u>und auf dessen Vorhandensein im Hauptstrom des Niger ich noch zurückkommen werde</u>.	[...] c'était probablement le célèbre ayon (Manatus Vogelii), dont j'ai parlé à plusieurs reprises et <u>que nous rencontrerons encore dans les eaux du courant principal du Niger</u>.	Traduction ne correspond à 100 % avec le texte allemand.
F (IV) 12 – D (II) 266	Diese Heiligen Pfänder [ein Ring, ein Schwert und ein Kuran] waren einst, so hieß es, einem Shonrai-Fürsten <u>als « Emir el Mumenin » (– der König von Shonrai führte also schon damals den vielsagenden Titel «Beherrscher der Gläubigen» –) aus Aegypten gesandt worden.	Ces gages sacrés [une bague, un glaive et le koran] de la puissance royale avaient été, à ce que l'on prétendait, envoyés autrefois d'Egypte à un prince Shonraï, <u>comme *emir moumenin*, ou « chef des croyants »</u>.	Précision entre parenthèses dans le texte allemand manque complètement dans la version française

F (IV) 19 – D (II) 272	[…] auch gründete er in Mekka eine milde Stiftung für die Pilger aus dem Negerlande.	[…] aussi fonda-t-il à la Mecque un établissement pour les pèlerins du Soudan.	Voir plus haut.
F (IV) 19 – D (II) 272	Diese Wallfahrt fand statt in den Jahren 1495 bis 1497 (oder 1496) n. Chr.	Ce pèlerinage eut lieu pendant les années 1495 et 1496, ou 1497.	Chiffres inversés dans le texte français.
F (IV) 22/23 – D (II) 275	Leider verbietet mir der Raum, auch nur das Wenige auszuführen, was wir von Ahmed Baba und aus anderen Quellen her über Sitten und Gebräuche, so wie über den gesellschaftlichen Zustand der Sjonrai zur Zeit der Blüthe ihres Reiches wissen.	Malheureusement les limites de cet ouvrage ne me permettent de rapporter que ce que nous savons par Ahmed Baba et quelques autres auteurs, des mœurs et des rapports sociaux des Shonraï à l'époque de la splendeur de leur royaume.	Traduction incorrecte : Barth exprime en allemand l'impossibilité de rapporter même seulement le peu qu'on sait par Baba et quelques autres ; selon la traduction française il se limite à ce peu de données.
F (IV) 23 – D (II) 275	Selbst wenn ausgezeichnete Feinde auf dem Schlachtfeld geblieben waren, finden wir strengen Befehl erteilt, an ihnen die üblichen Todtengebräuche zu vollziehen.	Il existait une défense sévère de rendre les honneurs funèbres en usage, aux ennemis de qualité trouvés morts sur les champs de bataille.	Traduction incorrecte : il existait l'ordre sévère et non pas la défense sévère de rendre les honneurs funèbres aux ennemis distingués
F (IV) 27 – D (II) 279	Noch wäre es für den Prätendenten einige Aussicht gewesen, wenigstens einen Theil des Reichs zu retten, da Alles, was von der Macht	Tout ce qu'il restait encore de la puissance du Shonraï s'était groupé autour du prétendant Mohammed Kagho ; seulement il était impossible d'arriver à	Partie qui manque en français.

	Shonrais übrig geblieben war, sich um ihn sammelte und ihm huldigte; allein auch jetzt konnte man zu keiner Einheit kommen.	l'union.	
F (IV) 34 – D (II) 284/285	Référence au plan de Timbouctou dans les deux textes ; dans la version française le graphique se trouve à la fin du volume, dans l'original allemand dans le texte.		
F (IV) 25 – D (II) 286	Sudan	Soudan	Voir en haut
F (IV) 36 – D 286	Plan de la maison de Barth à Timbouctou dans l'original allemand dans le texte qu'on retrouve tout à la fin du volume français		
[Nouveau chapitre à partir d'ici : Chapitre II – Neuntes Kapitel] F (IV) 49 – D (II) 297	Dies ist wirklich geschehen und ein Geschenk der Art zum Werthe von mehr als 2000 Thalern ist ihm durch den edlen Grafen Clarendon zugesandt worden.	En effet, lord Clarendon lui envoya, plus tard, un présent selon ses désirs et d'une valeur de plus de 2,000 Thalers.	Texte en allemand en note en bas de page, en français ce commentaire se trouve dans le texte même.
F (IV) 57 – D (II) 303	Zum Glück war ich nicht ganz unbewandert in den Satzungen des Islam und halte gewisse Dogmen nicht gerade für das Wesen des Christenthums, und wenn ich auch nicht erwarten konnte, meine hartnäckigen Gegner von der Richtigkeit meiner eigenen	Heureusement, je n'étais pas tout à fait dans l'ignorance des principes de la religion musulmane, et, quand je ne pouvais parvenir à faire partager à mes opiniâtres adversaires ma manière de voir, je n'en réussissais pas moins toujours à mettre fin à leurs tentatives de	Précision particulièrement intéressante qui manque dans le texte français

	Anschauungen zu überzeugen, so gelang es mir doch stets, dieselben zum Schweigen zu bringen und die wiederholten Bekehrungsversuche von mir abzuwehren.	prosélytisme.	
F (IV) 58 – D (II) 304	[…] so darf ich wohl annehmen, daß er gegen mich eine aufrichtige persönliche Zuneigung fühlte und mir daneben diejenige Achtung zollte, welche ihm die höhere Bildung des Europäers einflößte.	[…] je suis fondé à croire qu'il éprouvait pour moi un sincère attachement, auquel se joignait une certaine considération que lui inspirait la supériorité de la civilisation européenne.	Traduction incorrecte : le texte parle de la supériorité de l'éducation ou de l'éducation meilleure de l'européen (Barth) et non pas forcément de la supériorité de la civilisation européenne en général. Le texte allemand est au moins plus ambigu.
F (IV) 65 – D (II) 309	Doch kaum war es Mittag, als ein Trupp Reiter, die in der Ferne sich zeigten, Alles alarmierten; wir eilten den Pferden zu und ich und meine Leute schwangen uns auf.	A peine était-il midi, cependant, que nous vîmes apparaître au loin une troupe de cavaliers dont l'approche causa une alarme générale ; je sautai aussitôt à cheval ainsi que mes domestiques, et nous nous livrâmes à une fuite précipitée.	Dramatisation en français, tournure absente dans le texte allemand.
F (IV) 65 – D (II) 309/310	[…] zu erlangen, was der Scheich der offenen Gewalt verweigert hatte, nämlich erstens eine Abschrift des	[…] d'obtenir du cheik par leur influence personnelle et d'une manière paisible ce qu'il avait refusé à la force	Faute de traduction, sens inverse.

	Briefes, den ich angeblich von Stambul mitgebracht hätte, und zweitens das Versprechen, <u>daß ich nicht in die Stadt zurückkehren sollte.</u>	ouverte, c'est-à-dire d'abord une copie de la lettre que je prétendais avoir apportée de Stamboul <u>et ensuite la promesse que je retournerais immédiatement à la ville.</u>	
F (IV) 76 – D (II) 319	Wenn ich in der Stadt war, genoß ich als Frühstück Milch und Brod, denn in dieser ‚Großstadt' des Negerlandes, dem civilisierten Timbuktu, kann man sehr gutes Weizenbrod auf dem Markte kaufen, <u>ein Vorzug, den außerdem nur Kano genießt.</u>	Lorsque j'étais en ville, je déjeunais habituellement de pain et de lait, car, dans cette grande ville civilisée de la Nigritie, on peut se procurer au marché d'excellent pain de froment, <u>chose qui n'existe pas à Kano.</u>	Faute de traduction, sens inverse.
F (IV) 89/90 – D (II) 329	Am Tage nach dieser Unterredung (am 10. März) zogen wir Nachmittags hinaus in das Lager, um dort das «Sebua», das ursprünglich am «siebenten» Tage nach der Geburt festgesetzte Namensfest, <u>nach christlichem Begriffe das Tauffest,</u> des Neugeborenen zu feiern.	Le lendemain, 10 mars, dans l'après-midi, nous nous rendîmes au camp, où devait être célébré le *seboua*, ou cérémonie du septième jour suivant la naissance de l'enfant du cheik.	Partie qui manque en français.
F (IV) 97 – D (II) 335	Référence à l'ouvrage en cinq volumes en notes en bas de pages dans les deux versions allemande et française.		

+ F (IV) 99 – D (II) 336			
F (IV) 100 – D (II) 337/338	Dessins qui montrent les travaux en cuir de l'industrie de Timbouctou dans la version allemande intégrés dans le texte ; graphiques se trouvent à la fin du volume IV dans la version française.		
F (IV) 103 – D (II) 340/341	Übrigens erstreckt sich der Vertrieb des Steinsalzes von Taodenni noch weit über Timbuktu hinaus, südwestlich bis nach Sansadi hin, <u>während im Süden seines mittleren Laufes die von mir berührten Orte Dere und Libtako ebenfalls Hauptstapelplätze für dieses Salz sind.</u>	Le trafic du sel gemme s'étend encore bien au-delà de Tombouctou, même jusque <u>Sansadi et le Libtako que j'avais visité précédemment et qui constitue un entrepôt considérable pour le produit.</u>	Indications ne correspondent pas à 100% ; « Dere » manque dans le texte français.
F (IV) 113 - D (II) 348	Während dieser nächtlichen Schmauserei – <u>wir waren erst nach Sonnenuntergang eingetroffen</u> – bildete das von einer Menge Menschen, Pferden und Lasttieren belebte Lager, rings von Bäumen umgeben, eine höchstinteressante Szene.	Le camp, tout entouré d'arbres, et rempli d'hommes, de chevaux et de bêtes de somme, offrait, pendant ce festin nocturne, un spectacle des plus intéressants.	Information qui manque dans le texte français.
F (IV) 135 – D (II) 365	[…] der den trefflichen Reisenden Ebn Batuta so	[…] qui accueillit d'une manière si amicale l'illustre voyageur Ebn Batouta	Indications ne correspondent pas à 100%.

	gastfreundlich auf seiner <u>Schifffahrt von Timbuktu nach Gogo</u> aufnahm.	pendant son <u>voyage à Tombouctou par le Niger</u>.	
F (IV) 133 – D (II) 363	Ueberhaupt fällt auf der Südseite des Flusses eine bei weitem größere Menge Regen <u>als auf der nördlichen oder der Seite von Aussa</u>.	Il pleut généralement plus, du reste, sur la rive gauche du fleuve <u>que sur la rive opposée</u>.	Précisions absentes du texte français.
F (IV) 133 – D (II) 363/364	Die große Schwierigkeit ihrer Passage lag nicht in der Tiefe, sondern in den dichten Massen von Bhrgu, womit sie durchwachsen waren, in Folge dessen die Pferde mit den Hufen sich so in das Gras verwickelten, <u>dass mehrere derselben zum großen Unbehagen ihrer Reiter stürzten</u>.	La grande difficulté que nous avions à les [eaux mortes] franchir ne résidait pas tant dans la profondeur des eaux que dans les masses compactes de *byrgou* dont elles étaient encombrées, <u>et qui faisaient constamment trébucher nos chevaux</u>.	Traduction ne correspond pas à 100% au texte allemand.
F (IV) 135 – F (II) 365	[…] aber im Ganzen überstieg die Anzahl aller völlig ausgewachsenen Dattelpalmen kaum 40 Stück, <u>die übrigens eine gute Frucht liefern sollen</u>.	[…] il n'y avait en tout qu'une quarantaine de dattiers arrivés à leur pleine croissance, <u>mais ils portaient de fort bons fruits</u>.	Connotation de sûreté dans le texte français qui ne correspond au texte allemand.
F (IV) 120 – D (II) 353	Die höhere Lage meines Zeltes aber ermöglichte mir nicht nur die erheiternde Fernsicht mit dem Blick auf den	La situation élevée où je me trouvais, me permit non seulement de jouir de ce beau spectacle, mais eut encore pour nous une utilité d'ordre	Information qui manque en français.

	prächtigen Niger, <u>den großen Gegenstand europäischer Forschung</u>, sondern gewährte uns auch noch einen anderen, sehr wesentlichen Nutzen.	essentiel.	
F (IV) 121 – D (II) 354	Référence à vignette dans les deux textes, dessin dans la version française tout à la fin du volume, en allemand dans le texte.		
F (IV) 130 – D (II) 361	<u>Es [Sanguaï] soll viel kleiner als ein Krokodil sein</u>, doch ließen die dem Sande eingedrückten Spuren auf einen viel breiteren Fuße schließen, dessen Zehen augenscheinlich durch eine Schwimmhaut untereinander verbunden sind […]	<u>Il [sangouaï] est moins grand que le crocodile</u>, quoique les empreintes de ses pas se rapportent à un pied beaucoup plus large, dont les orteils semblent être reliés entre eux par une membrane natatoire […]	Connotation de sûreté dans le texte français qui ne correspond au texte allemand.
F(IV) 116 – D (II) 350	[…] diesen gewaltigen, ihnen völlig unbekannten und oft durch Klipperiffe und Stromschnellen gefährlichen Strom so viele hundert Meilen <u>weit inmitten feindlicher Stämme</u> befuhren, viel weiter ihren Heldenmuth zum Opfer fielen, wahrscheinlich noch unterhalb Gogo.	[…] le vaste et dangereux fleuve, pour eux inconnu, qui passait, entrecoupé de nombreux récifs et de rapides impétueux, <u>entre deux tribus hostiles</u>, et allèrent succomber à leur héroïque entreprise, probablement au-delà même de Gogo.	Plusieurs tribus en allemand, deux tribus en français.

F (IV) 118 – D (II) 351	[…] denn Achbi stand im Begriff mit seinem ganzen Stamm westwärts auszuwandern, <u>um sich im Bereich der Macht der Fulbe anzusiedeln</u>.	[…] en effet, Achbi était prêt à marcher avec toute sa tribu vers l'ouest, <u>pour aller grossir l'armée des Foulbe</u>.	La précision « rejoindre l'armée » n'est pas donnée dans le texte allemand.
F /IV) 148 – D (II) 375	Endlich im Verlaufe des 8.Juni kam der Scheich von seiner Kameelheerde zurück und brachte sieben frische Kameele mit, <u>von denen er auch mir eines gab, zum Ersetz für das am meisten erschöpfte meiner eigenen Thiere</u>.	Le 8 juin, le cheik revint enfin de son excursion, nous amenant sept chameaux frais, <u>dont il me donna l'un, tous les miens étant littéralement exténués</u>.	Traduction ne correspond pas à 100% au texte allemand.
F (IV) 155 – D (II) 380	Das Flußtal des Niger nahm allgemach an Breite zu und war <u>für die ersten 6 bis 7 Meilen auf unserer der östlichen Seite (– nach der Biegung bis Burrum müssten wir im Allgemeinen von einem östlichen und westlichen, nicht mehr von einem nördlichen und südlichen Nigerufer reden –)</u> von dem unregelmäßig ausgezackten, immer aber scharf markierten Abhang begrenzten, mit welchem das höher	La vallée du Niger gagnait en largeur et était bornée du côté oriental, où nous nous tenions, par le versant irrégulièrement découpé mais bien dessiné, du pays désert et pierreux qui s'étendait plus haut, dans cette direction.	Précisions/informati ons qui manquent dans le texte français.

	gelegene wüste und steinige Land gegen den Fluß hin abfiel.		
F (IV) 157 – D (II) 382	Jenseits desselben erstiegen wir noch einmal die Sanddünen, deren Rand reich mit Pflanzenwuchs bekleidet war, während auch hier, <u>wie überall in diesem Wüstenstrich, der melancholische und der Euphorbia Canariensis sehr ähnliche Fernanbusch neben Pfriemenkraut und Talhabäumen sein Recht behaupteten.</u> – Die Aussicht von der hohen Dünenterrasse war äußerst interessant, da sie einen weiten Blick über den von großen flachen Inseln durchbrochenen Fluß darbot […]	Plus loin, nous gravîmes de nouvelles digues de sable, dont les bords étaient garnis d'une abondante végétation ; nous y jouissions d'une vue aussi vaste qu'intéressante sur le fleuve couvert de grandes îles plates ; on eût cru ne voir qu'une large vallée marécageuse, aux bords escarpés, remplie de laîches et de roseaux, car on ne voyait pas d'eau à certains endroits, tandis qu'à d'autres, s'étalait un labyrinthe d'embranchements et de marais s'étendaient dans toutes les directions.	Information qui manque dans le texte français.
F (IV) 158 – D (II) 383	[…] fruchtbare Zone des mittleren Negerlandes […]	[…] zone fertile du <u>Soudan</u> […]	Voir en haut.

ENTRE DESCRIPTION ET INSCRIPTION.
ELEMENTS DE POETIQUE DES VOYAGES DE DECOUVERTES EN AFRIQUE AU XIXe SIECLE

Véronique Porra

Abstract

Considered sometimes as precious sources of information by historians and ethnologists, travel tales of the 20th century are overall written in a poetic style. As based upon accounts from René Caillié (1830), Heinrich Barth (1857) and Gerhard Rohlfs (1868), this paper shows the importance of the presence of this literary habitus in this type of production. In fact, regardless of the aspiration of the traveler to employ a scientific discourse, descriptions about perceived realities are indeed characterized by their insertion in literary history, the weight of inter-texts and literary developments. This concerns the assemblage of fragments into a text but also the self-stylization of the traveler as an author. All these parameters tend to convey a distorted vision of the reality and must imperatively be taken into account when these texts are read as testimonies.

Il est toujours intéressant de voir à quel point les lectures effectuées par des ethnologues, des historiens ou des littéraires peuvent porter des éclairages diffé-rents sur un seul et même texte. Pour reprendre la terminologie du théoricien Roman Ingarden dans son ouvrage de la fin des années 1930, *Vom Erkennen des Literarischen Kunstwerks*, chacun procède, devant un texte, à des « con-crétisations » et à des « actualisations » spécifiques, c'est-à-dire qu'il procède à une sélection et recrée, cette fois concrètement, les intentions potentiellement contenues dans un texte. Cet élément, constitutif de l'acte de lecture même au niveau individuel, se double, dans notre cas, des actualisations et concrétisations déterminées par nos *habitus* professionnels respectifs. D'un côté, les ethno-logues / anthropologues, sans oublier pour autant la distance temporelle et les précautions que celle-ci impose, se penchent sur les contenus, considèrent les récits de voyage comme des sources de renseignements sur les sociétés décrites à l'époque concernée, sur la perception de ces sociétés par les regards européens, bref, tendent à considérer l'œuvre comme un témoignage ; de l'autre, les littéraires s'intéressent, comme le fait, par exemple, Alain Ricard dans le cadre de ce volume, à des questions touchant à l'histoire du texte et à ses réceptions, soit à des éléments plus formels, relevant de l'esthétique, et mettent l'accent, dans leurs approches, sur la distance qu'il y a entre la réalité observée par le voyageur et la représentation littéraire qu'il en donne. D'aucuns estiment que les deux démarches citées ci-dessus, à première vue antithétiques, s'excluent, et mettent en doute le profit à tirer de lectures interdisciplinaires de ce genre de textes. Cependant, ces lectures s'avèrent complémentaires.

Dans la perspective interdisciplinaire du présent volume, il s'agit de poser un certain nombre de questions concernant la dimension littéraire du récit de voyage, notamment du volumineux récit de voyage en Afrique de Heinrich Barth : *Reisen und Entdeckungen in Nord- und Central-Afrika in den Jahren 1849 bis 1855*[1], qui servira ici de texte de référence et d'objet principal à nos réflexions et que nous situerons, dans un premier temps, dans la production des récits de voyage en Afrique au XIXe siècle. Nous avons, pour ce faire, choisi de prendre comme éléments de comparaison deux textes qui nous ont paru s'imposer dans ce contexte. Ce qui a motivé ce choix, est que les deux autres récits qui servent ici de *tertium comparationis*, à savoir le *Journal d'un voyage à Tembouctou et à Jenné, dans l'Afrique centrale, précédé d'observations faites chez les Maures Braknas, les Nalous et autres peuples ; pendant les années 1824, 1825, 1826, 1827, 1828* de René Caillié (1830) et le récit de voyage de Gerhard Rohlfs, *Reise durch Nord-Afrika vom mittelländischen Meere bis zum Busen von Guinea 1865 bis 1867* (1868)[2], encadrent pour ainsi dire le récit de Barth non seulement au niveau de la chronologie, mais également en terme d'influences. En effet, H. Barth a entre autres lu R. Caillié et a, à son tour, été lu, entre autres, par G. Rohlfs. On peut donc considérer qu'au-delà de la simple description réaliste de faits vécus ou observés, le texte du récit de voyage est, de façon décisive, marqué par son inscription[3] dans une double généalogie litté-

---

1   Dans la suite de cette étude, nous citerons la version française publiée en 1860 sous le titre *Voyages et découvertes dans l'Afrique septentrionale et centrale pendant les années 1849 à 1855*, quand celle-ci sera conforme à la version allemande en cinq volumes. Dans les cas contraires, les citations seront tirées de l'édition allemande de 1857–1858 et traduites par nos soins. Sur les problèmes liés aux divergences entre les différentes versions et traductions, voir la quatrième partie de cet article.

2   Le récit de voyage de G. Rohlfs a tout d'abord été publié dans les *Petermann's Geographische Mittheilungen*, puis en volume en 1874 dans une version légèrement modifiée, où les passages anecdotiques ont encore sensiblement été développés. Ce texte n'a jamais été traduit en français. Certains extraits représentatifs ont été traduits et reproduits dans l'anthologie éditée par A. Ricard (2000: 327–338). Les passages que nous citons – et traduisons – dans cette étude sont tirés de la première version, publiée dans les *Petermann's Geographische Mittheilungen*.

3   Nous nous distinguons ici de l'acception d'« inscription » que l'on trouve chez Bruno Latour (voir la contribution d'I. Surun au présent volume), selon laquelle l'inscription consiste à

raire : tout d'abord en ceci qu'il s'inscrit dans le discours général sur la perception de l'autre et de l'ailleurs à un moment donné de l'histoire littéraire,
discours qui affecte indifféremment la fiction ou le discours se réclamant
d'authenticité ; ensuite, en ceci, qu'il s'inscrit dans la lignée esthétique spécifique du genre dont il relève. C'est en cela que l'on peut donc estimer qu'il y a
inscription du récit de voyage dans les contingences du littéraire, que l'on
considère les dialogismes innervant le texte ou la dimension herméneutique de
l'œuvre – réception ou représentation, au sein du texte, de la geste de l'auteur.

1. Lectures et influences : concordance des grandes tendances de l'histoire littéraire

Dans son étude *Culture and Imperialism*, E. W. Said a longuement démontré
le poids que la culture d'origine exerçait sur les perceptions des ailleurs lointains et sur les discours fondateurs de l'impérialisme qui en émanaient. Or, cette
surdétermination du regard porté sur l'autre, de nature fondamentalement historique, affecte les diverses sphères culturelles, en particulier la sphère littéraire[4].

En effet, les explorateurs n'arrivent pas en Afrique vierges de toutes impressions. Ils se sont intellectuellement nourris d'une part de toutes les croyances et
images que l'imaginaire européen a produites sur l'Afrique en général et pour
deux d'entre eux, R. Caillié et H. Barth, sur Tombouctou. Cette première influence est particulièrement sensible chez Caillié, qui arrive dans cette ville
totalement imprégné de l'image mythique qui s'était répandue à la fin du XVIIIe
siècle et qui l'avait au demeurant motivé à entreprendre ce voyage, ainsi qu'il
l'explique dans son introduction à forte charge autobiographique, relatant
notamment sa formation de jeunesse, s'inscrivant presque dans le code littéraire
du *Bildungsroman* d'un côté, dans celui des *Confessions* de Rousseau, de
l'autre :

> On me prêta des livres de géographie et des cartes : celles de l'Afrique, où je ne
> voyais que des pays déserts ou marqués inconnus, excita plus que toute autre mon
> attention. Enfin ce goût devint une passion pour laquelle je renonçai à tout : je
> cessai de prendre part aux jeux et aux amusements de mes camarades, je m'enfer-
> mai les dimanches pour lire des relations et tous les livres de voyages que je
> pouvais me procurer. (Caillié 1996 [1830] I: 42)

De son côté, Heinrich Barth, dans le chapitre XIV de la première version
allemande : « Quelques remarques sur l'histoire de Sonrhay et Tombouctou »
(Barth 1857–1858b IV: 414 sq.), qui est conçue comme une partie introductive

---

« transporter un souvenir sans l'altérer ». L'inscription, dans notre contexte littéraire, marque,
tout au contraire, une triple distanciation de l'écrit par rapport au réel. Elle est tout d'abord
intégration du texte dans une histoire littéraire qui surdétermine sa forme; elle est ensuite
marquage du texte du récit de voyage par la perspective littéraire inhérente au passage à
l'écrit; elle est enfin travail scriptural d'intégration intertextuelle, d'hypotextes dans l'hyper-
texte (Genette 1982).

4   « Culture and the aesthetic forms it contains derive from historical experience. » (Said 1993:
    XXIV)

à celle qu'il consacre immédiatement après au récit de son séjour à Tombouctou, cite une liste impressionnante de sources consultées. Outre le récit de René Caillié, citons ici *Negroland of the Arabs* (1841) du géographe anglais W. D. Cooley, le *Tariq es Sudan* qu'il attribuait par erreur à Ahmad Baba, les récits de Léon l'Africain ainsi que des articles du Baron de Slane ou de Cherbonneau, autant de sources qu'il a lui-même eues entre les mains ou dont il a lu des résumés et des analyses dans toutes sortes de journaux spécialisés, anglais, allemand ou français, en particulier la *Zeitschrift der Deutschen Morgenländischen Gesellschaft*.

On le voit, le médium de transmission essentiel est la lecture d'ouvrages dont la prétention scientifique est plus ou moins marquée : avant que d'être des explorateurs, Caillié, Barth et Rohlfs ont été des lecteurs. Après que d'avoir été des explorateurs, ils ont été des auteurs.

Outre le fait que leur regard est conditionné par l'image européenne de la réalité africaine transmise par ces œuvres antérieures et les connaissances ou erreurs de l'époque, leurs textes respectifs, en de nombreux endroits, présentent un dialogisme non seulement avec ce que l'on peut appeler les pré-textes identifiables, mais aussi avec les *habitus* littéraires de leur temps. Tout comme les récits de fiction, les récits référentiels sont fondamentalement marqués par l'évolution générale de l'histoire littéraire. On peut en cela rejoindre la thèse de P. G. Adams qui, dans son ouvrage *Travel Literature and the Evolution of the Novel*, note, s'inscrivant ainsi dans la lignée des formalistes russes : « […] prose fiction and the travel account have evolved together, are heavily indebted to each other, and are often similar in both content and technique » (Adams 1983: 279).

A l'évidence, René Caillié, qui rédige son récit dans le premier tiers du XIXᵉ siècle, inscrit de grandes parties de son récit dans les grands accents de l'époque. Cette parenté est particulièrement sensible dans l'avant-propos, véritable mise en scène du texte du récit de voyage dans une perspective romantique. Dans ce que nous appelons, dans la lignée de Genette, le paratexte, R. Caillié invite à procéder, lors de la lecture du texte, à des actualisations correspondantes. En somme, Caillié donne le ton, celui du mystère et du pathos, qui ressort exemplairement des accents qu'il emploie dans l'avant-propos pour retracer l'histoire de son manuscrit et de ses notes :

> […] elles fussent devenues pour moi une pièce à conviction inexorable, si j'avais été surpris traçant des caractères étrangers et dévoilant pour ainsi dire aux blancs les mystères de ces contrées. En Afrique, et surtout dans les pays occupés par les Foulahs et les Maures, l'hypocrisie religieuse dans un étranger est le plus sanglant des outrages, et il vaut cent fois mieux peut-être y passer pour chrétien que pour un faux musulman ; de sorte que si mon système de voyage avait ses avantages, bien justifiés d'ailleurs par le succès, il avait aussi de terribles inconvénients. Je portais toujours dans mon sac un arrêt de mort, et combien de fois ce sac a dû être confié à des mains ennemies. (Caillié 1996 [1830] I: 37)

Cette exacerbation littéraire du sentiment ressort de nombreux passages, en particulier de celui dans lequel Caillié relate sa découverte de Tombouctou, où toute la place est occupée par la description d'une émotion écartelée entre émerveillement et déception :

> Enfin, nous arrivâmes heureusement à Tombouctou, au moment où le soleil touchait à l'horizon. Je voyais donc cette capitale du Soudan, qui depuis si longtemps était le but de tous mes désirs. En entrant dans cette cité mystérieuse, objet des recherches des nations civilisées de l'Europe, je fus saisi d'un sentiment inexprimable de satisfaction : je n'avais jamais éprouvé une sensation pareille et ma joie était extrême. (Caillié 1996 [1830] II: 212)

Après avoir rendu grâces à Dieu, R. Caillié poursuit : « Revenu de mon enthousiasme, je trouvai que le spectacle que j'avais sous les yeux ne correspondait pas à mon attente […] » (Ibid.).

Par ailleurs, le texte est fondamentalement marqué par les échos de l'exotisme pré-romantique et romantique, ainsi qu'en témoigne l'allusion au « Radeau de la Méduse », alors que Caillié et ses compagnons, à l'arrière d'une caravane, se croient perdus :

> Grand Dieu ! Quelle inquiétude nous éprouvâmes pendant ces deux mortelles heures ! […] Bientôt, nous ne vîmes que des embûches ; chaque buisson, chaque arbre, se transformait pour nos esprits frappés en ennemis armés ; chaque branche était prise pour un fusil braqué […] Je comparai alors notre situation à celle des victimes du radeau de la Méduse, abandonnées sur le banc d'Arquin, sans espoir d'être secourues. (Caillié 1996 [1830] I: 56 sq.)

Barth, en revanche, dépouille son texte des oripeaux pathétiques et sentimentalistes liés à cette influence pour placer son récit sous le signe de la recherche et de la science. Le ton se veut résolument plus objectif, plus posé. Le pathos cède la place à la description scientifique ou à de longues annexes documentaires. Sans aucun doute, ce texte est marqué jusque dans sa facture littéraire d'un postulat scientifique : en somme, Barth rompt avec deux grandes esthétiques de la fin du XVIIIe et du début du XIXe siècle, toutes deux empreintes de la pensée rousseauiste : le romantisme, mais aussi l'exotisme, qui, tel qu'il a été défini par Jean-Marc Moura, est à comprendre comme « une *rêverie* qui s'attache à un *espace lointain* et se réalise dans une *écriture* » (Moura 1992: 4)[5]. Barth pose le rationnel au principe même de son entreprise, gomme la dimension de la *rêverie* exotique, ne laissant plus de place à ces accents, sinon pour quelques échos qui rappellent sa position d'homme de transition d'un discours mythique vers un discours scientifique.

On peut ici formuler l'hypothèse qu'il s'inscrit à cette période dans la lignée des tendances littéraires qui, se fondant sur les acquis du positivisme, placent la vision scientifique au sein même de la structure des œuvres, du réalisme par exemple, dont Barth semble plutôt relever, tant pour des raisons d'esthétique que pour des raisons de situation chronologique.

G. Rohlfs, enfin, donne un temps l'illusion de s'inscrire dans la lignée de la démarche scientifique de Barth, dont le récit est abondamment cité en notes,

---

5   L'auteur souligne.

mais adopte essentiellement des accents qui se rapprochent du registre de la littérature populaire d'aventure, avec ce que cela comporte, cette fois, d'exotisme inversé : on trouve ici une esthétisation de l'horrible, tonalité qui sera ultérieurement reprise d'un côté dans l'esthétique de la cruauté du courant décadent (à l'instar de sa représentation dans *Le Jardin des Supplices* d'O. Mirbeau en 1899, par exemple), de l'autre dans des fictions qui, dans des formes romanesques populaires, mettront en scène, à la fin du XIXe siècle, le thème récurrent du péril des races[6], tout en construisant, autour des héros, un suspense destiné à toucher le lecteur européen. On constate à de nombreuses reprises dans le récit de Rohlfs que le discours scientifique cède la place à la suractualisation de l'anecdotique et du sensationnel, en particulier dans une distillation de l'horrible en contraste avec les descriptions de la beauté exotique. Ainsi, les détails des jardins du Sultan et autres luxuriances végétales ou splendeurs géographiques mettent en valeur, par contraste, les nombreux épisodes où l'attention du voyageur se concentre sur les horreurs du vent de sable, les araignées géantes, les sacrifices humains, les scènes d'exorcisme, les visions de suppliciés, etc.

L'ailleurs vaut alors, dans ces passages, plus pour son potentiel d'effet et de sensation sur un lecteur (ou observateur) européen que comme objet d'étude, ainsi qu'il ressort de la priorité laissée au ressenti sur l'analysé, comme en témoigne ce passage où, à Ilori, le voyageur découvre avec effroi, tout au long de son séjour, l'image des empalés qui va ponctuer son itinéraire dans la ville :

> Nous étions près des portes de la ville, mais lorsque nous levâmes le regard, nous découvrîmes, tels des gardiens, trois hommes empalés : le pieu pointu dépassait encore de leurs bouches. (Rohlfs 1872: 93)[7]

Une telle correspondance dans les discours et les esthétiques ne se laisse donc pas seulement aborder en termes d'intertextes, et l'hypothèse précédemment formulée doit sans aucun doute être complétée : cette proximité n'est pas seulement due à des contaminations intralittéraires (des textes entre eux, si l'on s'en tient à une définition réductrice de l'intertextualité, telle que celle formulée par G. Genette) mais de la contamination des textes par un *habitus* social, historique et surtout littéraire commun : pensons ici à la mode romantique, dont on sait qu'elle n'émane pas seulement d'une réflexion littéraire. En somme, la société et ses accents dominants se constituent en hypotexte qui resurgit de façon dialogique dans l'œuvre, que celle-ci relève de la

---

6   Citons ici les romans du Capitaine Danrit : *L'Invasion Noire* et *L'Invasion jaune*.

7   Ce passage a été notoirement développé dans le cadre de la publication du récit en volumes : « Les cadavres sanglants de trois empalés étaient suspendus juste à l'entrée, tels des gardiens ; le pieu pointu qui les avait transpercés dépassait encore de leurs visages horriblement déchirés. [...] De nouveau, j'avais ici sous les yeux le spectacle de quatre empalés, pour l'un d'entre eux, seule la tête était restée sur le pieu, le reste du corps s'étant séparé et ayant glissé vers le bas ; et cette vison était d'autant plus horrible que les cadavres, vraisemblablement parce que leur pigment sombre avait disparu sous la peau, ressemblaient presque à des blancs. » (Reproduit dans : Ricard 2000: 335).

forme romanesque, qui, depuis *Don Quichotte*, est conçue, en grande partie, comme une aspiration au réel, ou qu'elle ressortisse d'une narration qui se réclame d'authenticité, mais recourt fondamentalement aux techniques littéraires, ainsi que le souligne Adams dans la conclusion de son étude dans laquelle il résume, en les énumérant, les définitions *ex negativo* du « récit de voyage » :

> It is not just a set of notes jotted down each day or whenever the traveller has time […]; but far, far more often the account has been reworked, changed in translation, polished, edited, often with collaboration. In fact, nearly every récit de voyage published in the author's lifetime is not a pristine journal or set of notes […] / It is not just an objective report, a description, of places and people seen, of inns visited, food eaten; much more it is a subjective interpretation; much more often it is a subjective interpretation […] of scenes of political, religious, and social events or situations. / Travel writing […] is not a branch of history any more than it is of geography. (Adams 1983: 280)

2. Passage du fragmentaire au narratif : la mise en récit du monde observé

En somme, nous pouvons rejoindre l'interrogation d'Alain Guyot, qui, dans un article intitulé « Du voyage à ses récits : mettre le monde en intrigue », pose tout à la fois la question du genre et celle de sa littérarité :

> Ecrire un voyage, écrire un roman : est-ce la même affaire ? Le passage du réel à l'écriture suscite-t-il des procédures spécifiques en régime « fictionnel » et en régime « factuel » ou référentiel – en particulier dans le récit de voyage ? Doit-on supposer qu'un cahier des charges » propre à chaque genre détermine des « mises en récit » ou en intrigue particulières ? Ou bien cette distinction générique doit-elle être considérée comme artificielle, les procédures étant en réalité voisines et se contaminant mutuellement, en fonction des perspectives de réception dans lesquelles s'inscrit chaque ouvrage. (Guyot 2000: 205)

Sans pour autant assimiler totalement récit fictionnel et récit référentiel, force est de constater que les voyageurs, rédigeant leurs récits, sont amenés à se livrer à un travail d'élaboration littéraire qui fait que le texte produit n'a plus rien à voir avec la spontanéité ni avec la fidélité. Spontanéité, fidélité, authenticité et donc fiabilité du témoignage ne sont alors plus que des postulats et des discours idéologiques plus ou moins respectés dans la pratique de l'écriture. Il leur faut en effet assurer la cohésion de l'œuvre en élaborant des transitions et en travaillant la facture rhétorique du texte ; procéder à une « mise en intrigue » (Ricœur) adaptée aux règles du genre ; intégrer, pour ce faire, la dimension du lecteur ; et finalement – étape devenue inévitable – assumer leur position d'auteur et non plus seulement de voyageur : autant d'éléments qui laissent des traces évidentes au niveau du texte.

Le premier élément entraînant un travail d'élaboration littéraire est la réunion des fragments notés en un tout cohérent. Barth, tout comme Rohlfs et Caillié écrivent leurs récits a posteriori en partant des notes prises sur le terrain. Ils passent donc d'éléments fragmentaires recueillis dans des conditions parfois difficiles à un développement narratif très important puisque tous ces récits comportent plusieurs volumes dans les éditions originales, le plus volumineux étant celui de Barth.

R. Caillié, dont nous avons déjà précédemment vu la démarche et la description des conditions d'écriture[8], témoigne explicitement de cette difficulté. Il ne cesse, dans son avant-propos, de signaler son aspiration à une « scrupuleuse fidélité », qu'il présente comme un travail de reconstitution nécessaire d'une écriture rendue fragmentaire pas les conditions du voyage :

> Je n'ai rapporté, des régions que j'ai parcourues, que des notes fugitives, très laconiques […] A mon arrivée à Paris, les notes écrites le plus souvent au crayon se sont trouvées tellement fatiguées, tellement effacées par le temps, mes courses et ma mauvaise fortune, qu'il m'a fallu toute la ténacité, toute la scrupuleuse fidélité de ma mémoire, pour les rétablir et les reproduire comme la base de mes observations et les matériaux de ma relation. (Caillié 1996 [1830] I: 37–38)

Barth, lui non plus, n'échappe pas aux contingences de l'écriture viatique. Il écrit son texte en plusieurs étapes qui sont autant de prismes d'inscription venant charger la description et l'éloigner de ce dont Barth a véritablement été le témoin : il prend tout d'abord des notes sur le vif ; puis il les consigne dans un carnet ; il commence ensuite, par fragments, la rédaction de son récit, en particulier dans les périodes où il séjourne plus longuement à un endroit ; et enfin, de retour en Europe, il passe à la rédaction finale.

Il lui faut donc relier, au niveau narratif, une suite de récits hétérogènes, tant au niveau des thèmes que des accents stylistiques. Par ailleurs, afin d'assurer la cohésion de l'ensemble, de nombreux passages ne sont pas seulement situés par rapport à ce qui a déjà été écrit, mais aussi rédigés à la lumière de ce qui sera raconté plus loin, preuve évidente, à travers les multiples prolepses et analepses, qu'il y a là un permanent travail de réécriture.

Outre leur rôle de solidification du récit, ces éléments fonctionnent à l'occasion comme des ressorts de suspense, les nombreux « comme nous aurons l'occasion de le voir » suscitant, comme de nombreuses charges rhétoriques, la curiosité et l'intérêt d'un lecteur appelé à participer à la découverte. Finalement, au sein même de ses descriptions, Barth ménage, entre autres par l'emploi presque abusif de la double négation, des espaces plus destinés à l'interprétation qu'à l'information[9].

A l'évidence, cela est inhérent à cette démarche, il y a un écart entre l'observation et la description dans son état final, un écart si important qu'il convient de se demander s'il s'agit encore de description au sens scientifique du terme, avec ce que cela comporte de connotations : fidélité, proximité de la réalité. La proximité est fondamentalement atténuée, ne serait-ce que par la

---

8   Sur les réécritures du fragmentaire chez R. Caillié, voir Pavillard-Petroff 1994.

9   Les doubles négations fonctionnent ici d'une part comme des techniques destinées à introduire des nuances dans le propos, d'autre part à créer des effets de style (contrastes, surprises, paradoxes) qui sont autant d'invites lancées au lecteur à participer à la reconstitution du sens de l'énoncé. Au demeurant extrêmement difficiles à traduire, cette dimension disparaît dans la plupart des traductions pour être remplacée par de simples affirmations.

distance temporelle, qui entraîne inévitablement une altération de certaines perceptions, une survalorisation ou suractualisation d'autres éléments à la lumière des expériences ultérieures, et au-delà de ces phénomènes d'accentuation, tout un processus de sélection. Une comparaison systématique des notes de Barth et du récit en forme finale serait fondamentale pour déterminer l'ampleur de tels facteurs et permettrait assurément de mettre en évidence la très grande charge littéraire (parfois rhétorique) du texte de Barth, sous ses apparences de texte objectif et scientifique, dimension qu'il ne s'agit bien évidemment pas de renier.

3. « Portrait de l'explorateur en auteur »

Nos trois explorateurs s'évertuent, dans leur récit de voyage, de donner, pour ainsi dire, un « portrait de l'explorateur en auteur », pour plagier l'expression consacrée par C. Geertz (Geertz 1988). Geertz, partant de la notion de discours telle qu'elle est employée par M. Foucault, fait justement remarquer que « […] anthropology is pretty much entirely on the side of 'literary' discourse rather than 'scientific' ones » (Geertz 1988: 8). Sur la base de cette constatation, l'anthropologue distingue deux questions majeures auxquelles il convient de répondre pour aborder cette dimension de l'œuvre : « (1) How is the 'author-function' […] made manifest in the text ? (2) Just what is it – beyond the obvious tautology, 'a work' – that the author authors ? » (Ibid.).

Les questions que l'on a à se poser relativement au discours du voyageur ne diffèrent pas fondamentalement de celles que l'on doit se poser par rapport à l'auto-représentation de l'« anthropologue en auteur ». Soit l'on a affaire à des écrits marqués par l'une ou l'autre tendance littéraire, comme c'est par exemple le cas des récits de Caillié et de Rohlfs, et l'on peut constater la proximité du viatique et du littéraire, en particulier les manifestations de l'auteur dans le texte ; soit l'on a affaire, comme dans le cas de Barth, à un discours de découverte scientifique tendant vers le discours anthropologique, et ces critères doivent être étudiés de plus près.

Dans son article précédemment cité, A. Guyot étudie les contaminations respectives de l'écriture viatique et de l'écriture fictionnelle chez Bernardin de Saint-Pierre et chez Chateaubriand. Il ne faut certes pas négliger qu'il s'agit-là d'un corpus fondamentalement différent du nôtre, mais il semble au demeurant que certaines remarques et conclusions de Guyot sur les phénomènes narratifs propres au genre viatique en dialogisme avec le fictionnel en général soient applicables à l'écriture viatique en général, que celle-ci soit le fait d'auteurs étant en premier lieu des écrivains ou d'auteurs étant en premier lieu des voyageurs.

Quoi qu'il en soit, l'ensemble des auteurs de notre corpus marquent leur discours de leur personnalité, et procèdent à une véritable mise en scène de la position d'auteur-narrateur et, plus encore, d'un auteur-narrateur qui renouvelle le discours. C'est le cas de Caillié, qui souligne qu'il effectue là un geste fondateur et jusqu'alors unique. Barth, lui non plus, n'échappe pas à ce passage obligé si l'on situe ces écrits dans l'histoire littéraire. Une grande partie de la préface de la version allemande en cinq volumes est consacrée à la mise en valeur de son acte fondateur en matière scientifique. Dans un registre différent, Barth, tout comme Caillié, est conscient de faire œuvre et de marquer une avancée fondamentale, tant au niveau de ses découvertes et connaissances que de leur transmission par le biais du récit.

Barth procède de différentes manières. Il inscrit la relation littéraire au sein même de son récit. Ceci se traduit, par exemple, dans sa permanente préoccupation du lecteur. Il se présente comme sujet écrivant, soucieux de la communication, de la clarté du message. On peut donc parler, chez Barth, d'une inscription explicite permanente d'un lecteur.

Par ailleurs, pour imposer sa voix et l'originalité de celle-ci, il lui faut nécessairement définir sa place d'énonciateur de connaissances, de nouveautés, par rapport à ses prédécesseurs, au premier rang desquels René Caillié, par rapport auquel il cherche régulièrement à se positionner, confirmant ou infirmant plus ou moins explicitement les discours et les stylisations. On pourrait dire que dans ce domaine très précis, Barth se livre à un exercice de distinction au niveau du discours : ceci ressort par exemple de la production de contre-discours :

> On a vu, dans l'esquisse précédente, et les tableaux chronologiques le démontre-ront de façon encore plus évidente, que Túmbutu ou Timbuktu, contrairement à l'idée généralement accréditée en Europe jusqu'à ce jour, n'a jamais été le centre d'un grand royaume nègre. (Barth 1857–1858b IV: 441)

Enfin, tout ceci ressort également de la thématisation du refus de prendre certaines positions adoptées par Caillié, notamment celle du déguisement à Tombouctou, passage dans lequel on peut voir une réfutation implicite de toute la composante aventurière et pathétique, en somme romantique du récit de Caillié : « Je ne songeai moi-même pas un instant à faire croire à ces gens que j'étais musulman ; j'avais en effet voyagé tout au long de mon périple comme chrétien » (Barth 1857–1858b IV: 446). Barth est très pragmatique dans son évocation de la ruse employée : elle n'est pas souhaitable car pas crédible, puisqu'il est, au moment de son arrivée à Tombouctou, connu comme chrétien dans des régions qui entretiennent des relations constantes avec les marchands de la ville. En revanche, il aura recours à ce subterfuge de manière ponctuelle, pour des raisons de sécurité, lorsqu'il s'agira de traverser la région des Tuaregs située au sud du fleuve.

Par ailleurs, tant chez Caillié que chez Rohlfs, on trouve un véritable portrait de l'explorateur en personnage : ceci se traduit, chez Caillié, par l'introduction, dans le fil de la narration descriptive, de petits récits, d'histoires courtes incluses dont il est le personnage principal et qui mettent en valeur sa ruse pour se sortir de situations difficiles ou sa finesse d'argumentation dans des débats d'ordre religieux, petits épisodes ayant très souvent une valeur divertissante ; à l'occasion, Caillié va jusqu'à se représenter lui-même dans l'acte d'écriture :

> Pour faire l'esquisse de la mosquée, je m'assis dans la rue, en face, et je m'en-tourai de ma grande couverture, que je repliai sur mes genoux ; je tenais à la main

une feuille de papier blanc à laquelle je joignais une page du Coran ; et lorsque je voyais venir quelqu'un de mon côté, je cachais mon dessin dans ma couverture, et je gardais la feuille du Coran à la main, comme si j'étudiais la prière. Les passants, loin de me soupçonner, me regardaient comme un prédestiné, et louaient mon zèle. (Caillié 1996 [1830] II: 237)

Cette subjectivité exacerbée chez Caillié, laisse, chez Barth, la place au ton descriptif marqué par un postulat d'objectivité scientifique. Les quelques commentaires laconiques de Barth sur son arrivée à Tombouctou témoignent tout à fait de ce changement de registre. Tandis que, comme nous l'avons vu plus haut, Caillié laisse libre cours à ses émotions, Barth s'en tient à quelques notations qui font ici œuvre de transition, annoncent les événements à venir et surtout servent d'explication à son état physique :

J'avais enfin atteint le but de ma pénible entreprise ; mais dès les premières heures de mon arrivée à Tombouctou, j'acquis la certitude qu'il ne me serait pas donné de jouir en parfait repos de corps et d'esprit, de la victoire que j'avais remportée sur les difficultés et les dangers de la longue route que je venais de parcourir. L'excitation constante causée par des retards incessants, ainsi que mes incertitudes sur l'avenir de mon entreprise, avaient soutenu jusqu'à Tombouctou ma santé chancelante ; mais au moment où j'avais atteint mon but, presque au moment même où je mis le pied dans ma nouvelle demeure, je fus pris d'un violent accès de fièvre ; et jamais cependant, la présence d'esprit et l'énergie physique ne m'avaient été plus nécessaires. (Barth 1860–1861 IV: 61 ; 1857–1858b IV: 447)

Chez Rohlfs, le voyageur qu'il est devient objet de son propre discours. Il devient le point de référence par rapport auquel il jauge mais aussi sélectionne les épisodes à relater dans son récit. On remarque la fréquence des épisodes qui le mettent en scène dans des actions louables (charité), qui lui permettent de projeter ses références – principalement morales – européennes (notamment par rapport au mœurs et aux relations entre les hommes et les femmes), ou qui mettent en évidence son moi souffrant et valorisent ainsi l'héroïsme de son entreprise tout en lui permettant de se libérer des angoisses vécues.

A ce sujet, Guyot souligne avec pertinence que « la dramatisation narrative » n'est pas un critère suffisant pour établir la distinction entre un récit de voyage et un roman. De la même manière, le critique insiste sur l'auto-perception des voyageurs à cette époque qui « revendiquent précisément la liberté de leur vision, les choix esthétiques qui président à leurs récits et la portée fortement symbolique qu'ils accordent au voyage. » (Guyot 2001: 211). Ces éléments, nous l'avons vu, sont présents dans les deux formes, même si à des degrés et dans des élaborations différents (on serait tenté de dire en mode majeur dans la fiction, en mode mineur, mais néanmoins bien présent, dans l'écriture viatique).

4. Versions et subversions textuelles : un facteur supplémentaire d'insécurité

Par rapport au texte de H. Barth, un autre facteur d'incertitude voire d'insécurité vient s'ajouter pour quiconque aborde ce récit comme un témoignage:

celui lié à la multiplicité des versions et aux divergences entre textes « originaux » et traductions. Longtemps les historiens français ont supposé que la version française était une version partielle de la version allemande en cinq volumes, publiée aux Éditions Perthes en 1857–1858. Ceux-ci formulaient alors l'hypothèse que le texte « original » aurait été tronqué pour des raisons idéologiques spécifiquement françaises[10]. Or, une étude détaillée des versions allemandes et de la version française a démontré que la traduction française n'est en fait qu'une traduction assez fidèle d'une version allemande courte, à laquelle H. Barth avait donné son accord[11]. Par rapport à la version initiale en cinq volumes, il y a donc bien eu des sélections dans les épisodes figurant dans cette version, c'est-à-dire une accentuation de certains points au détriment d'autres. L'hypothèse première est bien évidemment que l'on aurait alors procédé à un élagage de passages trop détaillés ou trop longs pour ne garder finalement que l'essentiel, sans modifier pour autant les directions et contenus généraux de l'ouvrage. Une comparaison des deux versions montre néanmoins qu'il n'en est rien et qu'il ne s'agit pas là seulement d'un raccourcissement, mais d'un véritable travail de réécriture et par endroits de réorientation idéologique. Le meilleur exemple du travail effectué, est sans aucun doute l'évocation de R. Caillié. On voit dans ce domaine qu'il y a bel et bien eu transformation du texte d'une version à l'autre et modification de la charge idéologique : dans la version en cinq volumes, H. Barth se réfère régulièrement à Caillié, la plupart du temps comme à une autorité dont il confirme à plusieurs reprises les assertions. Caillié y apparaissait sous des traits relativement flatteurs dont les erreurs ne seraient dues qu'au fait qu'il avait été victime de jalousies britanniques.

> Ce fut pour moi très intéressant d'atteindre ici la route que ce Français méritant, René Caillié, suivit dans son épuisant et dangereux voyage qui lui fit traverser toute la partie occidentale de l'Afrique du Nord, de la Sierra Leone au Maroc. Et ce m'est un devoir agréable de confirmer l'exactitude de ses descriptions. Hélas, Caillié eut le malheur de suivre de près le Major Laing, homme entreprenant et cultivé, mais peu favorisé par le destin et peut-être aussi peu connaisseur des hommes et peu respectueux, Major Laing qui, deux ans auparavant, avait été assassiné alors qu'il essayait désespérément de s'enfuir de Tombouctou. (Barth 1857–1858b IV: 395)

---

10 Dans son ouvrage *Voyages de découvertes en Afrique*, A. Ricard attire l'attention sur la confusion des jugements par rapport à la version française (Ricard 2000: 1034) qu'il attribue au fait que la critique française ne connaissait pas l'existence de la version allemande en deux volumes.
11 Les éditeurs français et belges font au demeurant figurer sur la page de titre des quatre volumes la mention suivante: « Seule édition autorisée par l'auteur et l'éditeur allemands ». Il ne s'agirait donc pas là, comme l'ont tout d'abord supposé les historiens, d'une fausse authentification relevant de la « Linguistik der Lüge » (Weinrich), mais bien au contraire de la mention d'une injonction de l'éditeur allemand, interdisant ainsi le recours et l'éventuelle publication d'une version longue.

En revanche, l'image donnée de l'explorateur français dans la version courte et donc dans la traduction française est absolument dévastatrice. Non seulement les références à Caillié comme repère certes inférieur mais néanmoins relativement performant au regard des conditions qu'il a dû subir disparaissent, mais la représentation de l'explorateur français relève, au niveau stylistique, par endroits du registre de la polémique et du pamphlet, ainsi qu'il ressort exemplairement de ce passage figurant en note :

> René Caillié, homme résolu mais malheureusement tout à fait incapable, parvint du Sierra Leone, sur la côte occidentale d'Afrique, jusqu'à Tombouctou, d'où il rentra dans sa patrie par le Maroc. Son voyage s'accomplit au milieu des privations et des tribulations les plus terribles. Déguisé et caché tour à tour, Caillié ne resta à Tombouctou que du 20 avril au 3 mai 1828, temps évidemment trop court pour qu'il pût se livrer à des études réellement dignes de ce nom. Malgré son incapacité, il était doué d'un certain esprit d'observation […] (Barth 1860–1861 IV: 38)

De telles déviances marquent de grandes parties de l'ouvrage. Le propos n'est pas ici de déterminer quelles raisons ont poussé l'éditeur allemand à procéder ou faire procéder à une telle réécriture et à frapper la version initiale d'une sorte d'interdiction de « sortie du territoire », mais bien plutôt de mettre en garde contre les problèmes de « trahison », dont on sait qu'ils sont déjà par nature liés à toute entreprise de traduction, même quand celle-ci n'a pas d'implication idéologique. Dans le cas présent, se servir de la version courte allemande ou de la traduction française comme source de renseignements fiable, revient tout simplement à courir le risque de contre-sens portant à de graves conséquences.

Conclusion

On voit ici que le récit de voyage en tant que genre – tout comme par exemple l'autobiographie qui fonctionne également sur une survalorisation du référentiel et sur le principe d'un postulat de fidélité, de réalisme, d'authenticité – est source de nombreuses interrogations, qui sont en somme un aspect des grandes interrogations par rapport aux textes littéraires en général. La *mimesis* (qui marque la réflexion sur le littéraire depuis avant Aristote), et avec elle le réalisme, la fidélité descriptive, est-elle possible ? Le passage à l'écrit n'est-il pas fondamentalement un passage à l'étrange, à l'étrangeté, ainsi qu'en témoignent les longs débats de la critique littéraire sur la langue d'écriture comme langue étrangère par l'élaboration des signifiants en discours ?

Le côté littéraire du récit de voyage n'est-il pas, dans certains cas, un facteur d'insécurité scientifique contre lequel les chercheurs qui utilisent ces textes comme des témoignages ou sources d'informations ethnographiques ou historiques doivent se prémunir ? Dans chacun de ces récits, l'information n'est pas seulement à relativiser pour des raisons de distance culturelle des auteurs par rapport à leur matière d'étude, de distance temporelle entre les discours produits et leur réception contemporaine à la lumière des connaissances actuelles, mais aussi de distance littéraire entre le vu et l'écrit.

Il ne s'agit pas ici, bien au contraire, d'invalider toute lecture sociale des récits de voyage, qui, dans certains cas, sont les seules sources existantes, notamment quand il s'agit d'aborder des civilisations se fondant sur une culture orale. Mais la prise en compte, par les sciences sociales, des débats critiques sur la fiction et le littéraire en général, peut alors s'avérer d'une grande utilité pour déterminer les règles de ce genre de lecture qui place le discours de l'authenticité et de la fidélité face à ses limites.

THE PAINTING AND THE PEN.
APPROACHES TO HEINRICH BARTH AND HIS AFRICAN HERITAGE[1]

Achim von Oppen

Résumé

Dans ce chapitre, Achim von Oppen analyse deux modes fonda-mentaux de construction narrative chez Barth : le textuel et le visuel. Tous deux sont envisagés de manière comparative et interactive, mais l'accent est mis sur le visuel, en particulier les illustrations accom-pagnant ses écrits de voyage, qui ont été largement négligées par la recherche jusqu'à présent. De même que les cartes, mises au point par August Petermann, les illustrations étaient d'abord esquissées par Barth lui-même pendant son voyage, puis retravaillées par un expert, Martin Bernatz, qui appartenait à l'école allemande de peinture orien-taliste, à la fin de la période romantique. En partant de quelques objets personnels inconnus de Barth, l'auteur montre que les images de Bernatz sont parfois plus représentatives de l'imaginaire européen contemporain sur l'Afrique et quelque peu en décalage avec le souci, chez Barth, d'exactitude, de précision, et de mise en lumière des réalisations de la culture et de l'histoire sahélo-soudanienne. L'écri-ture apparaît ainsi comme le mode le plus approprié de construction des savoirs pour Barth, ainsi que comme un moyen clef de commu-nication avec les savants africains et les gouvernants qui devinrent ses amis. Par contre, il n'était peut-être pas conscient de l'impact durable que laissa son obsession de la culture écrite sur certains de ses com-pagnons de voyages, moins instruits que lui.

1 I am grateful to the editors of this volume and to Georg Klute for comments and encourage-ment, and to Sunniva Greve for careful language-editing.

A personal introduction

One of the topics proposed for the conference this volume is based on was the tension between the texts and illustrations in Heinrich Barth's works on his African travels. These, it was suggested, are often combined "in such un-expected ways that they challenge rather than confirm each other". It was also anticipated that pursuing this paradox would contribute to a deeper under-standing of the cultural inclinations and discourse traditions to which Barth referred in constructing his own narrative, one that continues to influence our own views of pre-twentieth century West African history.[2] It is this paradox I will pursue in the current article. To my knowledge, no systematic studies exist to date on the role of the illustrations in Heinrich Barth's work, although they are a prominent feature, especially in the German and English editions of 1857/1858.[3] In my contribution, I will argue that these illustrations need to be looked at in a number of different contexts: the mixed techniques and author-ship through which they came into being; the modes and conventions of seeing (aesthetics) they represented; and the different practices of producing and representing both European and African knowledge they were intended to complement – particularly writing.

A study of the illustrations in Barth's work might also facilitate the under-standing of yet another paradox. Barth gained an outstanding reputation as the producer of a body of knowledge on the pre-colonial Sahel that remained unsur-passed in its detail and accuracy. Nevertheless, both his public and scholarly audiences have consistently had difficulty in accessing his presentation of this knowledge. It therefore seems worthwhile exploring these presentation prac-tices. The illustrations in Barth's works, in particular, were intended to attract and instruct a wider audience. A detailed examination of how these illustrations were actually received by his readership would clearly exceed the scope of this contribution. What I can offer in this direction, however, is the experience of those who might well be suspected of being particularly devoted consumers of Barth's works, namely his family, of which I happen to be a member. The somewhat personal slant to this introduction might therefore be forgiven.

The invitation to the Timbuktu conference – for which I am most grateful – made me feel slightly uncomfortable. Unlike other conferences in the field of African Studies, I was not invited primarily as an expert on the subject of the conference this time, but because Heinrich Barth was my ancestor. As far as we know, the traveller Heinrich Barth died childless. However, he had two nephews through his beloved sister Mathilde, one of whom was my mother's grandfather.[4] Mathilde's husband Gustav (fig. 1),[5] my great-great-grandfather,

---

2　Diawara, Moraes Farias and Spittler 2004; the quoted text is my translation.
3　The five volumes contain a total of 60 coloured plates (lithographs), 153 woodcuts, and 16 maps. See comments on the lack of study of these illustrations in Schiffers 1967a and Kirk-Greene 1962.
4　A few descendants of Barth's youngest brother Ludwig are also still alive; however, there has

was one of Barth's very few personal friends; after the latter's premature death in 1865, he administered his bequest, and he later wrote the first and only book-length biography of Heinrich Barth to date (von Schubert 1897).

Fig. 1: Mathilde, née Barth   Fig. 2: Gustav Schubert, around the 1850s[6]

I must admit, however, that I am not aware of my famous ancestor having had an influence on my own professional interest in Africa. For the most part, my research areas are located in very different parts of the continent. As an ancestor Heinrich Barth was quite distant for us, the third and fourth generation of his descendants. Many traces of his life have been blurred by time, beginning with the sites of his personal life in Germany. His parents' house in Hamburg, for example, and his apartment in Berlin were razed to the ground during the Second World War; the site of the former has become a four-lane ring road, while the latter, close to Potsdamer Platz, was recently built over to accommodate a well-known shopping mall. Even his tombstone was destroyed in the Battle of Berlin and later replaced by a more modest version (fig. 3).

been no contact with them to date (genealogical data collected by Margarete von Schubert in the 1930s, recently updated by Cornelius Trebbin, Heinrich Barth Society Cologne).

5   Gustav (von) Schubert was an army officer, ennobled in 1878 in recognition of his service in the Saxonian General Staff during the wars with Austria and France, and of his writings on military history.

6   Source: privately held family papers.

Fig. 3/4: The original and the present tombstone of Heinrich Barth at the Jerusalem Friedhof in Berlin[7]

The most significant trace of Barth's life is, of course, his intellectual heritage, materialized in a vast amount of papers and several personal items he used during his travels. Although most of his estate has been well preserved, surviving even the war, it is scattered over a large number of sites and not easily accessible.[8] Barth's voluminous private papers, at least what had remained of them in Germany, were handed over by the family to relevant public collections in several stages between 1912 and 1982. However, a number of items and personal papers remained in the family until recently, more precisely in Heidelberg. Here, in the house of Barth's nephew Hans von Schubert, my great-grandfather and a professor of church history, most of Barth's heritage had been kept until it was distributed. It was also where we felt closest to him during my childhood. What had remained of Barth's heritage, however, was meticulously guarded by Hans von Schubert's daughters (Barth's grand-nieces and our grand-aunts), who had taken over the house after his death (see fig. 5).

7   Sources: Barth 1967, after p. 16; photograph by the author.
8   Most of his manuscripts are kept in archives and libraries of Hamburg, Berlin, Paris, and London (see Schiffers 1967b), other sources and artefacts are contained in collections at Gotha, Cologne, Heidelberg, and Hamburg.

Fig. 5: Corner of the study in Heidelberg where Barth's papers were kept between 1912 and 1982

Since we, the rest of the family, were either too young or considered not scholarly enough, we were kept strictly away from most of Barth's original possessions.[9] This even applied to the fine but rare early editions of his travel works (Barth 1857–1858; Barth 1859–1860), of which several copies existed in Heidelberg. In other words, we were no better off than the rest of the German public (apart from specialist circles), who had little knowledge of Heinrich Barth, let alone of his original works.

Admittedly, a detachment vis-à-vis Heinrich Barth was already noticeable during his own lifetime. Barth himself may be partially to blame for this; although an excellent researcher, he was not a brilliant writer. Contemporary reviews of his travel work praised the wealth of information it carried but condemned an "absence of generalization", "a disappointing dryness", and an ex-

9   We registered with great surprise after the death of the last of our grand-aunts in 1999 that a number of letters, books and objects of a more personal character had still remained in their hands. In her will she pledged that most of them be sold through a private antiquarian. I should point out that this took place against the wishes and not for the benefit of the current members of the family, who would much prefer to have seen them donated to a public collection.

cess of "trivial facts and occurrences".[10] With regard to volume and style, Barth's account was compared unfavourably to those of Livingstone in Britain and, later, Rohlfs and Nachtigal in Germany, which to some extent explains the relatively low number of copies of it printed and sold. There may also be other, more profound reasons for this dearth of popularity in Germany at his time, a matter I will return to later. He was somewhat at odds with his environment at home, both socially and with regard to the message he brought back. His personality did not make it any easier. Despite hugely intense and wide-ranging correspondence, his European colleagues and even his closest relatives regarded him as a difficult person, moody, and often distrustful.[11] Whether for this reason or because of his comparatively low social background – his grandfather was a poor peasant, his father a butcher who later achieved a respected position as a merchant in overseas business – Barth was the first in his family to make it to academia, but he had to struggle for formal academic recognition almost to the end of his life.[12]

It seems therefore worthwhile examining more closely how Barth himself tried to convey the knowledge he had gathered to an academic audience and the interested public. Using the illustrations as a starting point, I will explore their various contexts as indicated earlier. Furthermore, I will take the liberty of starting again from a personal perspective, to describe the difficulties we have in accessing Barth's heritage and the impact these may have on us.

The painting

Let me begin with the one original object from Barth's legacy that actually was accessible to us children in the house in Heidelberg. Hanging on the wall above a sofa we were allowed to climb on in my grand-aunt's study (see fig. 5), there was a large painting we always found stunning (fig. 6).

It depicted a hilly, rocky landscape in the foreground, descending first to an area of lush tropical vegetation and continuing on to an enormous expanse of water, overarched by an equally vast sky merging into the far-off lands to be imagined beyond the horizon. As children we were probably impressed by the glorious expanse of unlimited space and the brilliant light, as well as by the few figures in the middle distance, a group of travellers on camels and horseback, guided by a man on foot pointing to infinity. We were no less impressed by the whitish giraffe about to make a run for it, with legs that were strangely twisted.

---

10 Kirk Greene 1962: 48–54, quoting from reviews in various British and German journals of the time.
11 von Schubert 1897: 3f; von Schubert 1909: 151.
12 Despite his scientific merits and numerous official honours, Barth obtained a „non-scheduled professorship" only in 1863, two years before he died, and was deeply frustrated about not having been promoted from a „corresponding" to a regular member of the Prussian Academy of Sciences (von Schubert 1897: 157ff).

Fig. 6: "Der Tsadsee"[13]

Later on, when we were able to read the plaque on the lower part of the frame, we learned that this awe-inspiring view represented "Lake Chad, painted by J.M. Bernatz following sketches by Dr. Heinrich Barth" (my translation, from German).

Far more recently, I realized that the same procedure was behind most illustrations contained in Barth's books. He was very conscious of the need to underpin his knowledge with illustrations in order to "sell" it better back home. During his travels, he produced hundreds of sketches and drawings, big and small. Despite their frequently remarkable accuracy, he was not an artist, as can be judged from the informative but somewhat clumsy originals kept in the archives (for an example, see fig. 7).

Immediately after his return from Africa, Barth addressed himself in a letter from Gotha dated 20th October 1855 to the painter and illustrator Johann Martin Bernatz in Munich, proposing to "his experienced master's hand" the production of approx. 70 illustrations based on the sketches of "Central African landscapes [...] in firm contours, but without artistic elaboration" [*in festen*

---

13 Painting by J.M. Bernatz. Photograph from von Schubert family papers; held since 2004 by the Völkerkunde-Museum in Hamburg.

Fig. 7: Camp near Murzuk (now in Southern Libya)[14]

Umrissen, aber ohne künstlerische Ausstattung] that he had brought back with him.[15] He explains in the letter that he had been made aware of Bernatz by his cartographer August Petermann, then based in Gotha, and expressed much pleasure at his "pictorial representations of East African nature life".[16] Bernatz (1802–1878) may in fact have appeared fairly congenial to Barth. In his younger days, he himself had accompanied travels to Ethiopia and Palestine and subsequently illustrated them. He became renowned for his strict attention to detail, including zoological and botanical features, all of which he depicted with photographic precision.[17] Bernatz accepted the order. His illustrations, coloured lithographs and woodcuts in black and white, were later included in the publication of Barth's travel account and are thus familiar to all who know the work. Scenes such as the following one (fig. 8) are now famous in wide circles.

---

14 Sketch by Heinrich Barth. Drawing dedicated to his sister Mathilde on her birthday (Staats-archiv Hamburg, 622-2-BARTH, IIb4, reproduced in: Italiaander (ed.) 1971: 160).
15 Staats- und Universitätsbibliothek Hamburg, NHB:16:1; my translation.
16 Ibid.
17 Introductory text to an exhibition in 2003 commemorating Bernatz' 200th birthday (online 27-01-2006 <http://www.zum.de/Faecher/G/BW/Landeskunde/rhein/kultur/museen/speyer/archiv/bernatz.htm>). As an official artist, Johann Martin Bernatz had taken part in a British deputation to Sahela Selassie, King of Shoa, led by Capt William Cornwallis Harris, Bombay Engineers, in 1842. The yields of this trip, published in 1852, were well received and subsequently translated into German (Bernatz 1854). Bernatz had already travelled to Asia Minor, Egypt and the Sinai in 1836, and was the first orientalist painter to reach the city of Petra (Idem 1838–1839).

Fig. 8: Barth's "Entry into Timbuktu"[18]

Compared to these colour illustrations of Barth's *African Travels*, the Lake Chad painting mentioned earlier seems uncanny. To my knowledge, of all the landscape images born from Barth's travels, it is the only one in the form of a painting as distinct from a lithograph, and despite its attention to detail seems the most fantastic of all. One striking feature, for example, is the high foreground that provides a vantage point from which the viewer's gaze can extend to the infinity of the lake and the lands beyond. In reality, the surroundings of Lake Chad are known to be almost entirely flat.[19] Barth himself felt disappointed when he first approached the giant lake, on his way from the Bornu capital of Kukawa:

> I mounted on horseback early next morning in order to refresh myself with a sight of the lake, […] and indulged beforehand in anticipations of the delightful view which I fondly imagined was soon to greet my eye. But no lake was to be seen, and an endless grassy plain without a single tree extended to the furthest horizon. At length, […] we reached a shallow swamp, the very indented border of which, sometimes bending in, at others bending out, greatly obstructed our progress. Having struggled for a length of time to get rid of this swamp, and straining my eyes in vain to discover the glimmering of an open water in the distance, I at length retraced my steps, consoling myself with the thought that I had seen at least

18 Barth 1857–1858a IV: 412; lithograph by J.M. Bernatz, reproduced in many works on African exploration (original in colour).
19 E.g., "Kali-Lemma" and "Das Ufer des Tsad", in: Barth 1857–1858a II: 414 and 417 (see fig. 7).

some slight indication of the presence of the watery element. [...] The character of the Tsád is evidently that of an immense lagoon, changing its border every month, and therefore incapable of being mapped with accuracy[20].

This text is accompanied by one of Bernatz' colour plates which conveys some of this disillusionment (fig. 9).

Fig. 9: "Ufer des Tsad" [21]

There could be no sharper contrast between this view and the painting reproduced earlier. Of course, Lake Chad is vast enough to display quite different types of landscape. It could be assumed, perhaps, that the painting refers to another side of the lake. Higher shores might be expected, if at all, around the northern side of the lake, where the huge drainage basin of the lake with its southern tributaries is barred by more elevated terrains of the central Sahara. Barth travelled along these northern shores on an excursion from Kukawa to the ancient Kingdom of Kanem – an area situated to the north-east of the lake (and now part of the Republic of Chad) – that had previously dominated Bornu and which he visited between September and November 1851. A search through his

---

20 Barth 1857–1858b II: 62. In the 1870s, a similar impression was conveyed by Gustav Nachtigal: "[...] the actual view was of something infinitely flat and monotonous, with its hazy horizon very like the desert which [...] we had now happily left [...] behind [...]" (1980: 99).

21 Lithograph by Bernatz, from Barth 1857–1858a II: facing p. 417 (original in colour).

report and the detailed map that resulted from his observations along this route yields no area that might have served as a model for the painting. The northern bank itself, is represented by Barth, both in his text and in an accompanying illustration executed by Bernatz,[22] not unlike the one near Kukawa: sandy slopes with no traces of rock, no expanse of water but merely a succession of vast puddles, with human settlement and land-use. A sketch by Barth could provide a solution to the riddle of what might have served as a model for the painting. However, no such sketch exists in the place where most others are held.[23]

This prevents us here from following more closely how Barth's visual impressions were transformed in the process of illustration. Yet, there are other instances that make it possible. For example, Barth captured his view of the Ghat Oasis (now in South-West Libya) in a sketch (see fig. 10) that was subsequently transformed by Bernatz into a professional lithograph (see fig. 11):

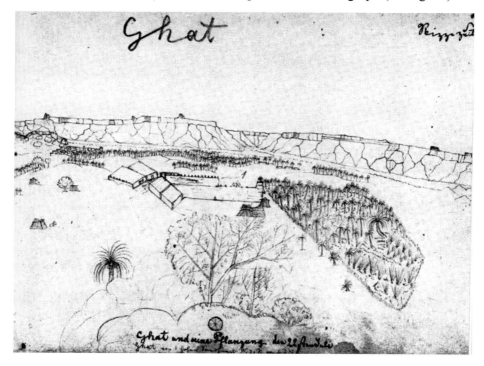

Fig. 10: "Ghat"[24]

22 Barth 1857–1858a III: 43f.
23 Staatsarchiv Hamburg 622-2-BARTH IIa9III, IIb4 and IIb9. I have not yet been able to consult Barth's original notebook on this trip, which is kept at the Bibliothèque Nationale de Paris, Site Richelieu, Collection Société de Geographie de Paris, No. 1321.
24 Sketch by H. Barth. From: Staatsarchiv Hamburg; also in: Barth 1971: 160.

Fig. 11: "Ghat und seine Pflanzung"[25]

The difference between these two stages of visualization is striking. The lithograph not only appears more elegant and realistic, as Barth had wished on commissioning the illustrations by Bernatz, but it also approximates a piece of African countryside to the established ideals of contemporary European land-scape painting: a perspectival view from a particular, elevated vantage point; a clear structuring and scaling of foreground and background features towards a distant horizon; an impression of sublimity, aroused by awesome mountains and/or vast surfaces (land or water) fanning out to infinity.[26] These stereotypes can be found here and in other lithographs by Bernatz; they are particularly pro-nounced in the case of the Lake Chad painting.

In other words, Bernatz' illustrations aimed at re-ordering African land-scapes according to European ideals. At the same time, however, these country-sides were not really European. This fact brought certain implications with it that are visible, for example in the position of the human figures and their spatial impact. In classical European landscape painting the inclusion of figures and settlements intended to convey an element of homeliness and familiarity. Significantly, compared to the vastness of the land, human and cultural features are kept to a minimum or completely absent in many of Bernatz' illustrations – as if to avoid disturbing the impression of pristine nature waiting to be "ex-

25 Barth 1857–1858a I: 260. Lithograph by J.M. Bernatz (original in colour).
26 For a discussion and references on "landscape" as a way of seeing in European modernity and on its application to Africa, see Luig and von Oppen 1997.

plored". In the Lake Chad painting, the exotic is very prominent in the form of exuberant tropical vegetation and the funny giraffe in the foreground, while the explorer's caravan is very much smaller. There is virtually no trace of a cultural landscape. This squarely contradicts Barth's account, and Bernatz' own illustration of it (fig. 9, above), which tell of villages along the shore and on the islands in the lake, of transhumant livestock commuting between the drier slopes and the lower wetlands that were seasonally inundated, and of a history of such human endeavours. Bernatz' painting is thus a good example of German orientalism in the late Romantic period – a school in which this painter was prominent.[27] It would be intriguing to know to what extent Barth and Bernatz disagreed about the painting or indeed about illustrations in Barth's travel works.[28] The painting, at any rate, was to my knowledge never publicly displayed by Barth, nor by his heirs.

A possible explanation for its uniqueness and peculiarities might be that the painting was not in fact ordered by Barth but presented to him by the artist in acknowledgement of the sizeable job the latter gained from him. At any rate, the choice of subject for the painting was clearly influenced by the fact that Lake Chad was the first destination and great turntable of Barth's travels. Reports of the lake had always attracted considerable attention in Europe, where people were fascinated by the existence of huge expanses of water (rivers and lakes) in the interior of Africa, since this signalled fertility and accessibility in what was otherwise perceived to be a largely hostile environment.[29]

For scholars, however, maps mattered much more than illustrations as visual means of access to Africa. In fact Barth put far more effort into maps than illustrations. It is ironical that precisely Lake Chad resisted his visualisation efforts also with regard to mapping, as mentioned in the quotation above. Nevertheless, his travel works also include a series of fine and detailed maps produced by Bernatz' counterpart, the famous Gotha cartographer August Petermann. They were likewise based on sketches done by Barth himself, and to which he added numerous comments both in the margin and in the text.[30] A good example is the following sketch (fig. 12) from which the first fairly accurate map of the Middle Niger was subsequently drawn.

27 Interestingly, (ancient) architecture is quite dominant in Bernatz' paintings of the Middle East, but conspicuously absent in his illustrations of both East and West Africa (cf. Bernatz 1836–1839 and 1854). This is a significant shift in stereotypes between the two regions, making Africa the realm of nature.

28 To my knowledge, no further correspondence between the two men has survived. An indication that there may indeed have been some disagreement between them is a sentence on Bernatz in the introduction to the German edition of Barth's travel works: "If the artist had had the entire report of the author before him, some enlivening circumstances might well have been added." [to his illustrations] (Barth 1857–1858a I: xviii).

29 Similar emotions were aroused, for instance, by Rebmann and Krapf's account of the East-Central African lakes, published around the same time (Krapf 1860).

30 Barth's correspondence with Petermann is well documented in the Perthes archives of Gotha that have just been acquired by the State Government of Thuringia.

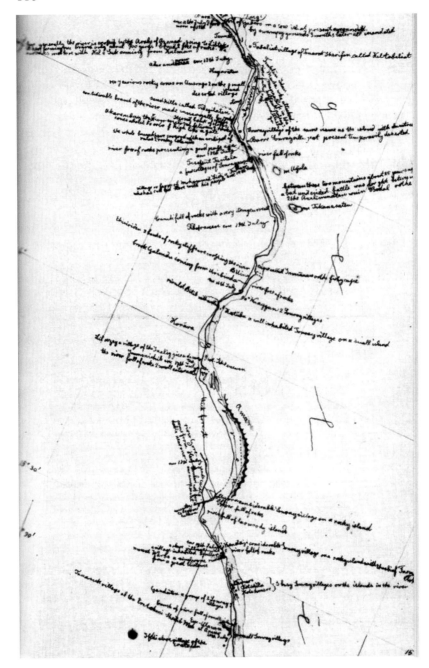

Fig. 12: The Middle Niger[31]

31 Sketch map by H. Barth (1854). Staatsarchiv Hamburg, 622-2-BARTH, IIb2, reproduced in:
    Italiaander (ed.) 1971: facing p. 96.

The examples given so far have shown that the visualization of Barth's explorations was a process shaped by the specific practices, interests and "ways of seeing" (Cosgrove 1984) of the different actors involved. Still, these examples also underline the need to consider other contexts as well, such as firstly, the interaction of visual with textual modes of producing (and presenting) knowledge, and secondly Barth's relations with other, non-European producers of such knowledge.

Writing was for Barth by no means secondary to visual practices, quite the contrary. *En route* by camel or on horseback, Barth constantly made notes in German, English or Arabic; on average, he made an entry every six to twelve minutes.[32] Geographical and ethnographic observations, linguistic data, stories and reports he was told, extracts from historical texts he had been able to consult, as well as small sketches were all scribbled into his notebooks. In the evenings and during stopovers, a portable desk was taken down from a pack animal and set up for him. Here he meticulously worked out the rough drafts from his notebook into legible itineraries, journals, vocabularies and excerpts (see fig. 13/14).

Fig. 13: A page from one of Barth's notebooks (*Memorierbüchlein*)[33];

32 According to the frequency of dated entries in his itineraries, containing a total of about 12 000 entries (Schiffers 1967b: 511 and fn. 10).
33 With sketch of a village in the Hombori Mountains (Staatsarchiv Hamburg (622-2, IIa8II, reprinted in Schiffers (ed.) 1967: fig. 4.).

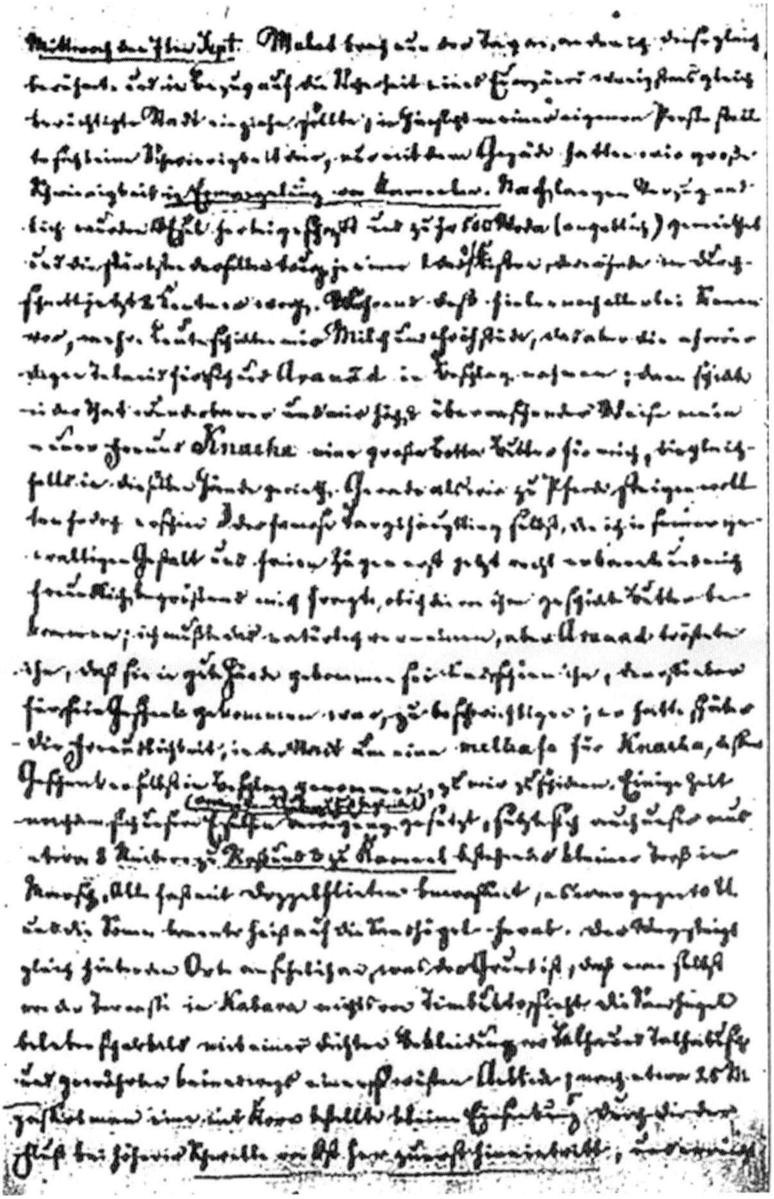

Fig. 14: A page from Barth's journals[34]

34 On his arrival in Timbuktu, 7th September 1853 (Staatsarchiv Hamburg, 622-2-BARTH, IIa9X, xerocopy kindly provided by PD Dr. Ulrich van der Heyden).

Given the importance of writing in Barth's research work, I was recently quite impressed when his travel writing set, one of the few objects that had remained in the family, was unexpectedly passed down to me. It contained a pen with a holder, ink, sand, seal, an ivory letter opener, and a small foldable knife with a mother-of-pearl handle. It reached me along with the bag in which Barth used to keep his writing utensils while on a camel or on horseback (see fig. 15).

Fig. 15: Barth's travel writing set (closed)[35]

35 Photograph by the author.

Fig. 16: Barth's travel writing set (opened)[36]

The enormous amount of detailed handwritten data left to us by Barth are one of the most valuable sources today on the Sahara and the Sudano-Sahelian region before the colonial conquest. Their particular value emanates from the copious detail that allows us to draw our own conclusions. Far too little scientific use has been made of this wealth of knowledge so far. But how did Barth himself take up the challenge of synthesis, of drawing meaningful conclusions of a more general nature from all the details he recorded?

During his academic education, he was brought in close contact with two methods of synthesizing. One was geographical, taking the spatial environment (place, region or landscape) as a unit of study and a totality with an individual character through which all other features, physical and cultural, could be seen as connected with each other. For this spatial approach, measuring, mapping and perspective overviews were essential techniques; to this day, geographers are particularly fond of graphs, maps, and photographs. Barth evidently felt obliged to work hard in this direction, so as to legitimize himself as a proper geographer, along the lines of Alexander von Humboldt, one of his patrons.[37]

36 Photograph by the author.
37 E.g., von Humboldt to Barth, 3rd Nov. 1849, first reproduced in von Schubert 1897: 36–38.

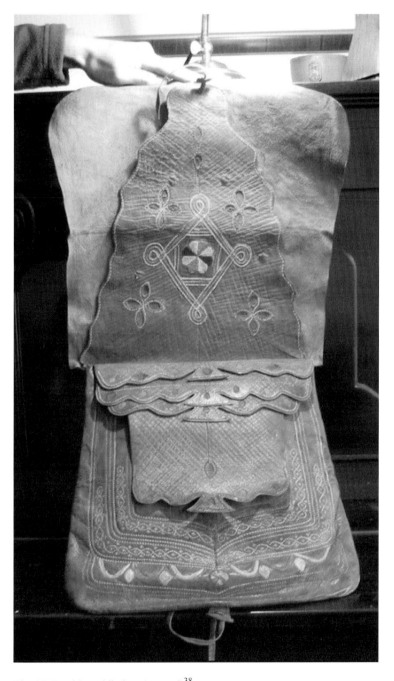

Fig. 17: Barth's saddle bag (opened)[38]

38 Leatherwork from Kano, north African style (photograph by the author).

But his real teacher was Carl Ritter, the protagonist of a different, historical approach to geography, which Barth adopted. Historians first of all order the data they collect in a temporal order – as historical narratives. Barth had with him a certain master narrative when he went to Africa, the idea of a Golden Age thought to have occurred in a more or less distant past, which was followed by periods of decline and deterioration up to the present, but left hope for a future resurrection. He was clearly influenced by conservative world views of late romanticism, although his hopes for resurrection projected onto Africa were tinged to some extent by more modern ideas of civilizational progress. Incidentally Barth hit on a part of Africa during his travels to which his world view seemed most appropriate. Nostalgia for the great Sudanic empires of the Middle Ages (according to European periodization) was widespread among the inhabitants themselves, at least among the elites, in contrast to a present that was rife with social conflict, political fragmentation, and personal insecurity.

Writing is of key importance for historiography. The lands between the Sahara and the Sudan are home to an ancient writing culture, with an enormous wealth of religious, literary, and historical manuscripts. Barth with his knowledge of Arabic and of African languages was the first European in a position to read, and copy from, some of the most important scholarly texts on the ancient, and the recent, history of the region, such as the *Tarīkh as-Sūdān* by ʿAbd ar-Rahman as-Saʿdī (d. sometime after 1655–1666), on the history of the Songhay Empire and the Western Sudan, or the *Tazyin al Warakat* by Abdullahi dan Fodio (d. 1829), an important source for the history of the *jihad* of Usman dan Fodio (see fig. 18).

The existence of such a long-established literate culture in Africa, in the face of the prejudice against the "non-historicity" of Africa (Hegel)[39] that became established around his time, was one of the most striking pieces of information Barth brought back to his European audience. Nonetheless, he would have been unable to tap the vast historical knowledge in the region without the personal friendships he established with scholars and rulers of the region. Muhammad al-Amin al-Kanemi in Bornu, Abd al-Qadir in Katsina und Shaykh Ahmad al-Bakkāʾī in Timbuktu are some examples. Coming back to the visual, it seems strange that not a single portrait of these personalities appears in Barth's work – despite their importance for the ultimate success of his travels and his safe return to Europe. Barth did describe their physique in writing, but their elevated social status and the fact that they were to a great extent devout Muslims, not to mention his limited drawing talents, may have prevented him from asking them to pose for pictorial representation. Inhibitions of this kind are more rare in this day and age of mass media and tourism. The following photograph (fig. 19) was taken during a moving encounter with some of the descendants of Shaykh Ahmad al-Bakkāʾī, Barth's friend and protector in Timbuktu, who invited me as

---

39 Hegel 1986: 129.

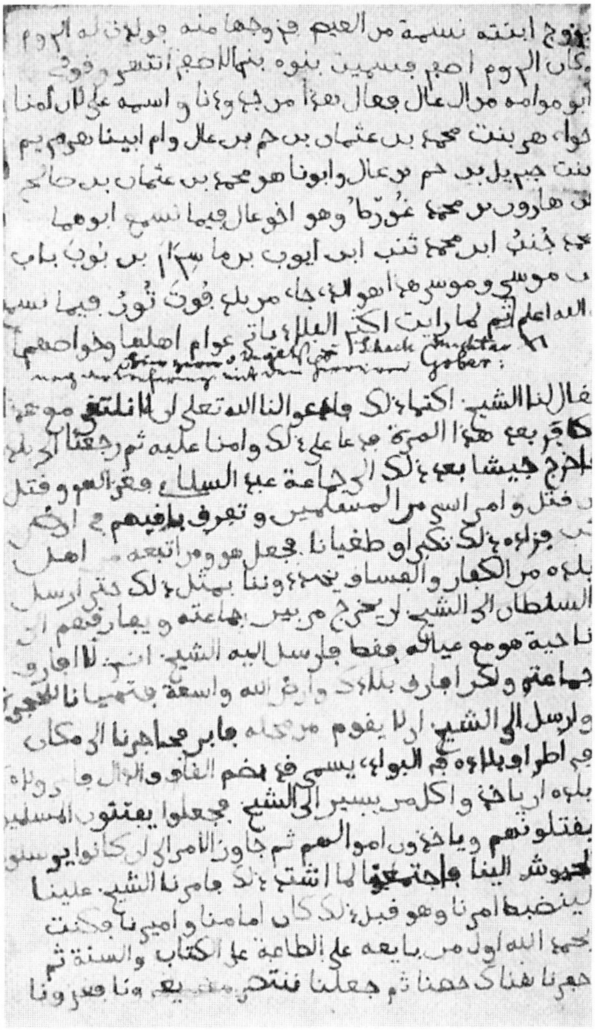
يزوج ابنته نسمة من العيم فزوجها منه فولدت له الروم
كان الروم اصغر فسميت بنوه بنو الاصغر انتهى وفي
ابو موامه من العال فقال هذا من جدودنا واسمه علي [illegible]
[illegible] هي بنت محمد بن عثمان بن حم بن عال وام ابينا [illegible]
بنت جبريل بن حم بن عال وابونا هو محمد بن عثمان بن صالح
بن هارون بن محمد غورطا وهو اخو عال فيما نسمع ابوهما
محمد جنب ابن محمد ثنب ابن ايوب بن [illegible] بن بوب بن ماب
[illegible] موسى وموسى هذا هو الذي جاء من بلد فوت تور فيما نسمع
الله اعلم ثم لما رايت اكثر البلاد باتي عوام اهلها وخواصهم
قال لنا الشيخ اكتفي ذلك وادعوا لنا الله تعالى ان لا نلتقي مع هذا
كافر بعد هذا المرة فدعا على ذلك وامنا عليه ثم رجعنا الى بلد
اخرج جيشا بعد ذلك الى جماعة عبد السلام فغزاهم وقتل
[illegible] فقتل وامر اسر من المسلمين وتعرف [illegible] في ارض
[illegible] فزاده ذلك نكيرا وطغيانا فجعل هو ومن اتبعه [illegible] اهل
بلده من الكفار والفساق يهددوننا بمثل ذلك حتى ارسل
السلطان الى الشيخ ان يخرج من بين جماعته ويفارقهم الى
ناحية هو مع عياله فقط فارسل اليه الشيخ اني لا افارق
جماعتي ولكن افارق بلادك وارض الله واسعة فتهيأنا للهجرة
وارسل الى الشيخ ان لا يقوم من محله فابى فهاجرنا الى مكان
في اطراف بلاده في البواد يسمى في بعض [illegible]
بلده ان ياخذ واكل من يسير الى الشيخ فجعلوا يفتنون المسلمين
يقتلونهم وياخذون اموالهم ثم جاوز الامراء الذين كانوا يوسلون
الجيوش الينا فاجتمعوا لما اشتد ذلك فامرنا الشيخ علينا
لينضبط امرنا وهو قبل ذلك كان امامنا واميرنا فكنت
رحمه الله اول من بايعه على الطاعة على الكتاب والسنة ثم
حصرنا هناك حصنا ثم جعلنا ننتظر [illegible] وناغزونا

Fig. 18: Excerpts from the *Tazyin al-waraqat* [40]

40 Excerpts by Barth. Source: Schiffers (ed.) 1967: fig. 31.

a descendant of Barth to view a selection from their large library of invaluable manuscripts, and to take note of their deplorable state due to the lack of means for proper storage.

Fig. 19: The author with descendants of Shaykh Ahmad al-Bakkā'ī in the family library in Timbuktu[41]

In this African environment, Barth was obviously capable of something he found much more difficult back home in Europe, namely the forming of lasting personal relationships, not merely for instrumental reasons. Judging from the ample correspondence carried on even after his return, Barth had become part of a widespread network of African scholars, both as a participant and a subject of oral and written debates on matters ranging from history through jurisprudence to theology.[42]

---

41 Photograph by a member of the Kounta family.
42 See, for instance, the extensive correspondence about Barth between Shaykh Ahmad al-Bakkā'ī and Emir Amadou Amadou, the Fulani ruler of the neighbouring Islamic state of Massina and nominal overlord of Timbuktu, who wanted Barth, the Christian, to be expelled

However, Barth's constant writing was not regarded with pleasure by all he encountered. In some areas, such as the Aïr Mountains, he and his fellow travellers were suspected of being spies because they were perceived to be constantly "writing the country".[43] Barth's African travelling companions were less suspicious, but made fun of him occasionally because of this habit. They were by no means unfamiliar with writing as such, an art that had long permeated elite circles and also affected the daily practice of ordinary people. Writing was a trademark of scholarly reputation and his extensive use of the pen made Barth appear a venerable Marabout (scholar and saint with healing capacities) in popular eyes.

It was Barth's obsession for recording virtually everything, even under extreme conditions, that made his use of literacy appear strange to the people who travelled with him.[44] On the other hand, this compulsion with writing seems to have made an unexpectedly lasting impression on some of them, notably his personal servants – an impact Barth was probably unaware of. Two of these servants came from what is now Northern Nigeria, or adjacent to it, namely Abbega (a Marghi) and Dorugu (a northern Hausa), both ex-slaves, liberated and then employed by Barth at Kukawa. They accompanied him during the entire journey from there to Timbuktu and back to Bornu, Tripoli, Britain and Germany in 1855. In their case, personal portraits do exist. One is fairly poor, a drawing contained in Barth's travel work, which was produced in Hamburg. A better one survived among the von Schubert family papers, illustrating their gradual initiation into non-African worlds: Abbega and Dorugu in Ottoman dress they most likely acquired in Tripoli (see fig. 20/21).

During and after their stay in Europe, both Africans did not merely remain objects of European painting but took, so to speak, the pen into their own hands. Abbega wrote letters to Barth after his return in 1857 to what was to become Nigeria, were he was stationed as a missionary for the Church Missionary Society in Lokoja, on the Benue-Niger confluence. Later, Abbega returned to Islam and became the local chief of the Lokoja area. As such he was photographed in 1912 as an old man (fig. 23).

Even more fascinating, however, is the case of Dorugu (or Dyrgu), the other servant, who was barely 16 when he arrived in Europe with Barth. Dorugu returned to Africa later than Abbega, in 1864, after spending the time in Britain with a missionary, Rev. Schön. Dorugu dictated to the latter his own account of their "*African travels and adventures*" they had lived through together with Barth, in the Hausa language. The missionary's interest in obtaining this report was really to produce a teaching text for Hausa lessons (Schön 1885). The book, entitled *Magana Hausa* ("Hausa Customs"), subsequently became the first text

or killed (Staatsarchiv Hamburg and Centre Ahmed Baba, Timbuktu).

43 Richardson 1853 I: 293, quoted after Spittler 1995: 22.

44 On the tension between personal participation and scientific distance, expressed in conscientious record keeping, in Barth's research practice see the contribution by Spittler to this volume.

Fig. 20/21: Abbega and Dorugu – woodcut[45] and painting[46]

book in this language in European script, and is still in use today. But its remarkable historical value has long been neglected:[47] Dorugu's report is tantamount to a counter-narrative to Barth's works, much shorter but often more vivid, full of anthropological detail and even humour, and extending to overseas – an early African exploration of Central Europe. After his return followed by many years of wandering and various employments in West Africa, Dorugu died in 1912, as a teacher of western literacy (sic !) at the first Local Government School in Kano (N. Nigeria), which had been established through Lord Lugard's policy of Indirect Rule.[48] Here is (fig. 24), to my knowledge the only photograph of Dorugu (Dyrgu) that exists, taken in a studio in Berlin in 1856:

45 Woodcut from Barth 1857–1858 IV: 9.
46 Painting kept among the von Schubert family papers until recently; held by the Völkerkunde-Museum Hamburg since 2004.
47 The discovery of this text as a historical source is the merit of Kirk-Greene and Newman (eds.) 1971.
48 Kirk-Greene and Newman (eds.) 1971: 12ff.

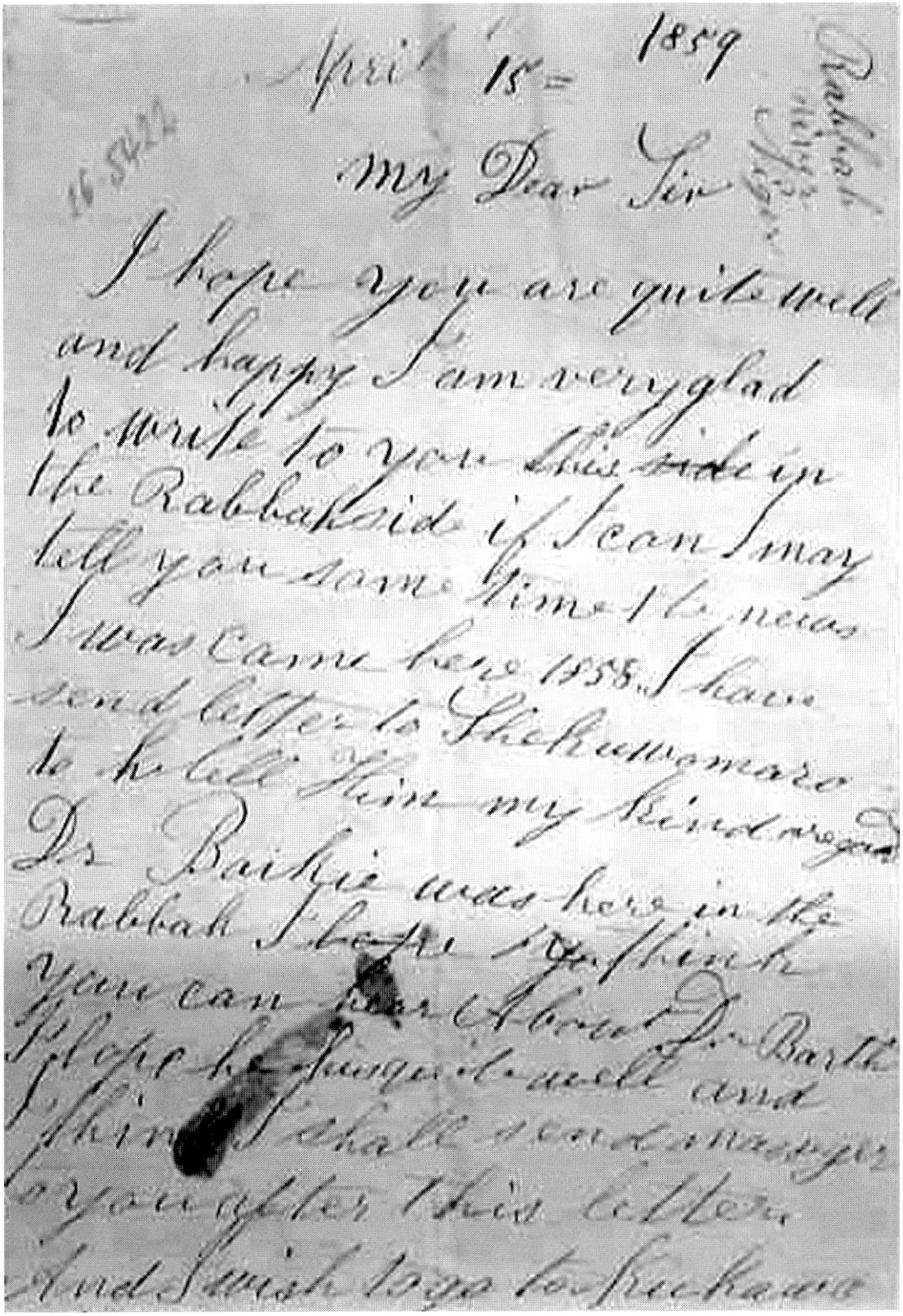

April 15= 1859

My Dear Sir

I hope you are quite well
and happy I am very glad
to write to you this side in
the Rabbahside if I can I may
tell you some time the news
I was came here 1858 I have
send letter to Shekunomaro
to tell him my kind regard
Dr Baikie was here in the
Rabbah I hope I think
you can hear about Dr Barth
I hope he ... well and
I think I shall send a messenger
to you after this letter
And I wish to go to Kuchawa

Fig. 22: Letter from Abbega to Barth (15-04-1859). Source: Staatsbibliothek Hamburg, NHB : 13 : 1–3.

Achim von Oppen

Fig. 23: Photograph of Abbega in old age (1912)[49]

Fig. 24: Dorugu (Dyrgu) in Berlin (1856)[50]

49 Source: Kirk-Greene and Newman 1971: after p. 25, orig. in: Macleod 1912.
50 From the von Schubert family papers.

Conclusion

In closing this rather personal contribution, some conclusions on the paradoxes pointed out at the beginning can be drawn. The remarkable knowledge Barth produced has always been difficult to access, in both its written and visual expressions. The bulk of his heritage consists of writings – masses of handwritten material that is difficult to read, specialists apart, and five published volumes containing travel accounts packed with precise detail but a "story" not easy to grasp, and a message that runs somewhat counter to the rising tide of proto-colonialist views among the European public of his time. In addition, only very few copies of these volumes are available in libraries. A substantial number of illustrations – paintings, lithographs, woodcuts and maps – were intended by Barth to facilitate access to the information he brought back and provide guidance through his writings. The pictures, however, tend to reveal more about the perspectives of the painter and about romanticist and orientalist modes of seeing in contemporary Europe than about what Barth was in fact describing with his texts and his sketches, namely an African reality in its own right, intelligible through its historical depth and its social and spatial structuredness rather than through an emphasis on difference and the exotic.

The case is slightly different with maps, whose claim to two-dimensional exactness was a better vehicle for Barth's scientific aspirations, especially as a geographer. Based on observation and measured movement rather than on systematic surveying, these maps could soon have lost their significance, however, once this part of Africa had been conquered and the width and breadth measured as part of the building of colonial territories. Yet, because Barth's maps were accompanied by a vast amount of written comment on features of a cultural landscape that has since largely disappeared, they are appreciated up until today. At this level at least, there is a substantial degree of complementarity between illustration and text.

The written text, however, remains the key to Barth's work; only in this medium was he able to pursue his essentially historical narrative. The latter emerged not only as a result of Barth's personal and scholarly background in Europe, but also in intense dialogue with African scholars and companions during his travels. Much of the dialogue implicit in his works is still to be unravelled for a better understanding of Barth's works. This requires a number of steps yet to be undertaken. Firstly, a systematic evaluation of Barth's handwritten heritage, primarily his notebooks, journals, and selected parts of his correspondence; and secondly, a reversal of perspective through a similarly careful reading of texts produced (and consulted) by Barth's African interlocutors, a far more substantial body of which exists than previously assumed. The preservation of these texts (e.g., the invaluable manuscript library of the Kunta family in Timbuktu) would appear to have a high priority if we are to keep track of the remarkable transcultural production of knowledge in the pre-colonial Sahel of which Barth's works are but one vital facet.

Finally, it should be noted that the dialogic production of knowledge around Barth's works has its own historicity, and continues to take place. The inter-textuality of the different editions of these works in European languages (hither-to not in any African language) is deserving of as much attention as the changes and differences in the perception of Barth and the African scholars of his time in West Africa and Europe.

DU TERRAIN AU TEXTE :
REFLEXIONS ANTHROPOLOGIQUES SUR
VOYAGES ET DECOUVERTES DANS L'AFRIQUE SEPTENTRIONALE ET CENTRALE, 1849–1855[1]

Maria Grosz-Ngaté

Abstract

This essay examines Heinrich Barth's account in light of contemporary debates on the production of anthropological knowledge, textual representations, and "culture" as an organizing concept in North American anthropology. It consists of two parts. The first reflects on Barth's ethnography in the context of the 19th century human sciences while the second considers his representations of a dynamic Africa and his production of anthropological knowledge in relation to recent critiques of ethnographic methods. The analysis presented here is based on the three-volume English Centenary edition of *Travels and Discoveries* published in 1965.

Introduction

Cette contribution vise à analyser le récit de Heinrich Barth à la lumière des débats contemporains sur la production du savoir anthropologique, les représentations textuelles et « la culture » comme concept organisateur. Cette approche permet non seulement de mettre en perspective le discours ethnographique de Barth, mais aussi

1 La première partie du titre est empruntée de Mondher Kilani (1990). Je remercie Rosa de Jorio, Paula Girshick, Mahir Şaul, et Marvin Sterling pour leurs commentaires sur une première version de cet article ainsi que Daniella Ortiz et Claire Renaud qui ont veillé à ce que ce texte soit en bon français.

de montrer la pertinence de certaines de ses pratiques pour les anthropologues d'aujourd'hui. Quoique Barth ait voyagé bien avant l'institution du travail de terrain comme idéal méthodologique de l'anthropologie au début du XXe siècle, on verra que les pratiques spatiales et les modalités de communication qu'il déploie sont en continuité avec celles de l'anthropologie post-malinowskienne. De même, on pourrait signaler la continuité entre les stratégies textuelles des récits de voyages tel que celui de Barth et les ethnographies professionelles, comme l'a démontré Mary Louise Pratt (1986).

L'exposé qui suit est divisé en deux parties principales. La première est consacrée à l'ethnographie de H. Barth et au contexte intellectuel du XIXe siècle dans lequel elle s'insère. Il s'agit d'abord de comprendre la nature de son approche ethnographique, fortement marquée par la division scientifique du travail, avant d'analyser sa vision des Africains à l'aune des débats sur l'unité et la diversité de l'espèce humaine. La deuxième partie part des interrogations récentes sur la « culture » comme concept-clef de l'anthropologie et comme synonyme « d'ethnie ». Cette notion tend à négliger les rapports de force internes et externes (Abu-Lughod 1991, 1993; Gupta and Ferguson 1997a) et donc à ignorer le fait que tout groupe humain se constitue « dans un ensemble mouvant qui est lui-même un champ structuré de relations » (Amselle 1990: 55). Cette partie est donc consacrée à la vision dynamique de l'Afrique chez H. Barth et à sa méthode de production du savoir anthropologique, en les mettant en rapport avec les récentes critiques de la méthode de terrain (Clifford 1997; Fabian 1983; Gupta and Ferguson 1997b; Kilani 1990).

Ma lecture s'appuie sur l'édition anglaise centenaire de *Voyages et Découvertes*, publiée en 1965 en trois volumes. Les différents volumes sont cités dans le texte comme I, II, III.

L'ethnographie de Barth et les « sciences de l'homme » au XIXe siècle

Le volumineux livre de Heinrich Barth comporte une grande richesse de détails ethnographiques. Les observations vont de la culture matérielle, de l'ornementation corporelle, de la nourriture à l'organisation de l'espace social et aux coutumes funéraires, en passant par les marchés et le commerce. *Voyages et découvertes* rapporte également des rencontres avec des femmes autochtones et des allusions occasionnelles aux relations entre les sexes, récoltées auprès de ses compagnons de voyage. Conformément au genre du récit de voyage, toutes ces observations demeurent intégrées à la narration ou à la description. Le commentaire de l'établissement berbère d'As'ben et de la pratique de l'héritage local (Barth 1965 I: 279–280) constitue néanmoins une exception : Barth le compare à l'établissement des anciens Grecs en Lycie, à cause du principe de la résidence post-maritale, et associe l'hérédité par le frère de la mère plutôt que par le père aux pratiques présentes « non seulement dans beaucoup de régions du pays de Noirs, mais aussi dans les Indes, au moins en Malabar » (Barth 1965 I: 280). Il se demande si, « dans les empires fusionnés de Ghánata, Melle et Waláta, cette coutume appartenait aux indigènes noirs ou avait été introduite par les Berbères » (Barth 1965 I: 280), en citant en note al Bakri, Ibn Battūta et Léon l'Africain. Dans le cadre des récits de voyages, ce type d'analyses était considéré comme une digression qui ennuyait le lecteur ordinaire, plutôt intéressé par l'aventure et par l'exotisme.

Avant l'institutionnalisation des sciences humaines vers la fin du XIXe siècle, le partage scientifique du travail établissait une séparation entre l'empirique et le théorique et ne mettait donc pas au premier plan les choses vues et entendues sur le terrain. Les voyageurs étaient chargés de la collecte de données et leurs comptes-rendus servaient aux érudits « de cabinet » comme sources d'information et d'argumentation. Les premiers étaient souvent issus des classes populaires et leur travail était sous-estimé tandis que le travail des érudits, souvent issus de la haute société, était jugé plus prestigieux (Essner 1985; Kuklick 1997). Bien que voyageur, Heinrich Barth avait préparé un doctorat en études classiques (« Altertumswissenschaft ») sous la direction du célèbre philologue August Böckh ainsi qu'une *habilitation* : il était donc aussi érudit que les hommes « de cabinet » de son temps. Selon Cornelia Essner (1985), il cherchait d'ailleurs à démontrer ses compétences scientifiques dans l'espoir d'accéder à un poste universitaire à son retour, ce qui explique ses « digressions » et le style de son récit. Il avait d'ailleurs eu un bon exemple en la personne de Richard Lepsius, récompensé par une chaire en égyptologie suite à une expédition en Égypte financée par l'Etat prussien.

Les penseurs des Lumières et leurs successeurs au XIXe siècle ont utilisé des sources diverses, dont les récits de voyage, pour élaborer des théories sur la variété de l'espèce humaine. Partant du postulat que le développement humain suivait partout une séquence fixe d'étapes, ils tentèrent de classer les populations du monde à l'aide d'une seule échelle de développement, dont les bourgeois européens occupaient le sommet. En utilisant la méthode dite « comparative », ils comblèrent les lacunes de leurs connaissances sur telle ou telle population en utilisant les données dont ils disposaient sur d'autres, en postulant que ces populations en étaient au même stade de développement (Kuklick 1997: 55). Par conséquent, les traits sociaux et culturels de certains peuples étaient dé-contextualisés pour servir le raisonnement théorique. De son côté, H. Barth n'a pas directement intégré ses observations ethnographiques aux débats sur l'évolution sociale et culturelle de l'humanité, mais il a voulu y contribuer, comme il le dit dans l'introduction :

[…] mon but principal a été de représenter les tribus et nations avec lesquelles je suis venu en contact, leur relation historique et ethnographique avec le reste de l'humanité, ainsi que leur relation physique à l'étendue du pays où ils vivaient. Si, à cet égard, j'ai réussi à mettre devant les yeux du public une image nouvelle et animée et à lier plus intimement ces tribus, apparemment sauvages et déchues, avec l'histoire des races et un plus haut niveau de la civilisation, je serai pleinement récompensé pour le labeur et les dangers que j'ai vécus (Barth 1965 I: xxiii).

La caractérisation des individus et des populations chez Barth était également influencée par ces débats et c'est dans cette perspective qu'il convient d'analyser son usage des termes « sauvage », « barbare », « déchu » et « civilisé ». Cependant, à la différence des œuvres purement théoriques, son récit le montre communiquer et interagir avec des personnes considérées comme « barbares ». Ces rencontres quotidiennes l'amènent à louer les qualités de certains et à en critiquer d'autres. Ces interactions établissent une humanité commune et font de ses interlocuteurs des « contemporains » (Fabian 1983). À un moment du récit, il se compare à son compagnon de voyage africain, qui, à chaque halte, est fort bien servi par sa femme et par ses domestiques : il observe alors ironiquement que « le barbare et l'Européen civilisé semblent avoir échangé leurs places [...] » (Barth 1965 II: 533–534). Si la présence de ces interactions n'ébranle guère le classement hiérarchique entre les populations ou leur évaluation négative, elle contribue à renforcer la croyance dans « l'unité de l'humanité ». Cette notion, issue des Lumières, était fondée sur l'idée d'une origine commune de l'humanité et sur l'universalité de la raison. Cependant, ces fondements théoriques de l'égalité humaine étaient de plus en plus contestés, parce que le polygénisme avait gagné du terrain dans la première moitié du XIXe siècle et que le terme de « civilisation » avait acquis une connotation raciale. Les motifs de ce changement sont complexes, et sont liés aux débats sur l'esclavage en Europe, l'expansion de l'industrialisation et le développement de l'anatomie comparative (Stocking 1968: 36–39).

L'emploi de l'adverbe "apparemment" dans la phrase « les tribus *apparemment* sauvages et déchues » extraite de la citation ci-dessus, pose la question de l'usage des qualificatifs, mais il est impossible de comprendre sa signification sans faire référence aux autres textes, correspondances et lectures de H. Barth. On sait ce que Carl Ritter, professeur et mentor de H. Barth, pensait du polygénisme et du placement des Africains sur une échelle évolutionnaire[2]. Selon Peter Kremer (1981: 130), Ritter était opposé au polygénisme bien que sa notion « d'individualités » (*Individualitäten*) suggère une vision polygénique : selon lui, il est possible pour les plantes, les animaux et mêmes les hommes de se développer à part ou indépendamment les uns des autres, dans différentes parties du monde. Carl Ritter suivit de près le débat sur le polygénisme et le contesta lorsqu'il était utilisé pour justifier l'esclavage et le génocide des Indiens d'Amérique (Kremer 1981: 130). Néanmoins, plutôt que de critiquer le polygénisme en s'appuyant sur des motifs scientifiques, il rejoint le camp de ceux qui fondaient leur opposition sur la Bible : les personnes humaines sont différentes des plantes et des animaux parce qu'elles dérivent de la même paire

---

2   Bien que Barth ait fait sa dissertation sur la Corinthe ancienne, il se réorienta de plus en plus vers la géographie sous la tutelle de Carl Ritter.

originaire, Adam et Eve. Il pensait que l'environnement ne produisait pas un seul type humain, mais simplement modifiait et marquait chaque race. C'est pourquoi Ritter rejetait l'idée selon laquelle le manque de développement des Africains était dû à des différences biologiques et postulait au contraire que les Africains avaient une capacité illimitée pour la culture (Kremer 1981: 134). En même temps, il soutenait que la géographie et l'environnement du continent africain, et notamment l'absence d'échange qui en découle, avaient empêché les Africains de progresser au-delà de l'état barbare. Les Africains ne pourraient devenir civilisés qu'avec une aide extérieure (Kremer 1981: 134–138).

Heinrich Barth approcha l'Afrique avec plus d'ouverture d'esprit que son mentor. Contrairement à Carl Ritter, il fit l'expérience de la diversité de l'Afrique et de ses populations, et fut donc capable de développer une perspective plus nuancée. Cependant, la définition des personnes et des groupes en termes raciaux – une préoccupation croissante des scientifiques du XIXe siècle – traverse son récit comme un fil rouge. Il fait régulièrement des commentaires sur la « race » des populations qu'il rencontre, décrit leurs traits physiques et comportementaux et établit des comparaisons. En voici un exemple :

> Ce qui est aimable dans le caractère des Peul, c'est leur intelligence et leur vivacité, mais ils ont une grande prédisposition pour la malice et n'ont pas une nature humaine aussi bonne que les vrais Noirs ; parce qu'ils sont vraiment – bien sûr plus par leur caractère que par leur couleur – une race distincte à la fois des Arabes et des Berbères et de la souche des Noirs. Pour autant, je ne pense pas que les Anciens avaient emprunté aux Peuls le personnage de Leucæthiopes (Barth 1965 II: 132).

Ces descriptions confondent les caractéristiques physiques et culturelles et opèrent des généralisations de l'individuel au collectif. Pourtant, l'époque de H. Barth considérait encore que l'évolution physique et l'évolution culturelle étaient interdépendantes, contrairement au déterminisme biologique qui se développa dans les sillages de l'anatomie comparative et se renforça par un durcissement des attitudes raciales dans la seconde moitié du XIXe siècle. Les coutumes d'un groupe qui vivait dans un certain environnement pouvaient devenir partie de leur constitution physique, de même que les traits culturels pouvaient se convertir en des tendances « raciales » (Stocking 1987: 63–4; Kuklick 1984).

L'interdépendance des caractéristiques physiques et culturelles concernait également les enfants issus d'intermariage. Bien que la pureté sanguine et les effets du mélange racial fussent déjà un sujet de débat au milieu du siècle, Barth n'avait pas à cet égard de position établie. Dans le cas de Hammeda, un homme qu'il avait rencontré en Aïr, il jugea que les résultats en étaient positifs :

> Hammeda […] était un bel exemple d'amélioration due au mélange des différents sangs et des différentes qualités nationales ; car, tandis qu'il possédait toute la joie et la vivacité de la nation gober, son attitude était modérée par le sérieux et la gravité parti-

culiers à la race berbère. Et bien que toujours occupé, il n'était pas effectivement industrieux ; pourtant son caractère était très près de la norme européenne (Barth 1965 I: 301).

Par contre, il considérait l'hybridité chez les Búzawes comme négative. Il les voyait ainsi comme :

> [...] une race mélangée, ayant en général plutôt les traits des Berbères que des Kel Ewey, mais avec la peau plus sombre et la stature plus basse ; tandis que du point de vue des manières ils sont généralement très dépravés, ayant perdu cet attitude noble qui caractérise même le vagabond le plus anarchique de sang purement touareg. Ces gens, qui envahissent toutes les régions au sud et sud-est d'As'ben sont les enfants des femmes touareg avec des Noirs, et peuvent appartenir soit à la race haoussa soit à la race songhay (Barth 1965 I: 281).

L'idéologie de l'époque permettait au voyageur, fût-il aussi curieux que Barth, de caractériser une population sans fournir aucune explication. L'usage d'adjectifs tels que « dépravé » ou « déchu » évoque les débats sur le commerce des esclaves, mais aussi un courant de pensée naissant qui considérait l'état sauvage comme une dégénérescence d'un état de culture antérieur. Ce courant allait à l'encontre de la théorie du XVIIIᵉ siècle selon laquelle toutes les sociétés humaines avaient évolué de l'état sauvage de nature à la civilisation, en considérant que la dégradation d'un état supérieur à un état inférieur était tout autant possible (Stocking 1968: 74–75). Cette théorie concorda avec la position des abolitionnistes sur les effets du commerce transatlantique des esclaves. Selon le point de vue prépondérant en Europe à la fin du XVIIIᵉ siècle, les Africains vivaient dans un état de barbarie à cause de l'environnement tropical. Les écrivains qui étaient favorables à l'esclavage soutenaient que le commerce transatlantique était une force civilisatrice, préférable à l'existence africaine dégénérée. Les humanistes s'y opposèrent initialement en arguant que les Africains n'étaient pas vraiment sauvages. Toutefois, ils admirent de plus en plus fréquemment que l'Afrique côtière, au moins, était sauvage. Ils avancèrent l'idée que la traite avait déclenché une dégradation progressive (Curtin 1964 I: 254–5). L'abolition du commerce des esclaves et l'introduction du commerce « légitime » devait améliorer graduellement la qualité de la vie africaine. Le commerce « légitime » devait également apporter des progrès aux populations à l'intérieur de l'Afrique de l'Ouest, dont on pensait qu'elles avaient atteint un niveau de développement supérieur à celui des Africains de la côte. Les Européens attribuèrent cette avance de développement, incarnée dans les empires anciens, à la diffusion culturelle ayant accompagné l'extension de l'Islam (Curtin 1964: 256–7).

Alors que certains intellectuels européens accordaient à l'Islam une influence civilisatrice en Afrique, la perspective générale de l'Islam dans l'Europe du XIXᵉ siècle était au mieux contradictoire. Cela se reflète dans le récit de Heinrich Barth et dans ses observations sur l'expansion de l'Islam, ainsi que sur les attitudes envers les Chrétiens. Ainsi, s'il se montre satisfait de certaines conversations sur la religion avec des interlocuteurs locaux, il se sent obligé d'affirmer sa foi chrétienne. Par ailleurs, il n'explique pas au lecteur pourquoi son attitude initialement neutre envers Amadu de Massina devient négative lors de son voyage à Tombouctou. En effet H. Barth attribue la menace qui pèse sur lui à Tombouctou aux sentiments anti-chrétiens de Amadu, sans considérer comment les relations entre le califat et la famille Kunta, autant que l'expansion française en Algérie et au Sénégal pouvaient avoir influencé la situation. En même temps, et malgré ses peurs, il offre une plaidoirie sans équivoque pour l'Islam et décrit de manière très poétique une récitation du Coran dans un campement du désert en dehors de Tombouctou (Barth 1965 III: 343). La représentation de l'Islam dans le récit de Barth est donc complexe et exige d'être mise en perspective avec les courants intellectuels et politiques aussi bien que les opinions publiques européennes de son époque.

Modalités de production du savoir et dynamiques sociales dans *Voyages et découvertes*

Les explorateurs-voyageurs du XIXe siècle parcouraient des régions étendues et ne restaient sur place que lorsque les conditions politiques ou pratiques les y obligeaient (Spittler 1987). Dans ces conditions, un voyage de longue durée ne permettait pas nécessairement une connaissance plus approfondie des relations culturelles et sociales. Certains d'entre eux avaient bien conscience des limites qu'entraînait leur mobilité et y faisaient des allusions dans leur récit. Ainsi trouve-t-on chez Barth la remarque suivante :

> […] une personne qui se tiendrait calmement dans un lieu et s'engagerait dans des rapports étroits avec les indigènes, pourrait recueillir beaucoup d'informations qui échappent au voyageur itinérant avant tout soucieux de l'exploration des régions éloignées (Barth 1965 II: 228).

Ce commentaire préfigure le mode d'enquête devenu prédominant au début du XXe siècle, au moment où l'anthropologie se constitue comme discipline académique, mais qui est actuellement remis en question. Tandis que l'observation occupait la première place dans les comptes-rendus des voyageurs, on y ajouta la participation qui, dans l'anthropologie professionnelle, permettait d'établir la distinction entre l'anthropologie et d'autres modes de voyage. La nouvelle discipline mit l'accent sur la participation (« participation – observation »), bien qu'elle ne consiste souvent qu'en la présence aux rituels et aux événements sociaux. Or, les voyageurs pratiquent aussi cette forme de participation – observation : le récit de Barth nous en donne quelques exemples. Ainsi, il rejoint un groupe de Tuareg dans un voyage vers Agadez, où il assiste au couronnement d'un sultan (Barth 1965 I: 299–376) ; il est témoin d'un litige et de son jugement par un Khadi à Agadez

(Barth 1965 I: 328) ; il voyage avec une grande caravane, s'assoit avec un vizir et un cheikh qui président à la cour à Kukuwa (Barth 1965 II: 60), participe à une expédition du Bornou contre les populations voisines (Barth 1965 II: 316ff), observe les relations familiales et sociales de son domicile et suit Shaykh Ahmad al-Baka'ī à son camp dans le désert en dehors de Tombouctou.

Comme le souligne Gerd Spittler (1996), la mobilité des voyageurs n'a pas seulement produit des observations superficielles. En décortiquant le voyage en ex-pédition, en caravane, en petit groupe et en solitaire, il a démontré que les modalités de déplacement ont influencé d'une manière significative les connaissances que les explorateurs du XIXe siècle avaient pu établir. Par exemple, le déplacement au sein d'une caravane africaine permettait des contacts et des interactions avec les Africains et donnait accès à des connaissances différentes de celles acquises par un voyageur seul ou en expédition européenne. À l'exception du périple de Tripoli à Aïr, Heinrich Barth voyageait avec une caravane ou un petit groupe. Il eut ainsi l'occasion, par une interaction directe, de prendre connaissance de certaines cou-tumes et pratiques, et de profiter du savoir et du savoir-faire de ses compagnons.

Le récit de Heinrich Barth offre une myriade d'observations fragmentaires sur des personnes et des lieux. Les deux chapitres de son *Voyages* qui se réfèrent d'une manière explicite, par leur titre, à l'ethnographie contiennent des descriptions des « tribus » et de leurs branches dans les lieux présentés (« Relations ethnographiques d'Aïr » dans le premier volume, et « Exposé ethnographique de Wáday » dans l'appendice VIII du deuxième volume). L'exposé de Wáday est complété par des appendices sur l'histoire et le gouvernement ; y sont compris des sections sur la production et le commerce, la nourriture et l'apprentissage. Pour Barth, « l'ethno-graphie » signifiait la description de l'origine, de l'établissement et des subdivisions d'une ethnie plutôt que des modalités de vie d'un groupe particulier. La méthode systématique de description – analyse qui est devenue le sceau de l'ethnographie après Malinowski – a conduit à produire des connaissances précises sur les communautés, mais au détriment des relations géopolitiques existant entre ces groupes. Les communautés étaient souvent analysées comme des groupes sociale-ment isolés et les peuples comme attachés à un lieu particulier. Cette identification de la culture avec un territoire particulier et la vision corollaire du monde comme une « mosaïque de cultures » ont été contestées récemment (Amselle 1990 ; Gupta and Ferguson 1997b, 1992). Ces critiques portaient sur le fait que la connexion entre un peuple et un lieu ne va pas de soi et qu'elle constitue au contraire un problème à analyser en tant que tel. L'accent devrait être mis sur les processus historiques qui conduisent à la formation d'un peuple et d'un lieu, c'est-à-dire, à la « *production* d'une différence dans un monde où les espaces sont interconnectés et interdépendants du point de vue culturel, social et économique » (Gupta and Ferguson 1997b: 43).

De ce point de vue, l'exposé de Heinrich Barth a pour nous une grande portée, car il accorde une attention particulière aux dynamiques spatiales et historiques. Il semble tenir cette approche dynamique de son professeur Carl Ritter, qui considérait le « territoire » comme une mise en scène historique (Beck 1981). S'appuyant sur ses entrevues et conversations ainsi que sur les documents qu'il a pu obtenir, Barth reconstruit les histoires d'Agadez, Katsina, Kano, Bornou, Aribinda et Tombouctou. Il s'attache à décrire les topographies du pouvoir, que ce soit pour présenter les autorités politiques d'une région ou les rapports entre les autorités centrales et les populations périphériques. Comme il avait séjourné dans certaines régions à des périodes de troubles et qu'il dépendait des dirigeants locaux pour sa sécurité, il devint un fin observateur de la politique intérieure des Etats tout autant que des rapports entre autorités centrales et entités politiques périphériques. Ce fut surtout le cas dans la région qui correspond à l'actuel nord du Nigeria. Son statut d'émissaire diplomatique de l'Angleterre et sa compétence dans les langues du pays lui permettaient une excellente compréhension des rapports politiques. De plus, lorsqu'il passait dans certaines zones ou certaines villes plusieurs fois, H. Barth ne manquait pas de commenter les changements observés. Lors de son voyage à Tombouctou, où il ne jouissait pas de la protection d'un pouvoir central, il prêta une attention particulière aux allégeances politiques. Par exemple, il nota que les habitants de Larba étaient « des ennemis invétérés des Peul » tandis que le village avoisinant respectait l'autorité des Peul (Barth 1965 III: 198). À Sarayamo, il reçoit la visite du gouverneur dont il note qu'il « se trouve en sujétion directe au chef de Hamda-Allahi, sans dépendre d'aucun autre gouverneur ; et sa province comprend d'autres territoires dans le voisinage comme Fatta, Horeséna, et Kabeka » (Barth 1965 III: 257). Enfin, il étaye largement une thèse défendue aujourd'hui, selon laquelle les sociétés n'étaient pas autonomes mais étaient connectées par des relations de pouvoir. Cependant, sa vision de l'insécurité politique, très largement répandue, pourrait donner l'impression au lecteur qu'un état hobbesien d'anarchie régnait dans certaines zones comme Liptako (Barth 1965 III: 198) et que les Etats de la région étaient faibles, corrompus et rapaces. Quelles qu'aient été ses intentions, il est clair que cette vision pouvait servir de support aux entreprises impériales européennes, comme l'explique Muhammad Sani Umar dans sa contribution à ce livre.

De même que territoires et ethnies avaient tendance à être confondus dans les ethnographies du XXᵉ siècle, les cultures étaient fréquemment présentées comme homogènes et les individus comme déterminés culturellement. Arjun Appadurai (1988a, 1988b) a été un des critiques les plus éloquents de cette approche. Il reprochait en effet aux anthropologues de se raccrocher à une idéologie de l'authenticité qui définissait leurs interlocuteurs comme « indigènes » tandis qu'eux-mêmes ne réfléchissaient guère à leur propre statut. Alors qu'ils considéraient les indigènes comme des individus enfermés dans leur situation culturelle, ils se présentaient eux-

mêmes, ainsi que d'autres étrangers (explorateurs, missionnaires, officiers coloniaux, etc …), comme des exemples de mobilité et de cosmopolitisme (Appadurai
1988b: 36–37). Certes, H. Barth se perçoit lui-même comme un Européen civilisé,
mais son récit ménage à d'autres la possibilité d'être cosmopolite. La mobilité n'est
pas sa seule prérogative. Tout au long de son voyage, il rencontre des voyageurs
« indigènes », qui ne sont pas uniquement des nomades ou des commerçants
interurbains, mais des individus provenant de milieux socioculturels et de régions
très divers[3]. De temps à autre, il rencontre une personne dans un endroit, qu'il
retrouve plus tard dans un autre lieu. Ainsi, il rencontre le fils de la sœur aînée du
Chef Annur dans son voyage vers Agadez, et le revoit à deux reprises, plus tard, à
Kukawa, « où il allait tout seul pour maintenir des relations amicales avec cette
cour, souvent troublée par les coutumes rapaces de la tribu errante Kel
Ewey » (Barth 1965 I: 305). Il croise également souvent des pèlerins allant ou
revenant de la Mecque. Parfois ces rencontres sont brèves, mais d'autres fois il
s'engage dans de longues conversations avec eux. Ce sont les conversations qu'il a
eues avec ses compagnons de voyage dans le Sahel et le Sahara qui l'incitent à aller
visiter Tombouctou (Barth 1965 II: 35–40). Dans la fascinante gamme de
voyageurs que Barth a rencontrés, on trouve même un homme ayant passé près de
vingt ans à Istanbul et parlant grec (Barth 1965 I: 530), ainsi qu'un autre qui, ayant
séjourné à Bombay, était capable de raconter des histoires sur les Anglais (Barth
1965 I: 466).

Les conversations et les rencontres faites par Heinrich Barth ne sont rendues
possibles que par son assiduité dans les langues de la région. Il parlait couramment
le hausa et le kanuri et pouvait se faire comprendre en plusieurs autres langues.
Grâce à sa connaissance de l'arabe et à son statut d'émissaire de l'Angleterre, il
peut s'entretenir avec des personnes instruites ou de haut rang, comme le vice-roi et
cheikh du Bornou, son hôte Kunta de Tombouctou, ou le chef Annur de l'Aïr. En
Bornou par exemple, il accompagna souvent le vice-roi et le cheikh lorsqu'ils
présidaient la cour : « en ces occasions, le vizir fut fier et enchanté de discuter avec
moi des sciences, par exemple du mouvement terrestre, du système planétaire ou de
choses similaires » (Barth 1965 II: 60). Lorsque, plus tard, il rencontre un groupe de
pèlerins, il « s'engage avec eux dans des débats animés sur les rapports entre leur
prince, le ''tuské malé'', et le souverain du Bornou ; parce qu'ils niaient
positivement que leur chef avait offert sa sujétion afin de détourner de son propre
pays les nombreux hôtes qu' [il] avait accompagnés quelques mois auparavant au
pays musgu » (Barth 1965 II: 487). Ici et à d'autres endroits du récit, il reconnaît
donc la valeur de l'échange d'idées et de points de vue.

Ce type d'interaction discursive disparut des exposés ethnographiques une fois
que l'anthropologie se constitua comme discipline. Le paradigme scientifique qui

---

3   Voir la contribution de Mamadou Diawara sur les « gens du cru » dans ce volume.

prédominait au XXᵉ siècle privilégiait un courant unidirectionnel de connaissances dirigé par l'auteur – enquêteur. Bien que les anthropologues acquissent encore une bonne partie de leurs connaissances par des conversations plutôt que des entrevues structurées, ces échanges étaient considérés comme sans importance pour l'investigation scientifique. C'est à la suite des interrogations récentes sur les pratiques anthropologiques que le dialogue, c'est-à-dire la réciprocité communicative, a été valorisé en tant qu'élément essentiel de la recherche anthropologique.

Les voyageurs africains qui traversaient le continent, les connexions et les contacts entre les élites des Etats souverains et les frontières toujours changeantes des différents régimes, sont autant de preuves des relations et interactions existant au sein des régions et entre les régions. L'image dynamique de l'Afrique qui émerge du récit de Heinrich Barth est due en partie à la perspective globale qu'il a pu acquérir au cours de son voyage. Elle est aussi due à son approche historique qui ne considérait pas le lien entre un peuple et un territoire comme allant de soi. Il fait sans cesse des investigations linguistiques et historiques pour comprendre l'histoire des implantations humaines et leurs évolutions. Comme on l'a montré plus haut, il s'engage aussi avec plaisir dans les discussions qui surgissent spontanément. Il observe les mouvements de population et signale la présence des immigrants ainsi que leur région d'origine. Bien qu'il n'ait, pas plus que les intellectuels d'aujourd'hui, réussi à échapper aux courants de la pensée de son temps, les dynamiques qui ressortent de son exposé doivent avoir ébranlé les préjugés européens sur l'Afrique.

Conclusion

Heinrich Barth a voyagé à une époque où le discours européen sur l'Autre et l'altérité était en transition. L'anatomie comparative, alors émergente, prenait de plus en plus d'importance dans l'élaboration des théories de l'évolution sociale, et le concept de « race » en tant qu'entité biologique était en train de naître. Pourtant, Barth appartenait encore à une époque qui confondait les attributs physiques et culturels. Étant donné sa difficulté à obtenir un poste universitaire, et surtout sa mort prématurée, nous ne saurons jamais comment il aurait utilisé sa connaissance de l'Afrique dans les débats sur les théories de l'évolution.

Conformément au récit de voyage, Barth se montre interagir avec les Africains qu'il rencontre. Les « sources » et les techniques de production de son savoir sont intégrées dans son texte alors qu'elles seraient passées sous silence dans l'anthropologie professionelle. L'importance du dialogue, le souci d'une perspective globale et l'attention aux rapports de force qui se dégagent de l'œuvre de Barth sont particulièrement intéressants pour les débats anthropologiques contemporains. Ni Barth, ni d'autres voyageurs de l'époque ne figurent dans les généalogies disciplinaires de l'anthropologie, mais on est en droit de se demander si l'anthropologie ne se serait pas développée autrement dans les pays anglo-saxons si elle n'avait pas effectué cette rupture avec les récits de voyage.

HEINRICH BARTH ET LE QUOTIDIEN EN AFRIQUE

HEINRICH BARTH ET LES GENS DU CRU

Mamadou Diawara

Abstract

As an outstanding explorer, Barth is well-known for being an ethnologist even before the profession existed. The proposed text deals
with Barth's relationships with ordinary people. This dimension
remains underdeveloped in the related literature. By reading Barth,
one can tell that his relationships with 'common' people were not
always easy. He was an opportunist, conscious of the value of his
gifts. These were parsimoniously distributed to his employees in
return for drastic work that was imposed upon them. Some of his
workers anticipated this. Hence, they misled and manipulated Barth.
Barth and his colleagues launched a practice that involved the locals
accompanying the foreigner throughout their country in return for
remuneration. This still perpetuates today.

Donald Simpson, dans son précieux ouvrage consacré aux compagnons des
explorateurs européens en Afrique orientale, souligne le rôle essentiel joué par
des pionniers oubliés. Le courage et l'endurance du personnel des caravanes
constitué d'hommes dont la carrière a parfois duré vingt ans ou plus, explique
largement le succès des explorations (Simpson 1975: X). Ce constat éloquent
contraste avec le fait que les témoins d'une époque clef de l'histoire n'ont laissé
que très peu de documents. Seules exceptions notées par Simpson, quelques
ouvrages rédigés par des Européens sur leurs serviteurs. Parmi eux, le livre au
titre révélateur de Henry M. Stanley *My dark companions and their strange
stories* (1893), l'ouvrage inédit de Edwin W. Smith, des notes manuscrites et de
nombreux articles publiés. Bridges déplore le mutisme des serviteurs africains
(Bridges 1987: 191). Le cri du cœur de Simpson et de Bridges trouve un écho
fertile en Afrique occidentale, où la documentation est encore plus ténue. De
Barth, je retiens James Henry Dorugu (1839–1912), son compagnon, un jeune
hausa né vers 1839–1840, auteur de *The Life and Travels of Dorugu*, traduit par
Paul Newman (1971).

La préparation et le départ d'une caravane était une opération longue et complexe (Heintze 2002: 107; Spittler 1987, 1996). Nul ne savait quand ni dans quel état ceux qui partaient allaient revenir. Les adieux et les préparatifs duraient des mois. En Afrique centrale et orientale, les Européens laissaient la direction des opérations aux Africains, se reposant ainsi sur leur expérience et leur capacité d'organisation propre. Comme les sources sur le quotidien des caravanes sont européennes, la carence d'informations africaines spécifiques est dramatique. Les écrits des Ambakistes, luso-africains de culture métisse, méprisant leurs hôtes et employés non-métisses, laissent le lecteur sur sa faim (Heintze 2002: 158). Le défi méthodologique demeure entier, ici comme sur la côte occidentale de l'Afrique (voir Essner 1985, 1987; Heintze et al. 1987).

Cet article traite d'abord du rapport que Heinrich Barth entretenait avec ses compagnons et ses serviteurs à la lumière de la relation particulière que l'auteur avait entretenue avec les gens du pouvoir. Ensuite, il s'agira de comprendre sa relation particulière avec les gens du cru à une époque où Barth n'était pas le seul explorateur sur les sentiers de l'Afrique. Enfin, le texte discutera ses mésaventures de chrétien déguisé en pays musulman.

Barth n'est assurément pas l'explorateur allemand qu'on peut traiter rapidement d'eurocentrique, ou d'aventurier qui répondait aux canons de son époque. Le personnage est plus subtil et son immense œuvre nous oblige à faire des choix précis pour nous prononcer. Nous avons préféré nous concentrer sur le voyage qui l'a conduit de Sokoto à Tombouctou, pays que Barth qualifie dans son troisième volume, de contrées jusque-là inconnues des Européens (Barth 1965 III: 139, 179).

1. Barth, homme du pouvoir et homme de pouvoir

Le 27 septembre 1852, Overweg meurt. Malgré les accords avec les Welád Slimán et des assurances données au gouvernement britannique, Barth décide d'éviter le Kánem et le nord-est du Lac Tchad (Tsád). Son objectif est clair :

L'Afrique centrale n'était plus prioritaire, comme il avait insisté dans son contrat (Barth 1965 I: XII), mais bien plutôt l'Ouest qu'il voulait explorer, en l'occurrence les pays du Moyen-Niger. En même temps, il voulait établir des rapports d'amitié avec le puissant souverain de Sokoto […] (Barth 1965 III: 17). Envoyé par le gouvernement de Sa Majesté à Londres, Barth s'est mis en quête d'un autre lieu du pouvoir, cette fois-ci en Afrique.

Arrivé à Sokoto (Sókoto) au terme d'une marche forcée de vingt-six heures, oubliant son épuisement, Barth fouilla immédiatement dans ses affaires les plus précieuses pour y trouver des présents à offrir au prince le lendemain, puisque le succès de son entreprise dépendait largement de l'accueil qui lui serait réservé (Barth 1965 III: 104–105). Le lendemain, Barth remit les présents au souverain après lui avoir rendu hommage au nom de la Reine d'Angleterre. Barth est ici dans son rôle de quasi-diplomate.

En revanche, le souverain de Gando n'était pas dans les meilleures disposition à l'égard d'un Européen, d'un chrétien. Khalílu était le petit-fils de

Usman dan Fodio (1754–1817), grand réformateur de Sokoto (Barth 1965 III: 143). Au cœur de la stratégie de Barth figurait la sécurité, car il considérait l'amitié de Khalílu comme essentielle à sa sécurité.

Barth était préoccupé par les grands chefs, moins par les petits qui, à leur tour, n'hésitaient pas à le rattraper pour lui réclamer leur dû, comme ce fut le cas en pays *hausa*. L'explorateur rencontra le « petit chef » du village de Gazáwa qui voulait lui extorquer des cadeaux puisqu'il ne s'en était pas acquitté lors de son premier passage. Certes, le voyageur qui compare volontiers cette contribution à une taxe en Europe, paye mais craint que ces dépenses pour des chefs insignifiants n'épuisent ses ressources avant de rencontrer ceux qui en valent vraiment la peine (Barth 1965 III: 80–81).

Barth, au-delà du gouverneur de Sokoto (Sókoto), le *ghaladíma*, s'est lié d'amitié avec le jeune frère de ce dernier nommé al-Háttu, quémandeur invétéré qui avait perdu toute vertue de noblesse à cause de son origine métisse (Barth 1965 III: 84). Pourtant, al-Háttu s'avéra fort utile pour informer Barth. Barth fréquenta Tawáti, ʻAbd ar-Rahman, ami du Sultan Bello, qui voulait convaincre Barth des bienfaits de la polygamie des hommes (Barth 1965 III: 86).

À la veille de son départ pour Tombouctou, Barth faisant le point de ses affaires depuis son départ de Katsina (Kátsina), espérait que le reste fût suffisant pour lui assurer l'amitié des chefs les plus influents (Barth 1965 III: 258).

L'adresse de Barth au gouverneur de Múniyóma en décembre 1852 illustre bien son rapport au pouvoir et le protocole qu'il déployait à son endroit. Barth disait à cet homme qui avait reçu auparavant Richardson :

> […] it had also been my desire, before leaving Bórnu for the western tribes, to pay my respects to him [le souverain] as *the noble, powerful, and intelligent governor of the co*untry, it being our earnest wish to be on friendly terms with all the princes of the earth, more specially with *those so remarkably distinguished as was his family* […] (Barth 1965: 53–53; MD)

Le séjour de Barth à Katsina donne une bonne idée de ses choix de fréquentation. Au-delà du gouverneur lui-même, il y avait son frère qui lui fut très utile pour approfondir ses connaissances au sujet des populations et du pays. De même, il s'est lié d'amitié avec ʻAbd ar-Rahman, intellectuel originaire du Tuwat, qui lui recommanda vivement de rencontrer son grand ami, le Sultan Bello, souverain de Sokoto et successeur de Usman dan Fodio (Barth 1965 III: 84, 86). Barth savait écouter les puissants, comme à Katsina, où le gouverneur le dissuada de passer par Kano et d'y faire ses courses. Oubliant l'abondance des produits bon marché, Barth resta à Katsina et adopta le point du souverain local dans sa lutte contre Kano (Barth 1965 III: 82).

Barth n'était pourtant pas dupe de la puissance des chefs. Il négociait constamment et tentait d'apprécier la réelle puissance des uns et des autres avant de leur offrir des cadeaux, voire de décider de fouler leur territoire ou d'entrer dans leur village. Il se contenta d'un petit présent au gouverneur de Say, parce qu'il était peu puissant : il préférait attendre son retour un an plus tard à condition qu'il eût encore de quoi lui offrir (Barth 1965: 178). Sur les conseils de al-Waláti, son guide, Barth décida d'emprunter le fleuve Niger et non la route pour atteindre Tombouctou, afin d'éviter les nombreux chefs locaux et économiser ses ressources.

Barth fréquentait les allées du pouvoir pour plusieurs raisons qui avaient une influence sur son œuvre remarquable. Pour des raisons de sécurité et de protocole local, il n'avait d'autre choix que de se confier aux responsables locaux. De ce fait, il écrivait plus sur les gens du pouvoir que sur les gens ordinaires. Les sources de l'auteur sont précises lorsqu'il tient ses informations de personnes remarquables (chefs de villages, individus remarquables des caravanes, parfois les guides et serviteurs, détenteurs de manuscrits).

Ethnologue avant la lettre, il est frappé du syndrome de l'exhaustivité impossible. Quelle source vaut-elle la peine d'être citée ? En général les petites sont rejetées. On s'imagine leurs traces au détour d'une conversation. Par exemple, Barth apprend par son serviteur zaberma les vertus curatives d'une plante, la *yángara-bukíki*, réputée tenir à distance les mouches d'une plaie ouverte, en particulier celle du dromadaire. Barth identifie formellement son employé d'origine hausa et pullo (peul) qui l'a informé, mais ce genre de détails est plutôt rare. Comme ses héritiers actuels, Barth a du mal à se démarquer des informations officielles, pris entre sa passion d'homme de terrain par excellence et d'agent de l'État, chargé de reconnaître des territoires, des autorités avec lesquels Sa Majesté traiterait plus tard. Il ne faut pourtant pas surestimer cet aspect, puisque c'est un peu plus tard que la ruée sur l'Afrique connut ses heures de gloire.

Barth garda le souci de la précision lorsqu'il décrivit comment lui et les siens retrouvèrent leur chemin grâce aux indications fournies par un berger pullo (Barth 1965 III: 104). Cette information anodine peut concerner tout voyageur qui fréquente les sentiers du Sahel, encore aujourd'hui. Elle montre combien Barth et ses compagnons dépendaient des gens ordinaires, une fois qu'ils avaient quitté les cours des grands. Hélas, nous avons si peu d'informations sur ces gens, comme le note Barth lui-même qui relate sa rencontre avec des jeunes filles songhay sur la coiffure desquelles il ne pouvait guère fournir plus de précisions à son grand dam. Il s'en est d'ailleurs excusé. Les gens du commun s'expriment en sour-dine, une fois convertis en guides, en accompagnateurs ou en commerçants.

L'objectif premier de Barth d'établir des relations avec les gens du pouvoir et de les consolider, conformément à la mission d'État qu'il effectuait, ne l'a pas nécessairement éloigné des gens du commun.

2. Compagnons et serviteurs

Barth a eu le souci constant d'être en contact avec les gens ordinaires, qu'il fréquentait dans les caravanes, mais surtout dans les petits groupes, son milieu préféré (Spittler 1996: 244; voir l'édition allemande abrégée de Barth 1965 II: 118). Par exemple, après avoir critiqué al-Háttu, Barth a tout de même reconnu que ce dernier fut déterminant dans « [...] my endeavour to become acquainted with *all the characteristics of* the country and *its inhabitants*. » (Barth 1965 III: 86; MD).

Barth, dans son rapport personnel avec ses serviteurs, va de l'estime à la condescendance. Négociateur rusé et impitoyable face à des Africains parfois âpres au gain, Barth introduit un système de rétribution qui devient source de conflits.

2.1 Fidèle comme Muhammad al-Gatroni

Barth a entretenu des relations variées avec ses compagnons : serviteurs ou courtiers, domestiques ou hommes d'affaires peu scrupuleux. Il différenciait ses serviteurs d'après leur statut, insistant sur la condition d'esclave libéré de Abbega et de Dorugu, deux garçons fidèles, respectivement d'origine hausa et marghi, libérés par Overweg. Barth les a employés, puis emmenés en Europe (Barth 1965 III: 22; voir également Kirk-Greene 1971).

Muhammad al-Gatroni était certainement l'un des meilleurs parmi les hommes libres engagés par Barth. En partance pour l'Adamawa, Barth recruta le jeune al-Gatroni qui l'accompagna du Fezzan à Kúkawa. Sa fidélité lui valut de rapatrier les effets personnels du regretté Richardson, de rendre visite à sa famille, et de rejoindre Barth au retour de la caravane chargée de produits frais pour le maître. Ce n'est donc pas un hasard si cet homme est le premier que Barth nomme lorsqu'il présente ses domestiques. Al-Gatroni montait un cheval après son retour ; promu chef des serviteurs, il touchait quatre dollars espagnols par mois, et 50 en fin de mission, à condition que celle-ci fut couronnée de succès.

Le second s'appelait 'Abd-Alláhi : jeune shúwa de Kótokó embauché au Bagírmi, pieux musulman réputé pour son honnêteté et qui n'avait jamais été embauché par un Européen, il ignorait ce type de rapport de service qui l'attachait à l'explorateur (Barth 1965 III: 21). Barth reconnut avoir eu du mal à lui faire respecter les termes de son contrat.

Barth voulait disposer d'un contrôle absolu (*unbounded control*) sur ses hommes. Ici par exemple, ils se sont engagés à ne toucher aucune part de leur salaire avant leur retour en pays hausa (Barth 1965 III: 23).

Le frère de al-Gatroni figurait parmi les domestiques de Barth. Slimán al-Ferjani, un autre serviteur, était apprécié pour sa maîtrise des armes à feu, car sait-on jamais ?

À la même époque, David Livingstone (1813–1873) sillonnait l'Afrique centrale et orientale (1852–1856, 1858–1864, 1866–1873; cf. Shillington 1995: 296). Une différence patente avec Barth, cependant, était le prosélytisme invétéré de Livingstone qui ne cessait d'enseigner à ses compagnons les prières et le credo chrétiens. On se rappelle comment Livingstone emmena ses fidèles compagnons Chuma et Wekotani en Inde, où il leur fit fréquenter en un temps record une école à Calcutta où tous deux finirent par être baptisés James et John. Livingstone, de tempérament colérique, déchargea son pistolet sur Susi qui, un jour refusait de poursuivre les pérégrinations de son employeur. Livingstone témoigne :

> [...] Susi stood like a mule. I put my hand on my arm & said 'take your bundle & and let us go' – he seized my hand & refused to let it go. When he did *I fired a*

pistol at him but missed. There being *no law nor magistrate higher than myself*
[...] (MD; Simpson 1975: 41–42; MD)

Barth n'en est pas arrivé à une telle extrémité du colérique missionnaire
Livingstone ni de Stanley, raciste invétéré (Simpson 1975: 76–77) ; nous le
verrons plus loin.

Lentement émerge un type de service : accompagner le Blanc contre rétribution. Les courtiers se multiplient et disputent le terrain aux explorateurs de tout
poil, dont certains

2.2. *Félon comme al-Waláti*

Les systèmes des récompenses et des salaires

Les explorateurs, exposés à toute sorte de risques, mettaient un accent
particulier sur le recrutement de bons courtiers et de serviteurs (Essner 1985;
Spittler 1987). En voici quelques exemples. Le commerce et le montage des
caravanes faisaient l'objet de rudes compétitions, comme ce fut le cas entre
Barth et le gouverneur (Spittler 1996: 232, 233, voir également Barth III 1965:
LV, 79).

Le 26 mars 1853, (Barth 1965 III: 95), le gouverneur de Katsina en personne
confisqua l'agent arabe de Barth, originaire de Feijáni, recruté pour
l'accompagner pour son aller-retour à Tombouctou. L'arabe de Feijáni, ayant
déjà accompagné l'expédition de Ibrahím Bashá en Syrie, ainsi qu'une
expédition au Kordofan avant de résider quelque temps au Kanem (Kánem),
avait des références solides. Barth comptait sur lui en cas d'urgence, car au
Kanem, l'homme habitait chez la tribu des Welád Slimán, « bandes de gens
sans loi ». Barth, amer, qualifia le gouverneur de sans scrupules et garda une
profonde rancœur contre le Bedouin de Feijáni.

En fait, le regret de l'explorateur fut de courte durée : l'agent détourné par le
gouverneur ne tarda pas à quitter ce dernier. Muni des cadeaux offerts par
Barth, monté sur un cheval dû au gouverneur et habillé du burnus reçu de son
nouveau maître, l'homme rebroussa chemin, via le même itinéraire suivi avec
Barth et rejoignit son pays.

Barth a été tourmenté par plus d'un compagnon. Le cas de al-Bakkā'ī,
l'intermédiaire, vaut la peine d'être raconté, parce que Barth était dans le même
temps confronté aux exigences de son courtier.

Lorsque Barth arriva au Sokoto en avril 1853, il trouva Khalílu, le neveu du
célèbre réformiste Usman dan Fodio qui commandait la partie occidentale du
royaume (Barth 1965 III: 142). Barth était évidemment ravi de pouvoir arriver
chez un personnage aussi essentiel pour la poursuite de son périple et pour
l'histoire et la politique locale. Pour approcher l'homme, de réputation réservé,
Barth s'attacha les services d'un arabe de l'ouest qu'il finit par qualifier
d'égoïste et d'aventurier sans scrupules. Il s'appelait al-Bakkā'ī, de la tribu des
Kunta. L'homme s'était déjà installé dans de nombreux villages le long du

Niger, dont l'auteur n'a retenu que deux. L'intermédiaire causait à son employeur plus de problèmes qu'il n'en résolvait. Enfin Barth, soucieux d'atteindre Tombouctou, s'est résolu à sacrifier un pistolet à crosse d'argent au persécuteur. Il ne se décida cependant pas avant une altercation avec l'intermédiaire Kunta véreux et 'Alí el A'geren, son courtier de plus en plus exigent. Grâce à ses cadeaux, Barth obtint une lettre de recommandation écrite par Khalílu. Pourtant, l'explorateur n'était pas sûr d'atteindre Tombouctou, tant la situation à l'ouest était préoccupante (Barth 1965 III: 144–145).

Barth, entre temps, perdit son dromadaire acheté à grand frais au gouverneur de Katsina. 'Alí el A'geren en profita pour menacer d'abandonner Barth qui dut accepter les nouvelles conditions dictées par le courtier (Barth 1965 III: 145–146).

Ces récits posent le problème de la rétribution des employés locaux et du rapport de force entre les serviteurs et les courtiers et leurs maîtres. Se déclenche une compétition rude que le gouverneur emporte sur l'explorateur qui perd à son tour face à un employé local. Ce n'était pas une première et les raisons en sont nombreuses. Barth recruta des compagnons polyglottes, polyvalents dans le domaine des métiers. Nombre de ces hommes devenus serviteurs de circonstance ou guides, sont d'abord des négociants, des intellectuels, des paysans. L'explorateur voulait jouir d'un contrôle sans borne sur ses employés qu'il soumettait au rythme de ses ambitions : arriver à Tombouctou, rentrer au pays, échapper à la cohue, etc. Il dut parfois faire face à plus fort partie, lorsqu'il engagea al-Waláti.

Barth face à al-Waláti : de la collaboration à la confrontation

De la rencontre de ce qu'on aurait pu définir comme le sujet par excellence avec l'objet par excellence, se joue un rapport de force instable. Les courtiers étaient en position de force. Ils le savaient, en usaient et en abusaient.

Barth, en route pour Tombouctou, traversa la province du Liptako (Libta'ko) et arriva à Namantúgu, où il rencontra un arabe de l'ouest, appelé Sheikho, que Barth décida de nommer Weled A'mmer Waláti, puisqu'il était natif de Walata, qu'il avait quitté pour Tombouctou. Ainsi, Barth marquait ses propres références arabes en baptisant l'étranger du prénom de son père et de celui de son pays. Al-Waláti, qui avait séjourné en pays targi et peul, transportait des bandes de cotonnade, la monnaie de change du Liptako, à Tombouctou. Il parlait couramment Fulfulde, Bamana, Songhay, More et Tamashek. Accompagné d'un tel expert, Barth nourrissait de plus en plus d'espoir d'atteindre Tombouctou. Il lui restait à traverser le pays de Sheku Amadu, le réformiste musulman de Hamdallaye et le pays targi, que Barth craignait tant.

Al-Waláti, « l'arabe malin », avait longuement retenu l'explorateur à Dóre, la capitale en décrépitude du Liptako. Se faisant passer pour un ami de Shaykh Ahmad al-Bakkā'ī, que Barth avait choisi comme protecteur, ce dernier ne pouvait que se fier à lui et attendre qu'il daignât partir. Il reçut « a fine black tobe and a black shawl ». L'arrivée en sécurité à Tombouctou lui donnait droit à bien d'autres objets, plus vingt dollars (Barth 1965 III: 206).

Barth ne s'est guère douté des tentatives du scélérat, mais une fois alerté, il ne tarda pas, dans son récit, à énumérer les circonstances où l'attitude de al-Waláti réveillait son soupçon. Barth eut l'impression que l'arabe, à force de changer d'itinéraire, voulait se débarrasser de lui pour s'emparer de ses biens (Barth 1965 III: 222, 236).

En plein pays tuareg, Barth sacrifia à la tradition de faire des cadeaux à ses hôtes, mais douta encore si al-Waláti a réellement offert ses produits à leurs destinataires légitimes. Il se rappela comment al-Waláti l'avait dupé, en achetant des bœufs à plus du double du prix requis, empochant la différence.

Barth finit par être très préoccupé de sa sécurité une fois à Bambara (Bámbara), une petite ville, où il fut obligé de séjourner plus longtemps que prévu comme à Dóre. Al-Waláti y avait un contentieux matrimonial personnel et avait offensé le puissant chef targi de Somki. Barth, offusqué par les menées de son intermédiaire, était angoissé à l'idée d'être identifié et renvoyé à Ham-dallaye, alors qu'il était déjà si près de Tombouctou (Barth 1965 III: 245–247).

Barth finit par être très surpris à Bambara, où il obtint des informations sur al-Waláti auprès d'un fils d'érudit tombuktien. El Amín, arabe de la tribu des Ansár, qui avait reçu des présents de Barth – était un intime rival des Kunta. L'occasion était bonne pour lui de dénigrer al-Waláti, qui n'était qu'un honteux exilé en disgrâce (Barth 1965 III: 247). Entre temps, al-Waláti avait été dépêché auprès du chef de Somki pour lui remettre des présents au nom de Barth qui tenait à sa protection. Al-Waláti revint voir Barth, prétendant que le chef avait refusé les cadeaux et exigeait en plus l'un des chevaux. Renseignements pris, al-Waláti avait offert les cadeaux en son propre nom pour faire la paix, en plus de quelques affaires personnelles conclues. Barth dut s'exécuter, afin de sortir d'une situation redoutée (Barth 1965 III: 251).

Arrivé à Kabara (Ka'bara), Barth fit de son mieux pour distribuer force cadeaux aux frères et amis de al-Waláti, afin d'échapper à une éventuelle vindicte contre al-Waláti. (Barth 1965 III: 275, 206).

Une fois à Tombouctou, agressé par les partisans de Sheku Amadu (Shekho A'hmedu ben A'hmedu), Barth resta sans protection. Il avait d'ailleurs l'impression que le seul souhait de al-Waláti était que al-Bakkā'ī le [Barth] lâchât. Pendant ce temps de trouble et d'insécurité, le courtier Ali el A'geren ne pensait qu'à une chose : se sauver (Barth 1965 III: 312).

Le danger de la manipulation était permanent chez al-Waláti qui voulait vendre son expertise au prix fort, sans tenir compte des termes du contrat. Il dépassa largement la dureté de Barth dans les affaires avec ses employés. Barth dut faire face simultanément à deux courtiers, el Walabi et Ali el A'geren, qui voulaient littéralement se le partager, chacun désirant bien sûr en tirer le maximum. Barth, sévère face à ses serviteurs et courtiers, a été pris à son propre jeu de l'arroseur arrosé. Barth est piégé par des partenaires sans scrupules.

3. Heinrich Barth, le chrétien face à ses hôtes musulmans et autres

Barth s'est toujours défini comme chrétien et s'interrogeait sur les difficultés qui l'attendaient et sur les retards dus à son nouveau compagnon, al-Waláti (Barth 1965 III: 207). Confiant, il s'est pris de sympathie pour des chefs ou des serviteurs musulmans. Al-Bakkā'ī en était un parfait exemple, puisque Barth devrait sa vie à l'érudit tombouctien. Quant à 'Abd-Alláhi, le jeune shúwa de Kótokó, pieux musulman, Barth le considérait comme un excellent trait d'union entre lui-même et les communautés musulmanes traversées (Barth 1965 III: 21).

Barth a certes traversé le pays sous la domination de ce qu'il appelle les « fanatiques fulbe de Hamdá-Allahi », mais il n'était pas au bout de ses peines, puisque Tombouctou, la ville de ses rêves, relevait de Hamdallaye. Le 8 septembre 1853 au matin, Barth apprit que Hammádi, rival et ennemi de al-Bakkā'ī, avait informé ses congénères fúlbe qu'un chrétien avait pénétré dans la ville. Il fallait le tuer.

Paradoxalement, Barth ne fut pas inquiété par cet arrêt de mort, mais fut démoralisé par le comportement de son logeur. Faute de le défendre, Hammádi, rival de al-Bakkā'ī, profita du dénuement et continua de réclamer plus de présents, notamment dix dollars espagnols et bien d'autres articles. On était bien loin du compte (Barth 1965: 300–301). De plus, Hammádi prétendait à tous les biens de Barth du simple fait qu'il habitait chez lui. Le lendemain, Barth lui offrit autant de cadeaux que le premier jour. Le logeur insista sur le fait qu'il [Hammádi] devrait non seulement gratifier plusieurs chefs tuareg, mais aussi le gouverneur de Hamdallaye. Barth refusa de céder à la volonté de celui qui lui causait tant de tourment.

L'explorateur n'a jamais perdu de vue le danger qui le guettait en traversant ce territoire potentiellement hostile. Il en vint à se déguiser exceptionnellement, pour réussir sa mission, contrairement à René Caillié qui le resta toujours. La première fois fut lorsqu'il entra à Dalla, une province de la Diina de Hamdallaye (Barth 1965 III: 218). Il récidiva en pays tuareg.

En fait, auparavant Barth n'eût aucun problème sérieux en tant que chrétien, si non ce que l'auteur appela « une attaque bénigne à caractère religieux » de la part du qadi de ce pays le jour de la fête. Le qadi voulant prendre Barth pour un sorcier, ce dernier joua le jeu en offrant un petit présent comme aumône, *séddega* (Barth 1965 III: 197).

Le comportement de Barth, qui chercha autant que possible à approcher les gens, notamment en parlant leurs langues, son statut d'étranger lancé sur les sentiers d'un pays de voyageurs impénitents, lui facilitaient sa mission en lui attirant la confiance de la majorité des interlocuteurs. Plusieurs n'hésitèrent pas à se confier à lui, voire plus. En voici quelques exemples.

Le 25 juillet 1853, Barth et sa suite, en route vers les « provinces troubles » de Aribi'inda et de Hom'bori, tombèrent sur deux hommes qui faisaient paître quelques ânes. Les hommes, en dépit des appels amicaux de Barth et des siens, se mirent à héler leurs compagnons, et à exécuter des gestes belliqueux. Barth, à son tour, pointa son fusil. La situation faillit basculer, n'eût été l'intelligence de al-Waláti qui ordonna à Barth d'avancer calmement vers la troupe qui atteignit entre temps 150 à 200 personnes en scandant : « Je suis un chérif, un ami de Shaykh Ahmad al-Bakkā'ī pour lequel je transporte des livres du Levant. » Tout à coup, ils lâchèrent leurs lances et se regroupèrent autour de Barth, demandant des bénédictions. L'explorateur s'exécuta, posant la main sur tant de « têtes sales », la mort dans l'âme (Barth 1965: 210). Barth ne faisait que commencer à distribuer la grâce qu'il était réputé détenir.

En juillet toujours, Barth et sa suite se trouvaient aux portes de Koriá, modeste village en zone aride, qui attendait la saison des pluies. Par deux fois, le ciel, chargé de nuages noirs, n'avait lâché une goutte. À Kória, l'accueil fut froid, le chef ayant refusé de leur accorder un espace où planter leurs tentes, Barth le fit de force. Les étrangers logés, l'orage s'abattit. À l'unisson, les populations décidèrent que l'inhospitalité de leur chef était à l'origine de la sécheresse. Inquiet, l'attitude du chef acariâtre changea du tout ou tout. Il poussa la charité au point d'offrir une génisse aux passants. La vieille dame, propriétaire de la cour, leur avait généreusement offert à leur arrivée une pâte bien cuite, peut-être son unique repas, à en croire Barth. L'hospitalité n'était donc pas toujours au rendez-vous, mais la pluie finit par adoucir les mœurs (Barth 1965: 200).

En août de la même année, Barth arrivait à Kúbo, dans la province de Dalla, à deux jours et demi de marche de Hombori. Les orages se multipliant, en ce mois le plus arrosé de l'année, Barth avait accusé du retard dans sa marche pénible vers Tombouctou. Entre temps, la nouvelle de sa présence s'était propagée. Le gouverneur de Dalla, logeur de Barth, et son cousin, demandèrent à l'explorateur de trancher dans un conflit qui les opposait au sujet de la chefferie du village. Barth, poliment, les renvoya à leur propre juridiction à Dúna. Ils s'en allèrent, ce qui n'eut aucune influence négative sur la qualité de l'hospitalité (Barth 1965 III: 220–221).

Barth n'en était pas à sa première intervention dans les délicates affaires qui concernaient le pouvoir. Trois mois plutôt, l'homme se trouvait à Wurnó, à l'Est-Nord-Est de Sokóto. Dans le vestibule de sa maison, Góme, le frère du sultan d'Agadez (Ag'ades), fit son entrée. Il demanda à Barth une audience privée au sujet de son frère Abd al-Kader, qui venait d'être détrôné, pour le rétablir dans sa dignité d'antan. Barth eut du mal à expliquer le peu d'influence qu'il avait auprès de l'émir local pour changer quoi que ce soit (Barth 1965: 137–138).

La caravane partit, Barth apprit une nouvelle qui le tourmenta profondément : le gouverneur de Dalla, sujet de Hamdallaye, était tout près de leur lieu de passage. Le gouverneur de Dalla résidait à Nyanga Segga, village à moitié décati et abandonné. Al-Waláti et Ali, compagnons de Barth, furent dépêchés pour présenter les hommages au gouverneur. Les cavaliers du gouverneur vinrent à Barth pour lui demander des bénédictions, et le prièrent d'aller rendre personnellement hommage au chef. Le chrétien, qui mourrait de peur d'être découvert par le gouverneur de Dalla, s'exécuta promptement (Barth

1965 III: 224). Ceci rappelle la scène de la bénédiction publique accordée à une foule en pays targi au sud du fleuve Niger (Barth 1965 III: 243).

'Othmán, l'émir de Sarayámo, était un homme sympathique, dépendant directement de Hamdallaye. Il rendit visite à Barth et s'informa sur l'Orient en général et Istanbul en particulier. L'après-midi, il revint, accompagné d'une délégation de notables, pour demander à Barth d'intervenir pour qu'il pleuve. Barth termina la conversation en récitant la profession de foi des musulmans, la « fat-há » et conclut en fulfulde, « Puisse Allah donner de l'eau de pluie », ce qui ne manqua pas d'amuser l'assistance. Comme pour bien faire, l'orage éclata la même nuit, poussant les populations à rejoindre Barth pour que celui-ci renouvelle sa performance (Barth 1965 III: 257). Ceci confirmait sa réputation acquise à Koriá et réaffirmée à Bambara. Là, l'émir en tête, les populations vinrent le solliciter pour qu'il fasse pleuvoir. Embarrassé par la compétence qu'on lui prêtait, Barth se contenta de prier pour eux pour que Dieu leur fasse merci (Barth 1965 III: 250).

Barth était devenu l'intercesseur par excellence auprès d'Allah. Vu son origine supposée chérifienne et son érudition, il joua le jeu. Sa connaissance de la religion musulmane, de l'arabe et de l'Orient lui permirent de satisfaire les demandes insistantes de prière, de bénédiction, de rendre la justice. Tout cela présentait certes des avantages, mais Barth risquait de se faire remarquer, notamment à Sarayámo, où l'Arabe de Tisít faillit découvrir l'artifice (Barth 1965: 252, 256).

Barth bénéficiait en plus de tous ces attributs de l'aura de l'étranger dans ces régions accoutumées au voyage. Cette considération rappelle celle que doivent bien des sociétés agraires mentionnées par Jean-Loup Amselle (Amselle 1996). Elle reflète un comportement commun dans le monde mande. Barth réalise encore plus ; de l'étranger respecté, il devient l'intercesseur auprès de Dieu.

Cependant, tout le monde n'était pas dupe du manège de Barth, comme le montrent ces aventures dont il a le secret du récit. Dans les campements tuareg du sud du fleuve Niger, Barth rencontra à Bélé un chef puissant de la tribu des Haw-n-ádak. Celui-ci contesta l'identité chérifienne que al-Waláti voulait bien donner à l'explorateur. Pour ce chef, Barth n'était autre chose qu'un Berbère Shillúh du Nord qui voulait traverser son pays à bon compte. L'homme avenant accueillit Barth et sa suite accepta ses cadeaux, mais dut convoiter en silence le cheval monté par l'explorateur (Barth 1965 III: 241–242).

Au départ de Bambara pour Sarayámo, survint un Arabe de Tisít qui faillit découvrir la supercherie de Barth. L'homme affable et serviable était surpris par les connaissances de Barth autant sur Bíru, Waláta que sur les Arabes de l'Afrique occidentale (Barth 1965: 252). Le départ rapide de la petite troupe protégea l'anonymat de l'explorateur.

Hajj Búda, que Barth appelle volontiers son ami, remarqua que le prétendu chérif syrien ne faisait pas ses prières avec lui dans la cour. De même, le chef de campement de Somki avait constaté que Barth lisait un texte écrit en caractères différents de l'Arabe (Barth 1965 III: 256, 252–255). Celui-ci cependant ne fit pas part de sa suspicion ni de sa surprise. En fait, à mesure qu'il approchait de

Tombouctou, Barth se faisait de plus en plus prendre en faute. Combien de temps le subterfuge pourrait-il durer ?

Barth, certes chrétien convaincu, n'a rien de Livingstone le missionnaire, même s'il offrit à Sadíku, le gouverneur de Katsina, l'un des exemplaires du Nouveau Testament en arabe que lui demandait son hôte (Barth 1965 III: 84–85). Rappelons que Sadíku l'avait commandé à Overweg et Barth de lui faire remarquer que son défunt compagnon l'avait bien envoyé de (la ville de) Kúkawa, via Zinder. Il faut croire que le livre saint de la chrétienté captivait l'attention de ces intellectuels africains musulmans de l'époque (Barth 1965 III: 81–82). De même, dans ce contexte historique, être chrétien n'était pas suffisant pour être inquiété ou mis à mort, y compris dans les territoires sous le contrôle de la Diina. D'autres raisons présidaient à ce type de condamnation. Il faut en chercher les explications politiques et économiques. Barth en évoque clairement pour expliquer la mort de Mungo Park, l'agressif (Barth 1965: 469–470).

4. Pour conclure

Au terme d'une œuvre dense, qui inaugure une méthode de travail et une discipline scientifique, l'enquête de terrain et l'anthropologie, Barth se prend à réfléchir sur l'exhaustivité de ses récits. Il se reconnaît incapable de traiter certaines questions en détail, montre les limites de son enquête. Au-delà des innombrables informations accumulées, Barth ne pratique avant la lettre ni une *multi-cited anthropology*, ni ne se blottit dans un village ou une région qu'il étudie. Il parcourt 15.000 km en cinq ans sur la moitié nord de l'Afrique. Barth donne une image saisissante d'un microcosme auquel il appartient lui-même : le *travel party* et la caravane. J'ai choisi d'étudier un aspect de ce véritable laboratoire de relations humaines et de pouvoir.

Émerge une corporation plus ou moins constituée, flexible, qui entreprend à ses risques et périls et loue ses services au plus offrant. Les désertions et chantages exercés par les Africains sur leurs patrons devenus habituels, obligent ces derniers à tenir compte de ceux dont l'absence les paralyse.

LE CONTINENT NOIR.
LE SAVOIR DES AFRICAINS SUR L'EUROPE ET LES EUROPEENS DANS LE RECIT DE VOYAGE DE HEINRICH BARTH[1]

Georg Klute

Abstract

The literature about colonialism too often explains the profound causes of the conquest of the African continent, its shattering and its disorganization, only with reference to the development in Europe. Conceptualized in this way, one might too easily arrive at the conclusion that the European military occupation of Africa reflects much more existing antagonisms between the various colonial powers than historical events in Africa itself. Africans are depicted as being ignorant, not understanding neither the motives of the invaders nor by which European states they had been conquered once the scramble for Africa terminated. In this paper, European explorers' accounts in general and Heinrich Barth's travelogue in particular, constitute the starting point of our analysis. In fact, these materials actually show that many West Africans were remarkably well informed about the development of Europe as well as about Europeans themselves. The various indigenous political entities and groups engaged in trans-Saharan trade observed closely colonial expansion.

L'Afrique est connue sous l'appellation du « continent noir ». Le terme du « continent noir » a cependant une connotation raciale. L'Afrique est qualifiée de noire à cause de la couleur de peau de ses habitants. L'idée de l'Afrique noire reprend en fait une ancienne dénomination arabe:[2] après la traversée du Sahara et

---

1 Cet article reprend certaines de mes réflexions développées dans Klute 2004, fondées elles-mêmes sur un texte antérieur (cf. Klute 1996).
2 Patrick Brantlinger a cependant raisonnée que le mythe du „continent noir" serait beaucoup plus récent: qu'il serait le produit de l'époque victorienne, résultat des explorations européennes et de l'idéologie impérialiste (Brantlinger 1986: 185, 217).

de sa frontière sud, c'est-à-dire le Sahel, les caravaniers atteignirent le pays des noirs, ou comme ils l'appelèrent eux mêmes, *bilād as-sūdān*. Tout comme les arabes, nous aussi, parlons de l'Afrique noire, un terme maintenu dans l'usage de la langue malgré certaines critiques.

L'Afrique est aussi nommée « continent noir » parce que notre savoir resta longtemps dans le noir. De vastes régions au cœur de l'Afrique n'ont été entièrement connues qu'au XXe siècle ; ces régions furent désignées sur la carte de façon paradoxale comme étant des « tâches blanches », non pas parce qu'elles auraient été particulièrement illuminées, mais parce qu'elles restèrent des zones sombres qui se dérobaient à la lumière de la connaissance. Des grands obstacles apparemment infranchissables s'opposaient à la connaissance: des déserts incommensurables et arides avec des températures infernales ou encore d'imposantes jungles dont la traversée était rendue impossible à cause des animaux sauvages et des maladies mortelles. Au début du XXe siècle, beaucoup plus de colons européens succombèrent aux maladies tropicales que pendant les guerres de conquête ; c'est aussi pour cette raison que les régions côtières ouest africaines étaient connues sous la dénomination de « la tombe des blancs ».

Autant inconnu que le pays, beaucoup de ses habitants restèrent dans l'obscurité jusqu'au XXe siècle. On ne croyait certes plus aux monstres qui étaient supposés peupler l'intérieur du continent d'après les idées classiques, mais la carte ethnographique avait autant des « taches blanches » que la carte géographique. Après avoir délimité les frontières de leur empire colonial – du moins de façon formelle – les Français par exemple espéraient pouvoir régner sur 100 millions de personnes en Afrique de l'ouest, et en prélever – bien sûr – des impôts (Spittler 1981: 38; en référence à Kanya-Forstner 1969: 418). Deux décennies plus tard, en 1936, ils ont dû réaliser que leur empire ne comptait que 15 millions de personnes (Spittler 1981: ibid.).

L'image du Continent noir renferme aussi l'idée que ses habitants sont peu « éclairés ». Analphabètes pour la plupart, pratiquants de coutumes magiques et croyant au fétichisme, ils sont organisés en tribus qui s'entretuent de façon bestiale en se livrant des guerres tribales, sans aucune connaissance de la science et de la technique moderne.

Ce ne sont pas là des idées dépassées qui seraient aujourd'hui complètement écartées. Au contraire. La plupart des Européens garde jusqu'à ce jour le sentiment d'être supérieurs aux Africains dans quasiment tous les domaines – à l'exception, peut être de celui du sport. J'emprunterai à la psychanalyse le terme du « complexe de supériorité » pour qualifier ce sentiment. L'expression la plus frappante de ce complexe est l'ignorance ou l'indifférence des Européens envers l'Afrique.

Abstraction faite de ceux qui en sont professionnellement concernés, peu nombreux sont les Occidentaux qui s'intéressent à ce qui se passe en Afrique, ou qui s'intéressent à la façon dont les Africains vivent. Mais ceux qui s'y intéressent, en font un portrait surtout négatif. Même des travaux scientifiques sur le continent africain soulignent presque exclusivement les déficits à l'intérieur de l'Afrique, indépendamment des raisons qu'ils avancent pour argumenter leurs raisonnements. Il serait fastidieux de citer ici une liste exhaustive des travaux ayant trait aux « crises africaines ». Il est cependant à souligner que l'Afrique n'a pas pu se débarrasser du qualificatif « continent à crise ». Depuis les indépendances de ses États, ainsi donc depuis maintenant plus que 40 ans, les étiquettes de sous-développement, de fournisseurs de matières premières, de famine, de désertification, de déboisement, de surpeuplement, des épidémies, de l'exode rural, de régime dictatorial et autocrate, des putschs, des conflits ethniques ou tribaux, des guerres économiques et des guérillas etc lui sont accolées et devaient toujours constituer les caractéristiques de chaque crise. Depuis la fin du conflit est-ouest, il est souvent avancé, que les crises et les catastrophes attirent à peine encore l'attention du publique occidentale ; c'est justement une des raisons pour lesquelles Rolf Hofmeier et Volker Mathies titrèrent leur livre sur les guerres en Afrique « Des guerres oubliées de l'Afrique » (1992) ; de même que Werena Rosenke et Thomas Siepelmeyer dont le livre fut intitulé, en y incluant toutes les crises du continent, « L'Afrique. Le continent oublié? » (1991).

Il me semble, que le complexe de supériorité des Européens à l'égard du « Continent noir » a seulement pris une forme concrète avec la conquête militaire et l'occupation du continent ainsi qu'avec l'installation des États coloniaux. La « société coloniale » était une société d'Européens (blancs), qui – malgré toutes les autres différences – partageaient le sentiment de supériorité du conquérant envers le conquis (Trotha 1994: 208). Ce sentiment de supériorité était la véritable justification idéologique du colonialisme, exprimée par l'expression française de la « mission civilisatrice » ou par le slogan des britanniques « of the white man's burden ».

Déjà du temps colonial (1951), l'ethnologue français Michel Leiris mettait en garde contre l'idée d'une « supériorité innée » des Blancs. Leiris faisait avant tout appel à la rationalité en rappelant l'ambivalence inhérente aux inventions techniques et aux découvertes scientifiques. De même, il mettait en garde contre une certaine conception de l'histoire qui empêche de reconnaître que l'actuelle supériorité technique ou militaire du monde occidental peut être un phénomène passager. D'une appartenance à une certaine « race », on ne peut donc en aucun cas conclure sur des qualités psychiques définies ou sur des capacités cognitives (Leiris 1977).

Si déjà les Européens savaient si peu de l'Afrique et des Africains et si ils n'étaient pas en mesure de supprimer les « taches blanches » sur les cartes géographiques et anthropologiques du Continent, quel savaient alors les Africains de l'Europe? Leurs connaissances de l'Europe devaient être égales à zéro. Comment est-ce que les habitants ignorants du Continent noir pouvaient savoir quelque chose de l'Europe, si les Européens, qu'ils se croyaient si éclairés, avaient tant de mal à pénétrer le Continent noir voisin?

Dans un article intitulé « Eroberung und Kommunikation » (conquête et communication) (Spittler 1995), Gerd Spittler montre que les explorateurs précoloniaux d'abord, puis plus tard les conquérants coloniaux, avaient entrepris des efforts remarquables pour remplir les lacunes de la connaissance de l'Afrique et des Africains[3]. Les Européens, quant à eux, rassemblèrent des informations d'une manière systématique tout en les documentant, un procédé qui, selon Spittler, est en contraste par rapport aux interrogations vagues de la part des Africains qui ne provenaient que de la simple curiosité humaine. Les Africains se faisaient certes des idées sur la provenance et le but des voyageurs étrangers (européens), et ils s'interrogeaient à l'occasion aussi sur leur origine, cependant leurs questions n'étaient ni basées sur un projet scientifique, ni appropriées pour saisir les motifs de l'Europe ainsi que celui des Européens.

Dans des nombreux travaux scientifiques sur la conquête et l'occupation coloniale du continent africain par les pouvoirs coloniaux, on retrouve l'idée de l'ignorance africaine. Il est admis que des Africains ne comprenaient ni les projets coloniaux des puissances européennes, ni les motifs des conquérants. On peut classer ces arguments en deux groupes :

– Les raisons principales de la course à l'occupation de l'Afrique puis de sa colonisation ne peuvent en aucun cas être expliquées en se référant à l'évolution en Afrique, mais uniquement aux événements en Europe[4].

– La colonisation de l'Afrique débuta tard et à l'improviste; ainsi les raisons pour la soudaine course à l'Afrique étaient à peine comprises par le public européen et devaient donc avoir été pratiquement incompréhensibles pour les Africains.

Dans ces études, les raisons avancées pour expliquer la rapidité de l'occupation coloniale vont des crises économiques en Europe (Sanderson 1985: 96ff), des événements politiques dans certains pays occidentaux, de l'industrialisation et de l'amélioration des techniques de guerre, de même que du désir de faire profiter les Africains du progrès de la civilisation occidentale, jusqu'à la curiosité scientifique tout simplement. Quelles que soient les raisons évoquées, les Africains sont dits incapables de s'opposer efficacement aux envahisseurs blancs.

Dans quasiment toutes ces études on trouve l'argument selon lequel les Africains, surtout ceux de l'intérieur, étaient complètement surpris par l'occupation coloniale. En 1885 encore, selon le récit de voyage de l'écossais Joseph Thompson, le calife Umar à Sokoto au nord du Nigeria ne semblait pas du tout être inquiété par la présence des Britanniques dans le proche delta du Niger; au contraire, il réclama des droits de souveraineté sur des régions qui étaient depuis longtemps entre les mains des puissances européennes (Hargreaves 1985: 285).[5] L'historien Roland

3 Spittler argumente que la manière de communiquer et de se procurer l'information dépend essentiellement des relations des forces en place: Pendant qu'à l'époque pré-coloniale, les voyageurs étaient obligés de se contenter des informations que leur fournissaient les Africains volontairement, les termes de la communication changèrent radicalement avec la conquête militaire. Les envahisseurs étaient certes capables de contraindre (presque) chacun à fournir des informations, mais ils devraient se rendre compte que des renseignements ainsi obtenues pouvaient être soit incomplètes, soit totalement fausses.

4 Un des exemples les plus souvent cités, à part l'invention de l'énergie à vapeur, est celui du développement et de la production industrielle du fusil « Maxim » en 1888. Le Maxim fut le premier fusil mitrailleur garantissant par la suite la supériorité militaire des Européens sur les Africains (Gann et Duignan 1967: 193).

5 Contrairement à Hargreaves, Elizabeth Isichei souligne que beaucoup de gouverneurs nigérians

Oliver écrit que peu d'Africains avaient remarqué le partage du continent lors de la conférence de Berlin en 1884–1885, et même au début du XXe siècle, la majorité de la population africaine n'avait aucune idée sur les nouveaux maîtres du continent (Oliver 1985: 1).

Les Africains étaient-ils réellement aussi ignorants que ce que la littérature prétend? Avaient-ils vraiment été surpris par la pénétration militaire? Est-il possible que personne n'ait remarqué l'approche de l'État colonial? Cela serait avant tout étonnant pour le cas de l'Afrique occidentale où les Français dominaient déjà depuis plusieurs siècles sur une région qui devait devenir plus tard, la colonie du Sénégal. Personne n'avait-il pu découvrir le plan de la France d'embrasser l'intérieur, depuis la côte atlantique et depuis la Méditerranée, pour fonder un immense empire colonial homogène ? Les Français avançaient progressivement du nord depuis la conquête d'Alger en 1830 vers le Sahara. A l'ouest, dès le milieu du XIXe siècle, ils avaient étendu leur possession vers l'est et le nord. Comment réagissaient les Africains face à l'approche de l'État colonial? Les Africains se souciaient-ils plus des affaires internes que de la menace provenant de l'extérieur comme Hargreaves (1985: 257ff) le prétend? Et enfin: comment la venue de l'État colonial influença les relations des pouvoirs africains et les relations afro-européennes?

Dans mes réflexions sur ces questions, je pars du fait qu'au Soudan africain du XIXe siècle, c'étaient surtout deux groupes qui avaient besoin du savoir économique et politique pour pouvoir agir avec succès. Des entités politiques et des commerçants. Nous savons aujourd'hui que dans l'Afrique précoloniale on faisait du commerce sur des grandes distances. Ce commerce était certes pratiqué par différents groupes, mais dans le Sahel et le Sahara, il était en grande partie entre les mains des groupes nomades ou des formations politiques dominées par des nomades ou d'anciens nomades. Ces deux groupes, je suppose, étaient obligés de chercher le maximum d'informations par rapport aux Européens et aux événements en Europe. Je me concentrerai par la suite sur la période de 1850 jusqu'à 1880, la période qui précède en fait directement la conquête militaire, puis l'occupation coloniale de l'Afrique occidentale.

Récits de voyage sur l'Afrique occidentale dans la deuxième moitié du XIXe siècle

Compte tenu du fait que nous ne disposons que de peu des sources écrites et que les traditions orales ne sont que rarement conservées, les récits des voyageurs européens du XIXe siècle constituent nos sources historiques les plus importantes en ce qui concerne l'Afrique. Bien que ces récits de voyage soient fréquemment qualifiés d'ethnocentriques, et bien qu'on ait souvent avancé l'argument qu'ils percevaient la réalité africaine à travers des yeux d'Européens (Heintze et Jones 1987a: 3f.) et qu'ils reflétaient beaucoup plus le « Zeitgeist » européen (Essner 1987: 197) que le

---

du XIXe siècle « perceived the threat of imperialism long before it became a reality. » (Isichei 1983: 362) en se référant à des sources de la première moitié du XIXe siècle ou un peu plus tard.

contexte africain, on ne peut pas s'attendre, qu'ils nous informent plus sur la réalité en Europe que sur celle en Afrique et que les explorateurs auraient donc aussi bien pu rester chez eux (Spittler 1996). A part le fait que ces récits de voyage soient souvent les seules sources dont nous disposons, nous connaissons heureusement les « filtres européens » et pouvons donc les prendre en considération (Heintze et Jones 1987a: 4).

J'ai choisi le récit de voyage de Heinrich Barth comme base de mon exposé parce que Barth était réellement l'éminent explorateur d'Afrique de son temps (Boahen 1964: 198–208). L'importance de Barth en tant qu'explorateur est d'une part fondée sur sa personnalité, d'autre part elle est due à ses vastes connaissances et à sa grande culture. Barth était non seulement un excellent géographe, archéologue et astronome, mais était aussi versé dans l'histoire classique, une matière dans laquelle il fit son doctorat, et connaissait les géographes arabes médiévaux. En ce qui concerne ses connaissances linguistiques, Barth surpassait non seulement tous les autres explorateurs précoloniaux, mais encore la plupart des ethnologues d'aujourd'hui. A côté de certaines langues européennes comme l'allemand, l'anglais, le français, l'italien, le grec et le latin, Barth parlait, déjà avant son départ pour « le cœur de l'Afrique », couramment l'arabe et le turc. Lors de son séjour d'environ 6 ans en Afrique, il a appris également à parler couramment le *Hausa* et le *Kanuri* et acquit tant de connaissances dans la langue touarègue, dans le Fulfulde et dans le Bagírmi qu'il pouvait se passer d'interprète et réaliser de petites études linguistiques.

Tous les successeurs de Barth firent référence à son oeuvre. L'allemand Erwin von Bary, dont le récit de voyage fut publié à titre posthume, attendit impatiemment le récit de voyage de Barth pendant son séjour forcé à Ghat (Bary 1880: 329), puis Oskar Lenz qui visita la ville de Tombouctou avoua volontiers qu'il n'était pas en mesure d'ajouter un nouvel élément aux connaissances de Barth sur l'histoire de la ville et de ses alentours (Lenz 1884: 119).

Le savoir sur l'Europe et les Européens

De tous les hommes puissants, influents ou savants que Barth rencontra lors de son voyage de 6 ans au Soudan, le sultan d'Agadez Abd al-Qadir était le seul qui n'avait pas la moindre idée de l'occident. Il n'avait jamais entendu parler des Anglais, malgré le fait que la Grande-Bretagne était la superpuissance de l'époque, et il ne savait même pas que la « poudre anglaise » (poudre de fusil) était nommée ainsi à cause des Anglais (Barth 1857–1858b I: 440).

Abd al-Qadir était pourtant une exception. A plusieurs autres occasions, Barth a pu parler de l'Europe et des Européens, des différences dans le mode de vie, des relations afro-européennes ou des intentions politiques des puissances européennes. Le savoir n'était naturellement pas reparti équitablement. Aucun de ses interlocuteurs n'était aussi bien informé que son ami et protecteur à Tombouctou, Shaykh Ahmad al-Bakkā'ī, la tête spirituelle de la ville. Mais même dans des régions aussi éloignées que Kanem, où Barth discuta sur l'Europe avec des sédentaires *Teda*, on avait une vague idée de l'homme anglais bien que les villageois n'aient encore jamais entendu parler des Français ou des Russes (Barth 1857–1858b III: 75).

Avoir une quelconque idée de l'homme anglais n'équivaut pas au fait d'en avoir une connaissance profonde. Ainsi, nous devons analyser ce qu'on savait de l'Europe. Quelles étaient les catégories de personnes qui détenaient des savoirs et comment ces savoirs étaient-ils transmis?

En général, le savoir n'était pas transmis par écrit mais oralement. Cependant, Barth rencontra à Bagírmi un *Pullo* qui avait étudié à la célèbre université *Al-Azhar* au Caire et qui avait lu Aristote et Platon. Cet homme était non seulement bien renseigné sur la situation politique au Soudan, mais il pouvait aussi discuter de questions philosophiques universelles. Ce n'est en aucun cas un hasard que ce *Pullo* soit devenu l'un des informateurs clé de Barth (Barth 1857–1858b III: 329ff). À Tombouctou possédait, à part des ouvrages d'auteurs arabes, un livre d'Hippocrate qu'il estimait beaucoup, selon Barth. Ce livre avait été offert par le voyageur écossais Clapperton à Muhammad Bello, le sultan de Sokoto quelques décennies auparavant, qui, à son tour, l'avait transmis à al-Bakkā̄'ī. En vue de cela Barth écrit: « Je peux réellement affirmer avec une conviction absolue que le peu de livres que cet officier entreprenant écossais (c. à. d. Clapperton) a apporté en Afrique centrale, ont produit un plus grand effet dans le cadre de la réconciliation des notables de ces régions avec les Européens que d'autres cadeaux de valeur précieuse. » (Barth 1857–1858b V: 44–45).

Pendant son voyage, Barth tentait d'apprendre autant que possible de gens qu'il rencontrait. Mais les Africains voulaient aussi savoir quelle sorte d'étranger il était et de quel pays il était venu. Ses propres livres suscitaient beaucoup d'intérêt de la part des Africains. Les femmes touarègues en particulier, furent toujours décrites comme les plus curieuses (Barth 1857–1858b IV: 131). Dans tous les camps de nomades qu'il visitait, Barth montrait des illustrations des différentes races humaines existantes. (Barth 1857–1858b V: 204). Il devait parfois faire la lecture de ses livres, et cita une fois d'ailleurs un poème allemand, Barth ne mentionne malheureusement pas quel poème il avait lu aux nomades (Barth 1857–1858b V: 232).

La plus importante partie des renseignements n'a cependant pas été transmise par des livres, mais oralement et surtout par des voyageurs. Les Africains voyageaient déjà beaucoup sur de grandes distances et pour les raisons les plus diverses. Barth rencontrait souvent des pèlerins qui étaient sur le chemin vers ou de retour des villes saintes: la Mecque et la Médine. Des pèlerins venaient de toutes les parties de l'Afrique occidentale, de la côte Atlantique ou du centre du Sahara. Ils rapportaient des renseignements des centres du monde islamique, des pays de la Méditerranée, où quelques-uns avaient vécu durant de longues années. C'est ainsi qu'ils ont été aussi en contact avec des Européens.

Le nombre de pèlerins africains était très élevé, si on considère les conditions de transport et le petit nombre de la population à cette époque. En 1850 Barth rencontra la caravane annuelle de pèlerins venant du Touat algérien. La caravane contenait exactement 114 personnes. Au cours des autres années, Barth fut informé, qu'elle pouvait contenir jusqu'à 500 participants (Barth 1857–1858b I: 187), un nombre surprenant en raison du petit nombre d'habitants du Touat. L'un des pèlerins rejoignit la caravane de Barth qui partait vers le sud; et lui donna de précieux renseignements sur le commandant Laing qu'il avait vu au Touat (Barth 1857–1858b I: 274f). Laing avait atteint Tombouctou dans les années 1820 et fut assassiné sur le retour.[6]

Dans l'Aïr, Barth discuta avec Hajj 'Abdua qui visita l'Égypte, des conditions de vie dans les grandes villes comme le Caire ou Londres. 'Abdua servait Annur, l'homme puissant des Tuaregs Kel-Ewey, comme envoyé et avait, dans le cadre de cette fonction, fréquemment visité la cour du roi de Bornou (Barth 1857–1858b I: 414–415). Il pouvait alors fournir à Barth beaucoup d'informations de première qualité sur le royaume de Bornou si bien que Barth était très bien informé avant son arrivée dans la capitale de Bornou. À Agadez, Barth a reçu la visite d'hommes d'affaires arabes. Il les qualifient des gens informés qui avaient une opinion avancée, justement parce qu'ils avaient été en contact avec des régions et des personnes les plus diverses, parmi lesquelles des Européens (Barth 1857–1858b I: 498).

Barth rencontra beaucoup d'autres pèlerins, des commerçants ou des voyageurs, qui avaient plus qu'« une idée vague des Anglais » et qui lui ont pu donner de précieuses informations. Barth écrit, en référence à ses informateurs à Bornou en particulier et en Afrique occidentale en général: « Beaucoup de personnalités exceptionnelles séjournent actuellement ici (c. à. d. dans la capitale du royaume) ; elles sont en partie en route pour la Mecque ou en reviennent, en partie attirées par la réputation du très hospitalier et bienfaisant vizir. » (Barth 1857–1858b II: 274).

Apparemment, pour étayer ses analyses, Barth nous livre d'autres détails sur ses deux principaux informateurs à Bornou. Le *Pullo* mentionné plus haut était issu d'une dynastie royale dans le Futa Toro. Il fut pris en otage par les Français à St. Louis, où il fit la connaissance des Français et des Anglais. Il traversa plus tard tout le continent africain. Le deuxième informateur était un Maure. Il avait aussi voyagé très loin et connu lors de ses voyages des Européens (Barth 1857–1858b II: 368ff).

Barth nous relate souvent des détails biographiques sur d'autres informateurs. Il ne travailla pas seulement avec des pèlerins et commerçants, mais aussi avec des aventuriers ou avec des esclaves affranchis. Les biographies de quelques-unes de ces personnes sont dignes d'être mentionnées, car elles montrent dans quelle mesure des nouvelles sur le monde islamique ou sur l'Europe étaient répandues.

Barth voyagea de Kano à Kukawa avec un commerçant de Fez, accompagné d'un esclave affranchi. Cet homme fut vendu quand il était enfant à Istanbul où il rencontra des Européens et apprit le grec de telle façon qu'il pouvait communiquer avec Barth dans cette langue. Barth fait à ce propos la remarque suivante: « En effet, l'esclavage apporte occasionnellement des éléments cosmopolites dans ces terres intérieures. » (Barth 1857–1858b II: 176).

La nouvelle de la mort de James Richardson, le chef de la mission britannique[7] avec qui Barth voyageait, lui fut rapportée par un diplomate de voyage. Cet

---

6   Théodore Monod a interprété et critiqué toutes les sources disponibles (et tous les auteurs précédents) sur le voyage de Laing de Tripoli à Tombouctou (cf. Monod 1977).

7   La mission britannique qui fut plus tard associée au nom et aux exploits de Heinrich Barth fut d'abord dirigée par le Britannique James Richardson. Richardson mourut environ un an après le départ de la mission de Tripoli ; son récit de voyage – basé sur ses notes – fut publié a titre

homme, un Arabe de l'Afrique du Nord, avait d'abord servi le roi de Bornou, puis proposa ses services à l'ennemi des Bornou, le calife de Sokoto, après avoir été expulsé de Bornou. Plus tard il retourna de nouveau au royaume de Bornou (Barth 1857–1858b II: 224f).

La vie du *Bambara* Hajj Ahmad, l'un des principaux informateurs de Barth à Bagírmi, rappelle d'ailleurs les biographies des migrants modernes. Hajj Ahmad travailla d'abord dans les mines d'or de Bambuk, et devint commerçant entre Tombouctou (l'actuel Mali) et le Touat (l'actuel Algérie). Ensuite, il fit du commerce à Agadez (Niger) et à Kano (Nigeria). Plus tard, il alla en pèlerinage et se fit embaucher comme mercenaire dans la péninsule arabique et servit le Pacha turc à Médine, avant de trouver un emploi comme serviteur dans la grande mosquée de Médine. Quand Barth le rencontra, il était justement en mission diplomatique et rapportait des eunuques à Médine (un cadeau du souverain de Bagírmi) (Barth 1857–1858b III: 329). Les premières nouvelles d'une expédition européenne qu'on avait envoyé à sa recherche atteignirent Barth par l'intermédiaire d'une esclave affranchie à Sokoto. Cette femme fut vendue aussi lorsqu'elle était enfant à Istanbul ; elle y a été affranchie et partit alors avec des caravanes en direction de Kukawa, d'où elle rejoignit son village natal (Barth 1857–1858b V: 333, 334).

Des renseignements étaient aussi répandus par des caravanes. Des caravanes ne transportaient pas seulement des marchandises, mais aussi des nouvelles. Bien que les caravanes voyageant sur de courtes et moyennes distances étaient aussi organisées par des peuples sédentaires, comme les Mossi et particulièrement les Hausa, celles parcourant de grandes distances étaient exclusivement la chose des nomades, des Arabes, des Arabo-berbères (Maures), des Teda et des Tuaregs.

Les Tuaregs de l'Aïr, et en particulier le *Kel-Ewey*, vont vers le nord jusqu'à Ghat et Murzuk (Libye) (Barth 1857–1858b I: 436), où ils pouvaient rencontrer d'autres Tuaregs du Fezzan, de Tripoli, de l'Égypte, du Touat ou d'Alger. Les *Kel-Ewey* faisaient aussi le commerce de sel et allaient pour cela, une fois par an, en grand nombre vers le sud, vers les États Hausa et vers le califat de Sokoto, où Barth rencontrait souvent des hommes dont il avait déjà fait la connaissance au nord. « C'est ainsi qu'on rencontre partout des Tuaregs » (Barth 1857 II: 108; cf. aussi: Barth 1857–1858b IV: 86, 187). Barth mentionne souvent l'arrivée des caravanes venant du nord, de Ghadames, Ghat, de Touat ou du Maroc. Sur le chemin du retour à Tripoli, Barth voyageait aussi avec une caravane des nomades Teda (Barth 1857–1858b V: 405).

L'évolution en Europe et la politique européenne étaient naturellement suivies avec une attention particulière dans les cours soudanaises. Les commerçants, de même que les caravaniers, s'intéressaient également à la politique en Europe, surtout pour les tentatives d'abolition du commerce d'esclaves. Mais même dans ces milieux, deux idées principales dominaient les opinions sur l'Europe et les Européens: l'idée de la supériorité technique et celle selon laquelle les Européens seraient des barbares.

posthume (Richardson 1853).

Lorsque Barth était dans le camp al-Bakkā'ī à Tombouctou, il reçut la visite d'un officier *Pullo* de la théocratie voisine de Macina. L'officier insultait tous les Européens, mais en particulier les Français qu'il tenait pour des détestables barbares. Il déclara à ce propos qu'ils mangeaient des oeufs crus: « le fait que les Européens mangeaient si volontiers les oeufs crus était curieusement répandu sur toute l'Afrique du nord et l'Afrique centrale » (Barth 1857–1858b V: 93).

Dans la boucle du Niger, l'idée du barbarisme européen avait été très influencée par la conduite du voyageur écossais Mungo Park[8] qui voyagea au début du XIXe siècle sur le fleuve Niger sur un radeau et trouva la mort dans un rapide dans l'actuel Nigeria. « [...] sa politique à laquelle il était contraint consistait à tirer sur tous ceux qui l'approchaient d'une quelconque manière menaçante. » (Barth 1857–1858b V: 202).

Mais puisque Barth parlait avec des Tuaregs qui avaient perdu deux membres de leur tribu un demi siècle auparavant (ce qui signifie qu'il se fait reconnaître en tant qu'humain à travers la langue) « [...] ils se sont convaincus que je n'appartenais pas à la classe des animaux sauvages, car une telle pensée née de l'accueil que Park leur avait fait, fut généralisée à tous les Européens. » (Barth 1857–1858b V: 203)[9].

50 ans plus tard, les souvenirs du passage de Park et ses affrontements avec les Africains étaient encore vifs chez les Tuaregs du sud, bien que l'origine et les buts de ce grand homme blanc leur soient toujours restés un grand secret.

Annur, l'homme fort de l'Aïr (actuel Niger), reçut les Européens de la mission britannique comme ses invités et se montra très aimable à leur égard. Il montrait néanmoins clairement qu'il :

> « [...] tenait les Européens pour d'abominables barbares parce qu'ils étaient capables de tuer sans ménagement pendant leurs guerres d'immenses nombres de personnes et ils utilisaient des canons au lieu de la lance et de l'épée; car ces dernières armes étaient selon lui les seules autorisées et dignes d'un homme, qu'un homme peut utiliser contre un autre » (Barth 1857–1858b I: 559).

Les Européens étaient en général considérés comme des experts en médecine. Overweg par exemple, était certes géologue mais se fit passer cependant longtemps comme *tabib* (médecin). Cela l'aida facilement à créer du contact avec la population locale. Barth lui-même avait absolument conscience de ses connaissances médicales rudimentaires. Ainsi, il ne traitait des malades qu'à condition d'être sûr

---

8   Sur la vie et les deux voyages de Mungo Park cf. la biographie de Kenneth Lupton (1980); voir particulièrement les pages 224ff en ce qui concerne le comportement de Park lors de son voyage sur le fleuve Niger.

9   Gerd Spittler explique l'agressivité choquante de Mungo Park avant tout par le fait que le voyage auquel on se réfère ici était planifié en tant qu'expédition et en conséquence armée, ce qui donna l'occasion d'une confrontation militaire avec les Africains. Spittler fait contraster le meilleur équipement et la meilleure organisation de cette expédition avec le voyage de Mungo Park quelques années auparavant qui – à cause du défaut d'équipement et sans obligation de s'occuper de l'organisation des participants à l'expédition – nécessita justement le contact permanent avec les Africains; pour cela il permit donc des remarquables observations ethnographiques qui furent impossible à réaliser pendant le deuxième voyage.

de son succès. Parfois, il ne pouvait guère se sauver des patients qui plaçaient trop de confiance en ses capacités de docteur blanc. « Il (le fils du gouverneur de Zaria qui séjournait justement à Kano lorsque Barth était de passage) avait une si haute opinion des capacités des Européens qu'il m'était impossible de le convaincre que je n'avais ni les connaissances ni les instruments pour entreprendre un tel traitement et le guérir de sa maladie. » (Barth 1857–1858b II: 131).

La supériorité technique et militaire des Européens était reconnue de tous les Africains. Même un souverain local aussi insignifiant que le gouverneur de Say, sur les bords du fleuve Niger, avait déjà beaucoup appris sur la supériorité des Européens par rapport aux Arabes (qu'il connaissait mieux) (Barth 1857–1858b IV: 250).[10] Barth avait discuté avec cet homme des possibilités de nouer des relations économiques avec la Grande-Bretagne. De même lorsque Barth fut accueilli à Tombouctou pour la première fois par son ami al-Bakkā'ī, les deux hommes parlèrent déjà cette première fois de la supériorité européenne dans les domaines techniques. Al-Bakkā'ī demandait à Barth, si la ville de Londres avait réellement « 20 fois 100 000 habitants », selon son expression (Barth 1857–1858b IV: 462). Il est en effet étonnant qu'al-Bakkā'ī ait eu à lire ou à entendre ce chiffre, qui est pourtant exact, dans le lointain Tombouctou.

Dans l'œuvre de Barth, les Africains, dans la partie du continent objet de mon étude, semblent relativement être bien informés sur l'Europe et les Européens. Les renseignements étaient colportés par des voyageurs, par des pèlerins et à travers le commerce international. Le commerce international était presque exclusivement dans les mains des groupes nomades. La politique européenne était naturellement suivie avec une attention particulière aussi bien dans les plus grandes que dans les plus petites cours des souverains au Soudan. Beaucoup de gens, de même que certains esclaves, étaient étonnamment bien informés sur le continent voisin de l'Afrique. Cette image est confirmée dans les observations d'Oskar Lenz sur Tombouctou 26 ans après Barth :

> « On est en général assez bien informé à Tombouctou de tout ce qui se passe en Europe. Les résultats de la dernière guerre russe étaient connus, on parle naturellement encore de la grande guerre franco-allemande (1870/71) qui a été suivie avec un intérêt particulier parce que les gens avaient toujours craint l'approche des Français. [...] Mais les relations permanentes avec la population arabe des pays méditerranéens provoque le fait que les gens soient pourtant rapidement au courant de tout à Tombouctou sans lecture de journaux ni de télégraphes. » (Lenz 1884: 140)

Conclusion

En lisant les rapports de voyage, on peut clairement sentir l'étonnement des explorateurs européens devant la masse importante des connaissances qu'avaient

---

10 Stephen Greenblatt montre que l'étonnement a été le topos devant décrire les premières rencontres des européens avec les habitants du Nouveau Monde. Au XIXe siècle, néanmoins, l'étonnement est, soit disant, colonisé : l'étonnement perdu des colonisateurs est remplacé par la présomption que ce seraient des Africains qui s'étonneraient de l'ingéniosité technique de leurs colonisateurs européens (Greenblatt 1994 in : Behrend 1998: 323f.).

les Africains sur l'Europe et les Européens. Nous pouvons mieux comprendre cet étonnant phénomène, si nous ne perdons pas de vue qu'au milieu du XIXe siècle et encore longtemps après, beaucoup de régions à l'intérieur de l'Afrique étaient tout à fait inconnues en Europe. C'étaient finalement, les explorateurs eux-mêmes, et avant tout, une personnalité de l'importance de Barth, qui ont effacé quelques-unes des taches blanches sur les cartes géographiques de l'Afrique. Les Africains avaient-ils réellement plus de savoir sur nous que nous sur eux ? C'est ce qui semble, pourtant, ressortir des récits de voyages.

Je veux revenir, pour conclure, à ma question initiale, à savoir si les Africains étaient vraiment surpris et totalement pris au dépourvu par la conquête coloniale, comme la littérature sur la résistance africaine contre la conquête coloniale le prétend, dont la très respectée *Cambridge History of Africa*.

Il en résulte une autre image pour la période entre 1850 et 1880. La période qui précédait directement l'occupation coloniale de l'Afrique occidentale et sur laquelle nous avons particulièrement orienté notre attention:

Outre les relations multiples qui ont déjà, auparavant, longtemps existé entre l'Afrique et l'Europe, notamment dans des domaines aussi divers que ceux du commerce, de l'esclavage, de l'échange diplomatique ou encore dans le domaine de la recherche scientifique. Et en dehors même du fait que l'Européen était connu depuis l'antiquité en Afrique du Nord ; et enfin, malgré le fait que les Européens faisaient du commerce avec l'Afrique occidentale depuis le XVe siècle et entretenaient, dans cette région, des bases commerciales ; l'agressive politique coloniale française, en particulier, n'était pas restée inaperçue.

Depuis la conquête d'Alger en 1830 et depuis la prise de fonction du général Faidherbe au Sénégal en 1854, les efforts français pour la conquête d'un immense empire colonial étaient devenus, pour beaucoup d'Africains, une évidence absolue.

Si l'on considère le point de vue des Africains – du moins ce qui résulte des récits de voyage – les groupes actifs dans le commerce international semblent particulièrement été tenus informés en détails sur leurs partenaires d'affaires et sur le reste du monde et étaient, même, demandeurs de renseignements. Ces informations étaient importantes pour le commerce. Ces groupes, mais aussi toutes les formations politiques au Soudan, devaient craindre une future domination politique ou économique.

Le plus grand danger à ce propos venait de la France. Plus tard, à partir des années 1870, on commençait aussi à craindre les plans coloniaux de l'empire Ottoman qui progressait depuis ses possessions libyennes vers le sud. Mais ces efforts furent totalement arrêtés avec l'occupation italienne du nord de la Libye en 1911 et, finalement, par la première guerre mondiale en 1914.

Pour être armées contre des futures agressions, presque toutes les formations politiques aux Soudan se sont munies d'armes modernes, ils ont essayé de mieux s'organiser et ont, plus tard, presque tous mené une résistance militaire contre les troupes coloniales.

Il me semble, après l'étude des récits de voyage, que beaucoup d'Africains au Soudan, croyaient, déjà dès le milieu du XIXe siècle, aux dangers d'une future conquête militaire, puis d'une occupation coloniale. En plus, l'ombre de l'État colonial en approche a réveillé des sentiments nationaux même chez des groupes chez lesquels un sentiment national a été tout à fait inconnu auparavant. Mais l'histoire s'est déroulée autrement. Le colonialisme a certes empêché la formation de ce nationalisme, cependant un nouveau nationalisme naquit à travers le bouleversement et par la réorganisation du champ politique suite à l'installation des régimes coloniaux.

HEINRICH BARTH'S CONSTRUCTION OF NATURE

Robert Harms

Résumé

Les historiens de l'écologie ont compris depuis longtemps que la « nature » est une construction culturelle. Les idéaux esthétiques européens, qui accordent une grande valeur à la « nature sauvage », sont souvent en décalage avec les conceptions africaines les plus répandues des paysages anthropiques. Dans cet article, l'auteur examine la manière dont Heinrich Barth construisit et interpréta les paysages africains qu'il traversa, et analyse les présupposés esthétiques européens qui la sous-tendent. Les peintres paysagistes allemands cherchaient à réorganiser le désordre de la réalité observée pour créer de la cohérence et de l'harmonie, tandis que l'émergence de la foresterie scientifique allemande au XIXᵉ siècle donna naissance à de nouvelles esthétiques valorisant la régularité et la netteté. Nombre de descriptions de paysages africains chez Barth reflètent l'esthétique européenne et les notions de classification scientifique du XIXᵉ siècle, mais Barth était également capable de transcender son appartenance européenne à plusieurs égards. Il voyait de la beauté dans le désordre de la nature sauvage, avait une manière africaine d'apprécier les paysages anthropiques lorsqu'il évoquait « l'amicale communauté » des plantes enchevêtrées, et il se montrait sensible au savoir local, accordant beaucoup d'attention aux noms locaux et à l'utilisation locale des plantes. Les observations de Barth concernant les paysages naturels et anthropiques révèlent un mélange d'esthétique européenne, de classification scientifique et de savoir africain local.

In his recent book on the nineteenth century exploration of central Africa, Johannes Fabian (Fabian 2000: 181) observed that European explorers of Africa shared a conception of science as, above all, natural history. Natural history was itself the product of the eighteenth century, when Linnaeus wrote *The System of Nature* (1735), Buffon wrote his *Histoire Naturelle*, and Adanson wrote *Familles des Plantes* (1763). The goal was to create a globally-valid classification system of plants and animals that was thought to be a faithful representation of nature's own plan (Pratt 1992: 24–30).

The object of natural history was thus to impose artificial order upon the chaos of observed nature. Adanson (Pratt 1992: 30–31) explained in 1763 that without the ordering eye of the scientist, the natural world is:

> […] a confused mingling of beings that seem to have been brought together by chance: here is gold mixed with another metal, with stone, with earth; there, the violet grows side by side with an oak. Among these plants, too wander the quadruped, the reptile, and the insect… This mixture is indeed so general and so multifarious that it appears to have been one of nature's laws.

By the nineteenth century a similar approach was being applied to the way explorers observed the people whom they encountered. As Fabian (Fabian 2000: 181) summarized the prevailing viewpoint:

> Scientific knowledge is produced by observing nature. Knowledge of peoples, of their culture and social organization, is scientific when it is produced and presented following the rules that govern the observation of nature.

Observations of nature derived from the classification schemes of natural history thus provided the model for the cultural and ethnographic observations of nineteenth-century explorers.

In this paper, I would like to take Fabian's analysis one step further and interrogate the concept of nature itself. Observation of nature can never be neutral. One of the most important theoretical contributions of Environmental History over the past two decades has been the exploration of "nature" as a social construct. What the observer sees, or fails to see, in a landscape is influenced by the cultural preconceptions that he or she is carrying. This is why this paper deals with Barth's construction of African nature and discusses to what extent he was influenced by the social and cultural representations of his time.

There are numerous examples in the recent literature of ways that Western observers have misread the landscapes they encountered in Africa. In *Misreading the African Landscape*, James Fairhead and Melissa Leach presented the classical case of the Kissidougou region in Guinea (Fairhead and Leach 1996). The landscape there is mostly savanna that is dotted with clumps of trees known as forest islands. Since the early twentieth century, European observers have interpreted this landscape as the remnant of an original forest cover. Over the years colonial agronomists built upon this interpretation to argue that African agricultural practices were responsible for destroying the forest. They saw practices such as burning the savanna as inherently destructive and blamed them for the loss of forest cover. The colonial interpretation was taken over by the Sékou Touré regime after Guinea's Independence, when the post-colonial regime made it illegal to burn grasses or cut down trees. The research of Fairhead and Leach, however, presented the opposite picture. Based on interviews, aerial photographs, and their knowledge of local agricultural processes, they concluded that the area had originally been a nearly treeless savanna. The forest islands that can be observed there today were planted and nurtured by the local inhabitants over the years. Rather than disappearing, the forest has actually been increasing over the twentieth century.

Fairhead and Leach argue (Fairhead and Leach 1996: 7) that the different readings of the landscape are the result of different ways of viewing the world.

> While in Western thought nature and society are, in their ideal form, inherently distinct, albeit acting on each other, for Kissi and Kuranko people, these potentially analogous concepts are inherently indistinct, moral, and fallible. Cycles of birth, growth, maturity, and death common to people, land spirits and termites, and to animals, crops, and plants, can directly interfere with each other and must be scrupulously and actively maintained as separate.

In order to account for the differences in the way Westerners and Africans view the world, they call for a "socialized ecology" that takes local perceptions and local practices into account when observing a landscape.

In a similar way, James McCann has revisited the debate over desertification along the West African Sahel (McCann 1999: 55–60). Many Western observers had argued that the Sahel famines of the 1970s were caused by the cattle herders, who overgrazed the desert-edge grasses causing the desert to creep southward. As the desert expanded, evaporation was reduced and rainfall diminished. Richard Frank and Barbara Chasin even published a famous analysis in which they located the ultimate cause of famine in colonial schemes for growing peanuts in West Africa (Franke and Chasin 1980). Their argument, rooted in underdevelopment theory, was that as peanut growing expanded, the cattle herders were pushed northward to the fringes of the desert, thus overgrazing the fragile grasses and causing desertification.

McCann has disputed this whole line of reasoning. Climate research during the 1980s and 1990s showed a causal link between lower ocean temperatures in the northern hemisphere and higher ocean temperatures south of the equator, and led to a hypothesis that desiccation in the Sahel is the product of global warming during the second half of the twentieth century. Since global warming is caused largely by the burning of fossil fuels in the northern industrial countries, it follows that desertification in the Sahel is the result of the actions of northern industrial societies, not African farmers and herders.

A third example of how Western cultural biases can influence the way Westerners view African landscapes comes from Tanzania. Roderick Neumann (Neumann 1998) has argued that British ideas of nature as something pristine and untouched by man lay behind the drive of the British colonizers to create national parks in eastern and southern Africa. In order to implement their idea of unspoiled nature in the creation of Serengeti National Park in Tanzania, the British displaced or evicted some of the human inhabitants living in the parklands and imposed heavy restrictions on subsistence activities such as herding, hunting, and gathering. These policies provoked fierce resistance from the Maasai, Ndorobo, Ikoma, and Sukumu peoples whose livelihoods were affected by the creation of the park.

In each case the Western observers looked at an African landscape and saw what they were predisposed to see. In Guinea, they saw a landscape denuded of trees by primitive and irresponsible cultivators; in the Sahel, they saw grasslands ruined by overgrazing; in Tanzania they saw pristine nature that had been spoiled by human settlement.

Influences on Barth

When Heinrich Barth passed through West African landscapes, what was he predisposed to see and how was he predisposed to interpret it? His own writings give us few hints, and so we must inquire as to the intellectual currents in nineteenth century Germany that were likely to have influenced his view of nature. In this section of the paper, I will focus on two issues: German landscape painting, which defined the aesthetics of nature, and German scientific forestry, which defined a modern scientific approach to nature.

The Aesthetics of Nature

Gina Crandell (Crandall 1993: 6) has argued that landscape paintings have been a major source of the way ordinary people view nature. She writes:

> We each have a mental picture of nature. It probably includes trees and grass, or maybe a river or mountain that we see from a distance. More importantly, we ascribe a kind of innocence to it, thinking of it as pretty and benign. Where did such a picture come from? As we shall see below, one of the primary sources of our way of seeing the landscape is a long series of developments in painting which can be called naturalism. The history of naturalistic painting chronicles the development of conventions that created convincing illusions of views to the world outside.

So powerful was this influence in eighteenth century England that travelers who took the Grand Tour of Europe and saw paintings by Claude Lorrain and Nicolas

Poussin returned home and reconstructed their estate parks to mimic the pastoral images in the paintings.

In Germany the theoretical underpinnings of landscape painting were spelled out in Georg Sulzer's 1781 encyclopedia of art (Mitchell 1993: 13). Sulzer made two main points. The first was that nature existed only where humans did not. He wrote:

> A quiet region full of charm, the gentle trickling of a stream, the murmur of a small waterfall or a solitary area untouched by Man, all awaken the soft thrill of solitude. At the same time they seem to inspire a sense of reverence for the invisible power that animates these deserted places.

Sulzer's second point was that landscape art should refine nature to make it more coherent, not reproduce it in all its messiness. He therefore defined natural painting (Mitchell 1993: 16) as follows: "One calls art works 'natural' if all their parts cohere in the best way, completely and without seeming forced, as if nature itself had produced them". In art, being true to nature did not mean copying nature's variety, but producing a work in which all parts worked together to achieve a single goal.

In a long essay on landscape painting published in 1806, Carl Ludwig Fernow (Carus 2002: 22) went even further to define the task of painting as the "poetic invention of ideal natural scenes based on reality". He wrote:

> Every representation of nature in landscape, if it is not a depiction of a real view, must be a poem, for even the painter is a true artist only to the extent that he is a poet. But whether his poem is a scene from reality, or from the past, or from the world of literature, can be recognized only from the *staffage* and the accessories; landscape painting can never compose its ideal scenes except in the character and style of real nature, since in nature neither the particular nor the whole permits of an ideal; that is to say, an elevation above reality to which nature, with all the perfection of its productions, cannot attain.

In a series of letters written between 1815 and 1824, the physician, naturalist, and painter Carl Gustav Carus (Carus 2002: 87) defined the true subject of landscape painting as: "The solid ground in all its manifold forms of rock, mountain, valley, and plain; the waters, whether at rest or in motion; the air and clouds, with all their diverse phenomena: such, in essence, are the forms in which the earth manifests its life". Although he does not explicitly exclude humans, he does not seem to include them either.

Carus agreed with Sulzer that the goal of landscape painting was not to faithfully reproduce nature. "In terms of truth, of course, the painting is infinitely inferior; the charm of beautiful natural forms, the luminosity of the colors, is not even half-captured; but at the same time you feel that a genuine work of art is a coherent whole, a world in miniature (a microcosm) in its own right". Here again is the theme that nature is messy, and the work of the landscape painter is to create a harmonious whole. Carus (Carus 2002: 91) went on to add:

> In this or any work of art, as I pointed out in my first letter, it must additionally be possible for us to sense that the work owes its existence to the creative power of the human mind; that it is the product of a unity and must itself therefore be a self-contained and, as it were, organic whole.

Science as a Way of Seeing

James Scott has argued (Scott 1998: 11–22) that the rise of German scientific forestry beginning in the late eighteenth century led to a whole new way of seeing a forest. From the point of view of a State that placed a high priority on revenue, nature was less interesting than natural resources: trees were less interesting than timber. The first major achievement of German scientific forestry was to work out the amount of saleable wood in a standard tree in a certain size-class. By combining this calculation with new forest surveying techniques, it became possible to calculate the amount of saleable wood in a given forest.

The next step was to replace old grown forests with new forests where seedlings of a single species were planted in straight rows. Scott (Scott 1998: 15) notes: "The German forest became the archetype for imposing upon disorderly nature the neatly arranged constructs of science". Scott points out (Scott 1998: 18) that the new uniform forest quickly became an aesthetic ideal in Germany. "The visual sign of the well-managed forest in Germany and in the many settings where German scientific forestry took hold came to be the regularity and neatness of its appearance".

In nineteenth-century Germany, then, two very different methods of viewing nature – the aesthetic and the scientific – both abhorred the messiness of observed reality. The landscape painters sought to create a coherence and harmony that raw nature did not possess. The naturalist-painter Carus tried to accept the variability of raw nature by focusing on the underlying scientific laws to provide the coherence and the harmony, but his theoretical leap had little effect on German landscape painting. The scientific foresters created a whole new type of forest characterized by single species trees planted in straight rows. There was a general rejection of any "landscape views" that did not conform to European ideals of coherence and harmony.

Heinrich Barth as an Observer of Nature

Let us now explore whether Heinrich Barth merely reflected the dominant views of his home society, or whether he transcended them in important ways.

Nature as Beauty and Science

At Diggera, Barth (Barth 1857–1859 II: 342) showed that he had an aesthetic appreciation of nature that was generally compatible with that of the landscape painters. He wrote, "I first turned my steps eastward, where the encampment extended to the very foot of the beautiful trees which, forming a rich border of the finest embroidery from the hand of nature, girt the water. Many of them were either fig (sycamore) or tamarind trees". This simple remark reveals how the landscape painter's appreciation of natural beauty and the scientist's compulsion to name and classify came together in the writings of Heinrich Barth. The landscape painter would have appreciated the beauty of the trees without feeling obligated to name them, whereas the pure scientist would have named the trees without commenting on their beauty. In two simple sentences, Barth managed to do both.

In a similar way, Barth remarked (Barth 1857–1859 II: 398) on January 8, 1852, "The country through which we passed was extremely fertile and beautiful". The judgment about fertility was a scientific one, whereas the judgment about beauty was an aesthetic one. What kind of relation did he suggest between the two judgments? Was the country beautiful *because* it was fertile?

Near the town of Dikowa, Barth encountered a water course that evoked both his aesthetic and scientific judgments (Barth 1857–1859 II: 232). The most attractive place, he wrote, "was the komadugu, or water course, which passes at some distance to the south of the town, and is distinguished by the special name of Yalowe. It was a very charming spot, winding along through a rich and varied forest, bordered by an uninterrupted line of the finest fig-trees, principally the kind called "ngabore". Unlike the landscape painters, he was attracted to the "rich and varied forest" and did not seek to reduce it to harmony among the elements. But he was also attracted to the line of fig trees – a mono-species formation in a straight line that presented an image compatible with the aesthetic ideals of German scientific forestry. Moreover, he demonstrated a scientist's propensity to classify, since he named the specific type of fig tree.

A further difference between Barth and the romantic landscape painters was that this "charming spot" was in no way devoid of people and the signs of civilization. "The banks all around were enlivened by horses and pack-oxen who were enjoying the shady verdure", he wrote, "and there was not a shady tree but that had been taken possession of by a troop of Kanembu or Kanuri, in order to find that comfortable repose which the noisy encampment could not afford". In Barth's first mention of this "attractive" and "charming" place, he gives the impression that the scene was devoid of human occupants, and only later does he inform us that it is teeming with people and pack-animals. Yet the presence of the people in no way detracts from the charm of the place.

At other times, Barth's description of nature seemed to fit more into the realm of natural history. On December 21, 1851, Barth entered a forested region (Barth 1857–1859 II: 351). He described it this way:

> The general character of this jungle was this. The ground was covered with dum-bush, which formed a thick brushwood, and here and there with rank grass, while the forest in general consisted of middle-sized trees, chiefly mimosas and kalgos, though there were other specimens, especially the kokia-tree, which I had first seen on my journey from Gezawa to Katsina, the trees of smaller size being separated into groups by large, spreading specimens of the vegetable kingdom, mostly of the ficus kind; for monkey-bread trees seemed to be wanting entirely, and altogether I saw very few specimens of this tree in Musgu country.

Here, Barth is writing in a scientific mode. Trees become "specimens" of broader categories and the names take on a heightened importance. There is no mention of whether the trees were beautiful or ugly. Whereas the passages cited above showed a balance between aesthetic appreciation and scientific classification, this passage reduces trees to specimens.

Barth also mixed aesthetic and scientific observations with practical ones. For example, this is how he described a forest near Denga (Barth 1857–1859 III: 193):

> Among the trees of the forest there was soon conspicuous that large beautiful tree, a species of acacia, which the inhabitants of Shawi and Makari call korgam and from which they build most of their boats while a kind of vegetable butter is made from its core. It grew here to an altitude of certainly not less than eighty feet, with a wide-spreading crown, but not very dense foliage. It is here called "mur" at least by the Arabs; its native Songhay name I did not learn until some time subsequently. Among the underwood, the most distinguished was the bush here called "kirche," with its small, white, edible fruit, which is extremely pleasant when taken in small quantities, but, from its very sweet taste, soon becomes unpalatable; there was, besides, the "mekhet," as it is called by the Arabs, the fruit of which is much liked by the natives, but it is not yet ripe.

Here Barth gives the local names of the trees and fruits, but is more concerned with their use than with their scientific classification. Barth's view of natural landscapes was thus influenced by aesthetic considerations, but was tempered by scientific and practical considerations as well.

Barth's view of African agriculture

The main way that nature was altered and transformed in West Africa was by agriculture. Barth not only appreciated untouched landscapes, but he was also a keen observer of anthropogenic landscapes.

Modern studies of African agriculture have shattered three myths that were common in the nineteenth century and throughout much of the colonial period.

First, they have shown that occasional appearances of "luxuriant growth" can be misleading as indicators of soil fertility. The luxuriant growth of the tropical rain forest, for example, rises from soil that is almost pure sand; the nutrients reside in the plants themselves, not in the ground. Similarly, studies have confirmed that, despite occasional appearances, savanna soils in Africa are generally nutrient poor.

Secondly, modern studies have given us a new appreciation for the techniques of shifting cultivation by which a field is planted for two or three years and then allowed to lie fallow for many years in order to regenerate. Because a field was typically abandoned after two or three years of cultivation, it was not efficient to clear the field completely of bushes and trees. Therefore, fields in shifting cultivation systems often looked messy and unkempt when compared to the permanently cropped fields in Europe. Paul Richards has argued (Richards 1985: 54–55) that shifting cultivation was well adapted to the conditions of West African agriculture. We should not view it as a set of backward agricultural practices, but rather as "a rich tool kit of land management procedures".

Third, scholars have recently begun to appreciate the complexity and utility of intercropping, a technique by which as many as ten to fifteen varieties are planted in a single field. Intercropping is common in the regions of West Africa where low population densities correlate with low soil fertility. The right mixture of intercropped plants seems to improve productivity rather than diminish it because it takes advantage of the fact that different crops have different nutritional requirements and different depths of their root systems. Paul Richards has argued (Richards, 1985: 63–72) that intercropping should not be seen as a stable set of "traditional" techniques, but as "evidence of progress towards an agricultural revolution well-adapted to West African conditions". He added, "Viewed correctly, I would argue, intercropping should be seen as an area where West African smallholders have concentrated much experimental initiative and invention. This approach is dynamic and inventive, not traditional and time bound".

Barth was aware of intercropping techniques. In Diggera (Barth 1857–1859 II: 345), he accurately described fields of "millet intermixed with beans", and in the Musgu country (Barth 1857 II: 396) he described Negro corn, cotton, and tobacco "in friendly community on the same piece of ground". This latter statement reveals that he had a favorable attitude toward intercropping, seeing the plants as living in a friendly community.

Near the town of Dikowa, Barth gave a less favorable judgment of the local agriculture (Barth, 1857–1859 II: 232–233). "Having heard that the wealth of the inhabitants of Dikowa consisted of cotton", he wrote, "I expected to find extensive, well-kept cotton plantations; but although the article was cultivated to a great extent, I was astonished at the neglected appearance which it exhibited, the cotton fields being almost buried beneath the thicket, and overgrown, not only with rank grass, but even with trees and bushes, so that scarcely any space was left for the plants to spread out; nevertheless, their luxuriant growth bore ample testimony to the rich nature of the soil, and gave an idea of the wealth that lies buried in these regions".

As an observer of the landscape, Barth was clearly reacting to the appearance of the cotton fields and comparing them unfavorably to a European aesthetic ideal of what a proper field should look like. Even though Barth's description gives the appearance of scientific analysis and scientific certainty, his conclusions in fact run contrary to the results of scientific studies of African agriculture in the late-twentieth century. In the first place, Barth may have overestimated the fertility of the soil. The "luxuriant growth" that he saw did not necessarily indicate fertile soils. Second, Barth may have failed to appreciate the techniques of shifting cultivation. His observation that there were bushes and trees left in the fields gives evidence that the fields were probably part of a rotation plan typical of shifting cultivation systems.

Barth then moved from this specific observation to a very large generalization (Barth 1857–1859 II: 333): "I have already observed, on another occasion, that the natives of Negroland take very little care of their cotton plantations; and there is no doubt that, if sufficient care was bestowed, quite a different quality might be produced". Here Barth was speaking with the authority of a scientist who believed that he *knew* exactly what was wrong with West African cotton production. It was easy for a nineteenth century European observer to confuse aesthetics with science.

Barth's views of agricultural practices in Africa were not all negative. On January 2, 1852 he observed an agricultural scene that he approved of (Barth 1857–1859 II: 382). He wrote:

> The landscape was exceedingly beautiful, richly irrigated and finely wooded, while, to our great astonishment, the ground was so carefully cultivated that even manure had been put upon the fields in a regular manner, being spread over the ground to a great extent – the first example of such careful tilling that I had as yet observed in Central Africa, both among Mohammedans and pagans.

Here, Barth was struck by the regularity of the tillage and the use of manure, two features that were common in European agriculture. The fields pleased his aesthetic sense and thus earned his praise.

If Barth's scientific judgment was heavily influenced by his aesthetic vision, then his African hosts were equally influenced by aesthetic sensibilities. At Dikowa he encountered sweet sorghum for the first time (Barth 1857–1859 II: 339–340). True to his scientific predilections, he included the Latin name *Sorghum saccharatum* in his book, but he also included the African name, "Sabade". Dining with the vizier, Barth was treated to the marrow of the sweet sorghum as white pieces about eight inches in length were neatly arranged on a straw place-mat. Because of the sweetness, the conversation turned to sugar cane and the sugar that was extracted from it. Sugar was a European luxury import that was already known in that part of West Africa. When his hosts learned "in what a filthy manner it is refined", they became horrified and contemplated renouncing sugar completely. They also rejected the idea of attempting to process sweet sorghum in a similar way in order to extract the sugar from it. Thus did practical discussions of agricultural products founder on conflicts of aesthetic visions.

Conclusion

Heinrich Barth was a man of his time. He was steeped in nineteenth century European ideas about nature and agriculture that were based on aesthetic visions as well as scientific classification. Some of his judgments, such as those on African cotton production, were typical of what one might expect from a European traveler.

But Barth also transcended his European cultural background in important ways. He found beauty in wild nature that had not been harmonized by the abstracted vision typical of European landscape paintings. He appreciated anthropogenic landscapes, and did not see idealized nature as being devoid of human beings. He displayed an African appreciation of plant life when he discussed the "friendly community" of intercropped plants. He was interested in advancing the European project of classifying plants, but he also paid close attention to the local names and uses of plants. By pointing out that a certain tree was used for making boats, for example, he showed sensitivity to local knowledge. In the end, Barth's observations about natural and anthropogenic landscapes were a blend of aesthetic vision, scientific classification, and appreciation of African local knowledge.

HEINRICH BARTH ET L'ARTISANAT AFRICAIN

Bernhard Gardi

Abstract

There is less material on the craft industry and technology in Barth's work than one might expect. In fact, Barth was not an art historian. It seems that Barth had a real personal and scientific interest in a wide range of topics and yet none for crafts. The most detailed data found in his work are related to Hausa textiles. He did not seem to be concerned with their manufacturing process. For instance, the description of their machine-woven is missing. In Barth's view, textiles were more than anything else, a significant means of payment and exchange. As far as Hausa textiles are concerned, the author provides an accurate terminology which he opposes to Kanuri's. However, a corresponding terminology in Songhay or Fulfulde regarding Timbuktu, is missing. Information about the great tradition of silk embroidery applied to the making of boubou called *tilbi* or *tirbi*, a speciality of Timbuktu as well as Djenne, is also absent. Similarly, weaving wool is wide spread in the North of Mali. This practice which stands as an unique technology in Sub-Saharan Africa, is equality omited. Neither the *kaasa* blankets nor the wedding hangings called *arkilla* are described. It would be unfair to criticise Barth for these oversights. In fact, preindustrial technology did not simply constitute a scientific challenge at his time.

Introduction

En quoi la lecture de Heinrich Barth nous permet-elle d'en savoir plus sur les techniques de production traditionnelles, les métiers et l'artisanat africains au XIXe siècle ? Autant le dire d'emblée, ses notes s'avèrent fort riches pour la connaissance des produits artisanaux commercialisés en Afrique à son époque. Néanmoins, en ce qui concerne la manufacture des produits artisanaux, il en dit moins qu'on ne pourrait s'y attendre et l'on se trouve, à la lecture, toujours un peu déçu. En effet, les courtes et sèches descriptions de Barth sur les métiers sont en général beaucoup moins développées que ses descriptions géographiques ou ses analyses des événements historiques et politiques. Le thème de l'artisanat n'est certes pas absent de ses écrits, mais même s'il est abordé clairement et de manière informée, l'analyse manque toujours de précision. Le sentiment du lecteur est que, sur un certain nombre de sujets bien précis, les choses semblaient aller de soi pour H. Barth et qu'il ne prenait donc pas le soin d'une description précise[1].

La lecture des notes de H. Barth n'est pas aisée. Les cinq volumes, comptant au total 3600 pages, sont structurés de manière chronologique. Un même thème peut donc être repris à plusieurs centaines de pages d'intervalle et être approfondi sur une ou deux phrases seulement. C'est tout particulièrement le cas de la culture matérielle et je ne puis donc pas affirmer avec certitude avoir consulté tous les passages importants s'y référant. Ce que je peux dire en revanche, c'est qu'on ne peut guère reprocher d'erreurs à H. Barth quand il aborde la question des métiers : même l'orthographe phonétique des termes africains ne présente pas de fautes d'impression.

Si H. Barth ne se consacre pas à une étude spécifique et approfondie de l'artisanat c'est avant tout parce qu'il était enfant de son temps : en Allemagne, l'industrialisation n'avait pas encore pénétré complètement le pays. Aussi la technologie traditionnelle n'était-elle tout simplement pas un défi scientifique à son époque. La description du cours du Niger entre Tombouctou et Gao – des pages sans fin – lui semblait ainsi plus importante qu'un inventaire des techniques africaines. Il serait donc de mauvaise aloi et un peu anachronique de critiquer Barth pour ses omissions. D'ailleurs, ses exposés sur les métiers surpassent clairement celles de la plupart des auteurs du XIXe siècle. Ils sont pour nous comme une pierre de Mars : uniques, intéressants et précieux.

H. Barth n'aborde quasiment pas le travail artisanal du métal, c'est à dire le fer, le métal jaune, le cuivre, l'argent, l'or et l'étain[2]. La poterie ou les nattes sont mentionnées[3], mais aucune précision n'est donnée sur leur technique de production. Pourtant, ces métiers avaient de l'importance au sein de la population rurale. Quant au verre africain, aux bracelets et perles[4], à la spécialité

---

1   Je m'appuie ici sur la première édition en allemand (1857–1858). Je n'ai pas lu les différents articles que Barth avait publiés par ailleurs, et je n'ai pas eu entre les mains ses notes de voyage.

2   H. Barth fait montre d'une certaine transparence dans ses dires et ne semble pas « tricher » dans ses descriptions. L'exemple suivant, qui touche aux métaux, en témoigne : chez les Musgum (au sud du lac Tchad), il décrit une labrière en « métal ». Il ajoute même une petite illustration (Barth 1857–1858b II: 466). Par contre, ayant senti que ce n'était pas du fer, Barth s'abstient de donner des précisions (qui pourraient être erronées) sur la nature du métal. Je pense qu'il s'agissait de l'étain, un métal exploité sur le plateau Bautchi (Nigeria). En dehors des bijoux en fer, l'étain était utilisé par de nombreux groupes ethniques dans le nord du Cameroun.

3   C'est à peine s'il mentionne l'existence de potières : par exemple pour un village dans le Baguirmi, où il semble y avoir eu une production importante de poterie (Barth 1857–1858b II: 239).

4   Bida, la métropole des Nupe, était l'unique lieu de production du verre en Afrique

hausa du cuir vert clair[5], et à la décoration de calebasses, les allusions sont totalement absentes.

Pourtant, les déceptions du chercheur sont largement compensées par les nombreux passages où H. Barth évoque le thème de l'artisanat. En voici un exemple : l'explorateur se trouve à Tombouctou, où il rencontre des difficultés et où il cherche, comme il le dit lui-même, à s'installer plus confortablement. Il achète donc « un morceau de calicot blanchi » nommé *schigge*. Non seulement il indique le prix en cauris (en lien avec le prix du calicot non blanchi), mais il ajoute en note que ce nom est déjà attesté, huit cents ans plus tôt, par al-Bakri dans la ville de Silla. Il continue plus loin : « ce genre de petites circonstances ne contribuent pas peu à accroître notre intérêt pour une contrée qui semblerait terne et peu digne d'intérêt au visiteur ordinaire »[6]. Ce type de remarque témoigne de la rigueur d'analyse et de l'érudition de H. Barth, et de la modernité de son approche scientifique.

Le style de H. Barth reste toujours relativement sobre. Les rares passages où il écrit avec lyrisme et émotion sont en général consacrés aux paysages. On trouve d'ailleurs de nombreuses reproductions de paysages sur ses planches en couleur. On peut néanmoins relever des exceptions : par exemple, il décrit en détail, chez les Marghi, une jeune mère et son fils. Il semble découvrir à cette occasion une forme de beauté inédite, qui le touche profondément. Il la compare à l'esthétique de l'antiquité classique, qui constituait le critère le plus élevé de son temps (Barth 1857–1858b II: 465–466). Dans un autre passage, il décrit minutieusement un homme marghi en s'attardant sur sa parure en « perles [...] d'acier » qu'il aurait bien aimé, comme il le dit, prendre avec lui en Europe[7]. Aux alentours de Mora, dans cette région du Cameroun frontalière du Nigeria, H. Barth semble avoir vécu des expériences particulièrement fortes. Pourtant, mis à part les quelques passages évoqués plus haut, il ne cède guère au lyrisme. C'est ainsi qu'il relate, dans un style lapidaire et concis, un fait sensationnel pour l'époque et qui ne manque pas de frapper le lecteur d'aujourd'hui : les

subsaharienne. A vrai dire, Barth ne s'y est pas rendu. Mais il mentionne souvent Bida, par exemple pour évoquer la qualité supérieure de ses boubous brodés. Je n'ai pas non plus trouvé de passage où Barth mentionne les bracelets en pierre, qui sont produits dans la région de Hombori (ainsi que dans les environs d'Agadez). Il est en outre difficile, à première vue, de distinguer entre des bracelets usés en pierre et des bracelets en verre nupe car les deux sont noirs et blancs.

5   Le cuir vert clair était utilisé pour décorer, par application en petites surfaces, des coussins et des sacs à provisions en cuir. Tout comme les boubous des Hausa et des Nupe, ce cuir était exporté au loin, jusqu'à la côte atlantique de la Mauritanie. On trouve des objets décorés de ce cuir vert clair dans les collections de musées de la fin du XIXe siècle.

6   Barth 1857–1858b IV: 452–453. Au sujet du mot *schigge,* Barth se prononce une deuxième fois (Barth 1857–1858b V: 31). Le calicot est un tissu tissé en toile simple, c'est-à-dire sans aucune ornementation. Dans le cas cité, il devait s'agir d'un calicot anglais.

7   Barth 1857–1858b II: 644. Barth écrit textuellement : « deux rangées de fer – on aimerait presque dire – de perles d'acier ». Sur ce point, Barth a vu juste : en effet, techniquement, le terme d'acier serait plus correct car le fer africain a une teneur en carbone normalement inférieure à 1 %. On peut noter par ailleurs que l'un des deux Africains que Barth a amené en Europe était un Marghi nommé Abbega. Son portrait se trouve dans Barth 1857–1858b IV: 9.

Marghi pratiqueraient « l'inoculation contre la variole » et connaîtraient donc le principe de la vaccination[8] !

A l'aune de ces premières remarques, on comprend donc bien les difficultés que pose la lecture de H. Barth, et qui tiennent au contraste entre le caractère extrêmement fouillé de certaines analyses et le caractère lacunaire ou flou d'autres passages. Ecrire sur H. Barth s'avère donc une tâche ardue, d'autant qu'elle nous ramène sans cesse aux imperfections de nos propres recherches.

Un aperçu du traitement de l'artisanat chez H. Barth

Mais revenons au traitement de l'artisanat par H. Barth, et envisageons maintenant un certain nombre d'exemples pris dans des métiers différents. Nous prendrons tout d'abord quatre exemples qui illustrent particulièrement bien la manière dont H. Barth aborde ces aspects techniques et les difficultés que cela pose à ses lecteurs.

L'architecture

Dans le domaine de l'architecture, tout d'abord, Barth dit être impressionné par le palais du *sarki* de Kano. Le hall de réception, dans lequel il rencontre ensuite le maître qui règne sur Kano, suscite son entière admiration. Il décrit ce lieu comme « décidément grandiose pour ce pays » (une expression forte, que l'on rencontre rarement chez Barth). Il explique que les poutres du plafond ne se voient pas, mais que « deux arcs dans le même matériel que les murs, très proprement lissés et richement ornés, semblent porter le tout » (Barth 1857–1858b II: 123–124). Il s'agit d'une fausse coupole, construite à l'aide de branches liées en faisceau et couvertes de banco. Cette architecture, typique des riches maisons bourgeoises hausa, se distingue clairement de celle du Mali, où les toits sont plats. La description de Barth est concise et précise : il est probable qu'il ait fréquemment rencontré de telles salles avec coupoles. Il se peut également qu'il en ait connu le principe de construction, mais il ne le précise pas.

Barth s'intéressait vivement à l'architecture, comme en témoignent les plans qu'il a réalisés de toutes les villes importantes qu'il a traversées. Très souvent, il évoque les murs de fortification ainsi que les portes d'entrée des villes, trop étroites pour ses chameaux chargés. Il dessine également des plans de maisons : nous disposons par exemple des plans précis d'une maison et de son mobilier chez les Marghi[9] ou les Musgum des bords du Logone (Tchad)[10]. Pour

---

8 Barth 1857–1858b II: 647. Concernant la vaccination contre la variole au Mali, voir Imperato, 1974. Barth mentionne déjà cette vaccination à Agadez (Barth 1857–1858b I: 465), mais ne s'appliquant qu'aux tribus païennes. Les musulmans, selon lui, auraient des préjugés religieux dans ce domaine.

9 Barth 1857–1858b II: 525–530. Barth était malade et devait se soigner. C'est pourquoi il disposait d'assez de temps pour établir un plan précis de la maison.

10 Barth 1857–1858b III: 221–224, avec planche opp. 178. Barth est plein d'éloges pour l'architecture à l'argile des Musgum (appelée « les cases en forme d'obus » dans la littérature

pratiquement toutes les maisons dans lesquelles il a logé temporairement, les plans existent.

La teinture

En ce qui concerne la teinture, il mentionne souvent la teinture à l'indigo en pays hausa dans le Bornou. Il mentionne le terme hausa pour la teinture (*marina*), mais pas celui qui désigne l'indigo. Barth est conscient de l'impor-tance de la teinture à l'indigo : « Ce sont en effet ces teintureries qui donnent à maintes régions du Soudan une certaine apparence de civilisation [...] », et il précise qu'il s'agit d'une industrie « qui touche à toute la vie de la population » (Barth 1857–1858b II: 123–124). A nouveau, on peut supposer que le procédé de teinture lui était connu. Mais ce n'est qu'indirectement que nous apprenons que ce sont les hommes qui font la teinture, et non les femmes. Il note que les fosses pour la teinture sont profondes de deux à trois mètres, donc que la teinture ne se fait pas dans des pots (Barth 1857–1858b IV: 196–197). Mais nous n'apprenons rien de la technique du perfectionnement des boubous et foulards à l'aide du concentré d'indigo *shuni*, technique uniquement maîtrisée les teinturiers hausa. C'est uniquement grâce à ce *shuni*, extrait de la mousse d'un bain d'indigo frais, que l'on peut obtenir le brillant métallisé des turbans *ráuani-baki* et des boubous *kore*. Pour les Hausa, les deux produits jouent un très grand rôle dans leur commerce à longue distance. Barth mentionne ces deux produits constamment, parce qu'ils étaient pour lui d'une importance centrale en tant que cadeaux[11].

Enfin, concernant l'indigo, il ajoute une précieuse indication valable pour d'autres régions de l'ouest du Soudan : selon lui, les Peul n'aimeraient pas l'indigo, sauf pour les grands boubous teints (Barth 1857–1858b II: 604). Cette remarque n'apparaît qu'une seule fois. Dans les trois volumes suivants, il décrit toujours l'élite peul du nord du Nigeria et du Mali comme étant habillée de blanc.

Les métaux

Notre troisième exemple a trait aux métaux. Au cours de son voyage, Barth consulte régulièrement les sources historiques qu'il a avec lui, comme Ibn Battūta par exemple. Ce dernier mentionne, aux environs de Agadez (Niger), l'exploitation du cuivre. Barth s'intéresse à la question et apprend que la population locale n'a plus connaissance de cette ancienne exploitation du cuivre. Mais en même temps, il lui semble que les étriers et pièces en métal des

---

coloniale française). Il décrit également un emplacement funéraire (Barth 1857–1858b III: 172). En même temps, il souligne qu'il n'a pas vu de forêt sacrée (Barth 1857–1858b III: 162).

11 Concernant la terminologie des textiles hausa, voir Menzel 1972–1973 III. Le mot kanuri pour indigo – *tschatschari* – se trouve dans la partie Adamawa (Barth 1857–1858b II: 604). Les boubous et les voiles d'un aspect brillant ou métallisé sont fréquemment appelés par Barth « chemise noire » ou « voile noir ». Il ne met pas en relief l'aspect brillant.

harnais sont en cuivre. Barth enchaîne donc avec toute une série de questions dont il ne poursuit pas l'étude : les hommes utilisent-ils d'anciens étriers ? Les refont-ils avec du cuivre ancien ? Avec du cuivre neuf ? Et ainsi de suite[12].

Au sud du lac Tchad et à Mandara, il ne mentionne qu'une seule fois le travail des forgerons, mais fait par contre souvent allusion à la qualité du fer[13]. Il ne semble pas s'intéresser aux fours. Ce n'est que deux années plus tard qu'il en voit un au Liptako, et la description du four ne tient que sur sept lignes (Barth 1857–1858b IV: 268). Il observe de profonds puits pour l'extraction d'un minerai ferrugineux peu après Wurno (Barth 1857–1858b IV: 196–197). Des bijoux en or et argent sont mentionnés sporadiquement mais Barth ne fournit aucune description d'un bijoutier au travail.

Le travail du cuir

Enfin, le cuir est l'un des seuls produits artisanaux sur lesquels Barth s'étend dans le détail et qu'il illustre dans son œuvre. Il s'agit de pièces extraordinaires et richement décorées, réalisées par des ouvriers du cuir, et que Barth a acquis à Kano et Tombouctou. Il dessine ainsi une paire de sandales tuareg en provenance de Kano. C'est un article bon marché : la meilleure qualité appelée *taka ssáraki* ne coûte que 200 cauris. Il illustre également une blague à tabac (*djebira*) à porter autour du cou. Parmi les articles de Tombouctou, il reproduit un sac à provisions, deux coussins, un fourreau à fusil ainsi qu'une autre blague à tabac (*biut*) ; tous ces articles étant des travaux maures[14]. Barth a rapporté ces objets en Europe[15]. Le lecteur averti est soulagé de voir que Barth parle de « travailleurs du cuir » et non pas, comme pratiquement tous les auteurs postérieurs le font à tort, de « cordonniers »[16]. Pour Kano il mentionne aussi l'exportation de souliers vers l'Afrique du Nord, de belles peaux tannées *kulabu* ainsi que de peaux de moutons teintes en rouge. Il estime le volume du commerce pour ces deux derniers produits à un total annuel d'un maximum de 5 millions de cauris (Barth 1857–1858b II: 150). Comme nous l'avons dit plus haut, aucune allusion n'est faite au cuir vert clair.

On peut en déduire que Barth avait bien quotidiennement, pendant cinq années, des contacts avec ces articles en cuir. Il aurait donc été à même de mener une description sans fin de cet artisanat et l'on peut comprendre qu'il se soit limité à un minimum de descriptions, tout en publiant des illustrations. De plus, les objets en cuir n'étaient pas, à ses yeux, assez importants écono-miquement pour qu'il s'en préoccupe plus en détail : « je ne veux pas mention-

---

12 Barth 1857–1858b I: 511. Ce n'est qu'environ 270 pages plus loin (Barth 1857–1858b II: 159) qu'il mentionne de nouveau le cuivre : du cuivre ancien serait importé de Tripolis.

13 Il souligne la qualité du fer, particulièrement bonne à Mandara, (Barth 1857–1858b II: 458) alors qu'à Kukawa, elle serait au contraire mauvaise.

14 Pour Kano Barth 1857–1858b II: 149–150, pour Tombouctou Barth 1857–1858b V: 18–19.

15 Il n'est peut-être pas sans intérêt de souligner que, selon toutes probabilités, les gravures qui représentent les produits en cuir – mais également le boubou hausa – ont été faites d'après des photographies.

16 Les ouvriers du cuir ne fabriquent pas que des sandales.

ner d'autre ouvrage de cuir parce qu'il ne représente pas un article important »[17], écrit-il pour Kano.

A l'issue de ce premier aperçu de l'artisanat chez H. Barth, nous pouvons en conclure que c'était un homme pragmatique plutôt qu'un esthète. Ses écrits sur l'artisanat ne sont développés, détaillés et précis que dans la mesure où il considérait qu'il y avait un avantage à en tirer pour son propre voyage ou pour le commerce européen. La faiblesse de ses ressources, à laquelle il fait constamment allusion, l'obligeait à être très pragmatique. L'artisanat africain devait lui être utile : le cas des textiles, d'un extrême valeur au cours de son voyage, l'illustre à merveille. C'est pourquoi nous avons choisi de consacrer la seconde partie de cette contribution à l'analyse détaillée des textiles à travers l'œuvre de H. Barth.

Le monde du textile

Sur les grands marchés, il pouvait acheter des tissus avec des monnaies d'argent européennes, des cauris ou des marchandises. Pendant tout son voyage, ces textiles lui servaient de cadeaux mais aussi de moyen d'échange puisqu'il pouvait acheter avec eux les aliments et marchandises dont il avait besoin. Les boubous, notamment, étaient des cadeaux de première qualité, avec lesquels il pouvait partout payer ses « droits de passage ».

C'est pourquoi ses notes recèlent des informations extraordinairement abondantes sur le monde du textile, parmi lesquelles des indications sur les cours de change en cauris et monnaies d'argent, ainsi qu'une riche terminologie en différentes langues.

Les boubous (robes ou chemises comme il les appelait) étaient d'une importance particulière pour Barth[18]. Ils constituent comme un fil rouge à travers toute son œuvre. Pour son voyage vers Tombouctou, il en achète à Katsina une grande quantité (75 boubous). Il précise que 35 d'entre eux étaient « noirs » et provenaient de Kano, 20 venaient de Nupe et les 20 autres restants étaient en soie. En même temps, il se procure 75 pagnes – tous hausa – ainsi que 232 voiles « noirs », c'est-à-dire avec une brillance métallique (Barth 1857–1858b IV: 99). En tout, le poids de ces textiles devait correspondre à deux charges à chameaux[19].

---

17 Barth 1857–1858b II: 150. Cinq lignes seulement sont consacrées au travail du cuir à Sokoto, y compris la phrase « les travaux du cuir représentaient la branche commerciale la plus importante de cette ville » (Barth 1857–1858b IV: 181).

18 Le mot boubou est une déformation française du mot *mbubb* (Wolof, Sénégal) désignant un vêtement ample à manches longues (voir Gardi 2000: 10).

19 Les prix de ces boubous et voiles donnés en cauris sont d'un grand intérêt. Barth payait en moyenne : pour les boubous noirs de Kano, 4 000 cauris ; pour les boubous Nupe, 6 000 cauris (je pense que les boubous nupe étaient plus chers non pas à cause de la plus grande distance de commercialisation, mais parce que leur broderie était plus fine); pour les boubous en soie, 16 000 cauris (soit quatre fois plus cher qu'un boubou noir de Kano); pour les voiles noirs, 1 200 cauris chacun. En même temps, il a aussi acheté quatre burnous fins du Maghreb pour 45 000 cauris chacun.

Ces indications, quoique détaillées, ne donnent pas pour autant une vision exhaustive du monde du textile. Aucune information n'est fournie sur la production des étoffes : s'il est vrai que le tissage est mentionné, ni l'égrenage du coton, ni le filage du fil ou l'ourdissage de la chaîne ne sont décrits. Il n'y a pas même de description d'un métier à tisser[20]. Seuls les produits finis sont mentionnés.

Les descriptions de Barth dépendent des circonstances de ses voyages. Dans le Bornou et à Kano, il avait une liberté générale de déplacement : il pouvait sortir à cheval, visiter des marchés et faire des observations. Mais ce n'était pas le cas à Tombouctou. Là, sa liberté était réduite : il était en fuite et devait se cacher. En conséquence, on trouve pour le Nigeria (notamment pour Kano) et la région du lac Tchad des descriptions nettement plus précises que pour le Mali. C'est aussi pourquoi Barth se sentait plus à l'aise dans le monde hausa que plus tard dans l'ouest. En dehors de l'arabe, les langues qu'il maîtrisait le mieux étaient le hausa et le kanuri. Le fulfulde, par contre, était la langue de ses opposants. Et pour le Songhay, il n'avait guère de sympathies.

Dans son œuvre, Barth adopte une démarche comparative originale puisqu'au lieu de comparer l'Afrique et l'Europe, il procède à des oppositions entre régions africaines. Par exemple, il compare Kano avec Kukawa, la capitale du Bornou : à Kukawa, il souligne la déliquescence de l'unique atelier de teinture, relève la rareté des parures d'argent dans les coiffures des femmes, et note que, d'une manière générale, l'activité est plus réduite que chez les Hausa. Il déplore enfin l'absence du bruit du battage de textiles (Barth 1857–1858b II: 397–401). Par contre, il précise que le coût de la vie est moins élevé à Kukawa qu'à Tombouctou.

L'opposition la plus importante concerne Kano et Tombouctou. La différence principale entre ces deux grands centres du Sahel serait « que Tombouctou n'est nullement un lieu de production, alors que Kano en est un. » A Tombouctou, « presque toute la vie de la ville serait fondée [...] sur le commerce extérieur ». La seule « industrie » qui mérite d'être mentionnée est le travail du fer et celui du cuir. Toutefois, le cuir étant avant tout travaillé par les Tuareg, on ne peut parler d'une « industrie de Tombouctou ». En fait, selon Barth, l'offre serait plus substantielle à Kano mais de meilleure qualité à Tombouctou : les habitants de Tombouctou s'habillent soit avec des textiles de Kano soit avec ceux de Sansanding. A Tombouctou, le tissage serait pratiquement inexistant. Par contre les produits de Kano seraient exportés jusqu'à la côte atlantique (Barth 1857–1858b V: 17–21).

Il formule une autre opposition, entre Tombouctou et Gao : alors que Tombouctou n'aurait toujours été qu' « une simple ville provinciale », Gao serait le « centre d'un grand mouvement populaire » (Barth 1857–1858b V:

---

20 Le métier à tisser à pédales soudanais est mentionné souvent dans la littérature du XIXᵉ siècle, ne serait-ce que pour dire qu'il est primitif parce que seules des bandes étroites sont tissées sur ce métier, bandes qui doivent ensuite être cousues ensemble. La première représentation de ce métier à tisser d'Afrique de l'ouest se trouve chez Bowdich 1819.

216). A Gao, Barth se sent bien et par ses réflexions, il fait revivre le royaume songhay des Askia. Ses descriptions des costumes et des maisons sont d'autant plus détaillées.

Mais revenons rapidement au monde hausa pour lequel Barth nous donne des informations particulièrement riches en ce qui concerne les textiles (surtout Barth 1857–1858b II: 145–149). Il dresse ainsi une typologie des produits en coton du marché de Kano qui représentaient la part la plus importante des échanges. Il distingue quatre grandes catégories de textiles, à savoir : les boubous (*riga,* pl. *rigona*), les pagnes (*túrkedi*), les voiles ou turbans (*raúani*) et les tissus *sénne* qui seraient portés pardessus l'épaule par les hommes et les femmes fortunés. Il décrit ces produits avec des variantes (pour les seules étoffes *sénne,* il en propose 14), de même qu'il donne les coloris, le matériel (coton, soie) et les noms en hausa. Il indique également que les boubous les meilleurs et les plus fins ne sont pas fabriqués en pays hausa mais à Bida, la métropole des Nupe. De Bida viendraient aussi des *sénne* particulièrement fins en soie : Barth énumère 10 autres variantes.

H. Barth n'a pas élaboré de typologie comparable concernant le monde songhay et Tombouctou : il aurait pu notamment établir la distinction entre textiles en coton et textiles en laine.

La laine

Depuis sa traversée du Niger à Say, ainsi que durant sa traversée du Liptako (mais également à Tombouctou et Gao), Barth mentionne plusieurs fois des « tapis en laine » ou « tissus en laine » pour lesquelles on s'arrache ses aiguilles anglaises à repriser. Dans le village Tinge, au nord-ouest de Dori, il écrit :

> Mes aiguilles anglaises à repriser étaient les bienvenues; ceci parce qu'elles étaient appropriées pour la texture grossière de leurs écharpes et couvertures en laine, pour la fabrication desquels ils ont un important savoir-faire. (Barth 1857–1858b IV: 318–319)[21]

Il est pourtant difficile de déterminer avec plus de précision la nature de ces « couvertures ».

En effet, H. Barth n'utilise pas les termes fulfulde *kaasa* et *arkilla,* aujourd'hui bien connus dans le nord du Mali. Par sa dimension de 240 x 140 cm, une couverture en laine *kaasa* est adaptée à la taille de l'être humain. Elle est utilisée principalement comme couverture pour dormir. Les couvertures *kaasa* étaient tissées entre Diafarabé et le lac Débo et exportées loin, jusqu'au Ghana (Gardi 2003).

Une tenture *arkilla* est une couverture, jusqu'à 6 mètres de long, spécialement tissée pour un mariage ; elle est apportée par la fiancée dans le trousseau et est suspendue devant le lit comme rideau, servant également de

---

21 Barth apportait aussi avec lui des aiguilles à coudre de Nuremberg. On se les arrachait tout autant, particulièrement au cours de son voyage dans le Baguirmi et malgré le cochon imprimé sur l'emballage, ce qui amusait beaucoup H. Barth (Barth 1857–1858b II: 156).

moustiquaire. Les tentures *arkilla* font parties des plus grands textiles de l'Afrique subsaharienne. On peut distinguer plusieurs types d'*arkilla* pour le grand nord du Mali (Gardi 2003). Elles sont tissées soit entièrement en laine, soit de coton et de laine.

Je postule que c'est à ces couvertures *arkilla* que H. Barth fait allusion lorsqu'il utilise le terme de « tapis ». Ainsi, lorsqu'il affirme que les meilleurs « tapis » proviennent du Farimake, il pourrait s'agir des couvertures *arkilla*. Il ajoute que ces textiles en laine étaient « très importants » et constituaient un « article de consommation répandu » (Barth 1857–1858b V: 21)[22].

Pourquoi H. Barth ne donne-t-il pas plus de précisions sur ces textiles en laine ? On peut supposer que Barth était, tout simplement, trop fatigué pour donner de plus amples informations. On peut également penser qu'il disposait de suffisamment de textiles hausa pour son négoce et ses besoins quotidiens pour n'avoir pas à se préoccuper d'acquérir des textiles maliens ? A moins que ces textiles en laine ne fussent utilisés qu'au niveau familial, sans jouer de rôle sur les marchés publics ? On constate là encore le décalage entre le détail de certaines explications (comme celles concernant le commerce du sel à Tombouctou au moyen des *turkedi*, bandes de cotonnade hausa (Barth 1857–1858b V: 25–27)) et l'indifférence de Barth à l'égard de la laine de mouton, qui constituait pourtant une marchandise importante.

La chose est d'autant plus surprenante que ces couvertures en laine du Mali différaient par les dessins, les couleurs et la texture de tous les autres textiles que Barth avait pu rencontrer depuis le Nigeria. Ces textiles en laine présentaient une autre particularité : chez les Peul comme chez les Songhay, ils étaient produits par des tisserands constituant un groupe social à part. Barth mentionne plusieurs de ces groupes sociaux – également appelés « castes » dans la littérature – tels que les tisserands *maabuube* (Barth 1857–1858b IV: 147–148)[23].

Si H. Barth n'utilise pas le mot *arkilla*, il mentionne le terme de *alkilla*. Il faut préciser que ces deux mots (orthographiés avec r ou l) sont identiques et ont une racine arabe qui signifie « moustiquaire » (Gardi et Seydou 1989). D'une part, Barth mentionne l'*alkilla* comme étant un *sénne* quadrillé, c'est-à-dire une étoffe hausa que les hommes et les femmes fortunés portaient par-dessus l'épaule et que l'on trouvait sur le marché de Kano (Barth 1857–1858b II: 145). D'autre part, il évoque une *arkilla* à Say, à propos d'une construction bombée, faite de branches et de nattes, située à l'intérieur d'une maison et comprenant un lit en son centre (Barth 1857–1858b IV: 246). En fait, cette description correspond très exactement celle d'un lit peul ou songhay, qui

---

22 Les textiles en laine les plus anciens qui me soient connus étaient tous acquis sur la côte guinéenne. Une photo prise au Ghana vers 1895 nous montre le roi d'Abétifi, dont la litière est décorée avec une *arkilla kerka* en provenance du Mali (voir Gardi 2003: ill. 20).

23 A Wurno, près de Sokoto, Barth s'étend sur des divers groupes peul. Lui aussi emploie le mot 'caste'. Cependant il se réfère à Eichwaldt (*Journal de la Société Ethnologique* 1841, vol. I) (Barth 1857–1858b IV: 147–148).

étaient entourés d'une tenture *arkilla*. Dans le cas de Barth, la tenture *arkilla* a dû manquer.

Poursuivons notre analyse des passages où il est question des textiles en laine. Aux abords de Tombouctou, dans le campement de Shaykh Ahmad al-Bakkā'ī, H. Barth décrit des tentes décorées de couvertures singulièrement grandes.

> Le matin surtout, le campement était extrêmement vivant. Les deux grandes tentes blanches avec leur enveloppe extérieure – *ssarámme* – d'un dessin quadrillé noir et blanc et les tentures en laine de différentes couleurs, pendues sur les côtés, étaient alors à moitié ouvertes pour permettre à la brise matinale de renouveler l'air […] (Barth 1857–1858b IV: 475)

Les couvertures devaient donc pendre comme un rideau à la tente. Ici, Barth décrit en fait une *arkilla jenngo* en fulfulde ou *jonngo arkilla* en songhay. Il reçut du Shaykh Ahmad al-Bakkā'ī une de ces couvertures en cadeau : « un ‹ssárammu›, comme l'appellent les Songhay, ou un ‹e› beni erréga' comme le nomment les métis arabes des environs (il s'agit d'une épaisse superposition de matériel à carreaux de couleur bleu foncé, rouge et blanche pour la partie supérieure de la tente) » (Barth 1857–1858b V: 13)[24].

Enfin, la manière de s'habiller reflétait évidemment à cette époque une hiérarchie sociale. A cet égard, Barth s'avère toujours un fin observateur. Il décrit tout autant des personnalités de haut rang, portant deux boubous superposés, que l'habillement des gens simples. Barth écrit pour les environs de Bourem : « […] presque tous les esclaves de ces Touareg ne portent rien d'autre qu'un vêtement de cuir, les femmes un long tablier, les hommes habituellement une chemise serrée […] » (Barth 1857–1858b V: 200). Les personnes d'un rang plus élevé portent des chemises avec « un peu de broderie en soie » et avec de longs pantalons larges. D'autres portent un bandeau rouge, ce qui serait un indice d'une descendance marocaine (Barth 1857–1858b V: 193). Les femmes de Gao, que je suppose nées libres, « étaient toutes vêtues de la même manière, mais très différemment du costume des femmes de Tombouctou ; leur vêtement se composait en effet d'une large écharpe en bandes de différentes couleurs d'une épaisse étoffe en laine attachée sous la poitrine et qui descendait presque jusqu'aux chevilles. Quelques unes d'entre elles avaient même fixé à leurs épaules, par une paire de courtes bretelles, ce vêtement simple et grossier, alors que chez d'autres ce vêtement était simplement noué à l'arrière » (Barth 1857–1858b V: 219–220). Ces couvertures en laine, portées sur la peau, et les vêtements en cuir sont documentés jusque dans les années 1920 sur d'anciennes cartes illustrées pour le nord du Mali.

---

24 Barth emporta cette couverture avec lui en Europe et la remit au département britannique des affaires étrangères (Barth 1857–1858b IV: 475).

Les boubous brodés maliens

Barth s'exprime à plusieurs reprises au sujet d'un autre habillement, certainement réservé à une haute classe de la société, même s'il omet de donner la terminologie songhay. Il s'agit d'une part des chemises teintées d'indigo foncé et brodées de soie colorée de Sansanding, et, d'autre part, de boubous brodés de soie dont il ne précise pas la couleur (je penche pour le blanc).

Les boubous foncés et teintés provenant de Sansanding – boubous *lomasa* brodés – sont aujourd'hui tombés dans l'oubli. Chez les Soninke, pourtant, les poètes évoquent encore les souvenirs d'un âge d'or et du luxe des époques révolues[25]. H. Barth semble au clair quant à la provenance de ces vêtements qui viennent de Sansanding, c'est-à-dire des régions du nord de cet ancien lieu important de commerce[26].

Il mentionne la « riche parure de broderies en soie teintée, surtout verte, de ces boubous » et il ajoute qu'ils sont « d'un bel aspect ». Les exemplaires qui lui étaient connus étaient faits de calicot européen – et non en bandes cousues ensemble – et Barth pense que ce genre de boubous ne devait pas être commercialisé à grande distance (Barth 1857–1858b V: 20). Je pense que cette affirmation n'est pas exacte. En tous cas, le boubou *lomasa* brodé qui est conservé à Copenhague depuis 1851 a été acquis en Sierra Leone.[27]

Barth ne pouvait pas savoir que Raffenel, dont il cite le premier récit de voyage de 1846 (Barth 1857–1858b IV: 440) a illustré un boubou brodé *lomasa* dans son deuxième récit (Raffenel 1856 II: opp. 129). C'est la première illustration de ce type de boubou qui me soit connue dans la littérature. Apparemment, H. Barth aurait bien aimé le rapporter en Europe. Mais il se sentit alors obligé d'en faire don à Sidi Muhammad, le fils d'al-Bakkā'ī, après avoir reçu de ce dernier de nombreux habits en cadeaux d'adieu (Barth 1857–1858b V: 238). Là encore et comme toujours, les intérêts supérieurs de son voyage primaient sur les intérêts personnels[28].

La broderie de Tombouctou est également mentionnée, mais sur seulement cinq lignes. Néanmoins, ce qu'il en dit est important, puisqu'il affirme que ces vêtements « ne sont produits que pour un usage propre » (Barth 1857–1858b V:

---

25 Je dois cette information à l'historien Mamadou Diawara (décembre 1998, Bamako). A Bâle, une ou deux années auparavant, lorsque je lui montrais des photos de ces vêtements, il me dit que cela l'émouvait, en ajoutant qu'il n'avait encore jamais vu un boubou *lomasa* brodé et que ceux-ci ne lui étaient connus que par les chants traditionnels de louanges de sa région d'origine.

26 Concernant l'histoire du commerce de Sansanding, voir Richard Roberts 1978.

27 D'autres textiles en provenance du Mali – sans doute du pays Dogon, acquis au Ghana et en Sierra Leone vers 1851, se trouvent également à Copenhague (voir Gardi 2000: 49, 186 note 10).

28 Oskar Lenz, en 1880 après Caillié et Barth est le troisième européen qui a pu écrire le rapport d'une visite à Tombouctou, a apporté en Europe un boubou *lomasa* brodé (Museum für Völkerkunde Wien, no. d'inv. 19.103). Lenz mentionne souvent ces boubous, et lors de son voyage à l'ouest vers le Sénégal, ils étaient pour lui des cadeaux d'une importance semblable aux boubous hausa pour Barth.

21). Ils n'étaient donc pas exposés à la vente sur la place du marché. Je postule ici que Barth parle des célèbres boubous *tilbi* ou *tirbi* de Djenné et Tombouctou, qui avaient déjà été mentionnés comme *tiribi* (Raffenel 1856 II: 418) pour le haut Sénégal et qui ne sont effectivement pas à assimiler aux marchandises ordinaires. Les *tilbi* représentent la tradition artisanale la plus noble de ses deux villes millénaires. Plus de 100 mètres de bandes étroites cotonnées pouvaient être nécessaires pour confectionner un tel vêtement. La broderie, extrêmement riche, était composée de soie écrue ou blanche. Ces boubous représentent un sommet de la technique et de l'esthétique malienne, déjà célèbre pour son artisanat de luxe. Jusqu'à trois ans de travail peuvent être investis dans un *tilbi*, et parfois plus ! Cela en faisait le boubou le plus coûteux de toute l'Afrique subsaharienne (Gardi 2000: 96–103).

Conclusion

Les descriptions sur l'artisanat sont, chez H. Barth, plus détaillées lorsqu'il s'agit du Nigeria que lorsqu'il s'agit du Mali. C'est aussi le cas des textiles hausa qui jouaient dans le commerce un rôle à ne pas sous-estimer. Quant aux textiles maliens, si H. Barth fournit certaines informations, elles exigent un réel effort d'interprétation, avant de pouvoir être utilisées comme référence.

Dans l'ensemble, Barth reste étrangement silencieux sur les procédés de fabrication, dont il ne donne jamais de détail. Il n'évoque guère plus les dessins et les ornementations au sens large. A de nombreuses reprises, alors même que H. Barth semble tout à fait compétent, il cesse brutalement ses développements. Souvent, les informations importantes ne sont fournies qu'en passant, et l'on dirait même que c'est à contrecœur que Barth, plusieurs centaines de pages plus loin, ajoute quelques précisions.

Il serait néanmoins déplacé de critiquer l'œuvre monumentale de H. Barth sur la base de ces omissions et de certaines de ces incohérences. En effet, la connaissance de l'artisanat et des techniques traditionnelles ne peut avancer qu'à l'appui de textes de grande ampleur et recourant à un vocabulaire précis.

HEINRICH BARTH ET L'HISTOIRE

READING ISLAMIC THEMES
IN BARTH'S *TRAVELS AND DISCOVERIES*
THROUGH THE LENS OF EDWARD SAID

Muhammad S. Umar

Résumé

Centré sur les passages des *Voyages* de Barth consacrés à l'Islam, Muhammad S. Umar montre que les *Voyages* de Barth reflètent et réfutent certains aspects de la critique faite par Edward Said dans *L'orientalisme*, en mettant en relief les problèmes discursifs qui ont accompagné la diffusion, dans les sciences humaines, du « saïdisme sans Said ». Muhammad S. Umar étaye ses propos en analysant trois problèmes connexes : les relations complexes entre pouvoir et production du savoir dans les discours européens sur l'autre, les problèmes que pose l'hégémonie intellectuelle de l'Européen sur le travail de l'autre et, enfin, les défis de la représentation de l'autre dans les discours.

Introduction

As an important part of ideological justifications for colonialism, European discourses on Africa as the "dark continent" have been contentious since the nineteenth-century, or even earlier (Mudimbe 1994). Still, Edward Said's *Orientalism* (1978) has spurred a new genre of critiques against European discourses on societies of Asia, Middle East and Africa and the linkage between those discourses and European imperialism – he is counted among the founding authors of Critical Theory (Macey 2001: 282–283), Postcolonial Studies (Ashcroft, Griffiths and Tiffin 2000: 167–169; Bolton and Hutton 2000: 1–5), and Subaltern Studies.[1] To what extent does Heinrich Barth's *Travels and Discoveries* reflect and/or refute Said's critique of the linkage between knowledge and power in the European discourses on the other?

To answer these questions, I will focus my reading on sections of Barth's *Travels* on Islamic themes. I will demonstrate that Barth's *Travels* reflect and refute aspects of Said's critique by highlighting the discursive problems associated with the spread in the human sciences of "Saidism without Said" (Rotter 2000: 1205–1217; See also Jacobson 2002: 307–315; Settler 2002: 249–264; Wang 1997: 57–67). I problemtize three related issues, namely: 1) complex relationships between power and production of knowledge in the European discourses on the other, 2) problems of authorial hegemony of the European same vis-à-vis agency of the native other, and 3) challenges of representing the other in the discourses of the same. I begin by outlining Said's critique, and then evaluate Said in light of Barth's *Travels,* thus revealing Said's strengths and weaknesses. I conclude with critical reflections on implications of my contentions.

Reading Said through Barth

Edward Said begins his rich exposition of orientalism by identifying three meanings of the term. He uses orientalism to refer to academic studies of the Orient from disciplinary perspectives, and although this meaning is less preferred by its practitioners today, it is still very much alive "through its doctrines and theses about the Orient and the Oriental" (Said 1978: 2). Said identifies a second understanding of orientalism as

> [...] a style of thought based upon an ontological and epistemological distinction made between 'the Orient' and (most of the time) 'the Occident' [... by] a very large mass of writers, among them are poets, novelists, philosophers, political theorists, economist, and imperial administrators [...] (Said 1978: 2)

Between the academic and imaginative meanings of orientalism Said sees a constant interchange, wherein he locates a third meaning of orientalism that is more relevant for my analysis, namely:

> Orientalism can be discussed and analyzed as the corporate institution for dealing with the Orient—dealing with it by making statements about it, authorizing views of it, describing it, by teaching it, settling it, ruling over it: in short, Orientalism as a Western style for dominating, restructuring, and having authority over the Orient. (Said 1978: 3)

Citing Foucault's *Archeology of Knowledge* and *Discipline and Punish*, Said contends:

---

1   See entries on "Said, Edward W." and "Postcolonial Cultural Studies: 2. 1990 and After," both in *Johns Hopkins Guide to Literary Theory and Criticism,* Second Edition 2005, at http://litguide.press.jhu.edu/, accessed on December 11, 2005.

Without examining Orientalism as a discourse one cannot possibly understand the enormously systematic discipline by which European culture was able to manage – and even produce – the Orient politically, sociologically, militarily, ideologically, scientifically, and imaginatively during the post-Enlightenment period. [...] In brief, because of Orientalism the Orient was not (and is not) a free subject of thought or action. This is not to say that Orientalism unilaterally determines what can be said about the Orient, but that it is the whole network of interests inevitably brought to bear on (and therefore always involved in) any occasion when that peculiar entity "The Orient" is in question. How this happens is what this book [i.e. Said's *Orientalism*] tries to demonstrate. It also tries to show that European culture gained in strength and identity by setting itself off against the Orient as a sort of surrogate and even underground self. (Said 1978: 3)

I would like to focus on Said's employment of Foucault's conceptual apparatus of discourse analyses to critique European discourses of domination over the Orient — without unnecessary attention to features of his argument not directly relevant to my contentions. In the density of the above quotation, Said offers the outline of discourse analysis, hinting at their order of importance in his analysis. Let us explore these components in details, and then evaluate Said's positions in light of Barth's *Travels.*

Multi-dimensionality of Discourses

Multi-dimensionality of discourses connects their intellectual aspects with crucial domains in society, politics, military and culture. Discourses have power to impact the "real world" because they operate through these domains, hence the imperative need to examine discourses by focusing not only on the internal coherence of their intellectual articulations, but also on the external constellation of forces that make those intellectual articulations possible, meaningful, credible and effective. When applied to the case under examination here, this point means that Barth's *Travels* cannot be simply understood as a solitary text standing on nothing more than the intellectual strength of its internal argumentation and the autonomous persuasiveness of its evidentiary infrastructure. Equally important and relevant are the connections between Barth and his *Travels* on the one hand, and on the other hand, the network of social and cultural institutions, political authorities, economic interests, and the military power that commissioned Barth with anticipation of specific outcomes that Barth was contracted to produce. Because Barth's *Travels* would not have been possible without the combined effects of these forces and factors, the apparatus of discourse analysis employed by Said dictates the need to pay as much attention to those forces and factors as one pays to the text of Barth's *Travels.*

For example, in tracing the origins of his interest in traveling to Africa, Barth explicitly refers to "the protection of European powers" in facilitating his early travels in the Mediterranean region – where his interest in the interior of Africa was aroused by a chance encounter with a native of Kano – in the course of which Barth "had ample opportunity of testing the efficacy of British protection" (Barth 1965 I: xxiv). Affirming his "admiration of the wide expanse of the British over the globe," Barth "felt a strong inclination to become the humble means of carrying out their philanthropic views for the progressive civilization of the neglected races of Central Africa" (Barth 1965 I: xxiv). Even more revealing was the decision for the travelers to carry fire-arms because the travel combined expedition and mission "to explore the country while endeavoring at the same time to establish friendship with the chiefs and rulers of the different territories" (Barth 1965 I: xxv). Clearly, the British government had more than philanthropy in mind when it sponsored this trip; equally relevant were considerations of extending British sphere of influence, prospects of commerce with Africa, and gathering intelligence and military reconnaissance for conquest if and when Britain deemed it necessary. Given these issues at stake, Barth remarks that: "It may be taken for granted that we should never have crossed the frontier of Aïr had we been unarmed; and when I entered upon my journey alone, *it would have been impossible for me to proceed without arms* [added italics for emphasis] through countries which are in a constant state of war, where no chief or ruler can protect a traveler without a large escort" (Barth 1965 I: xxv). There were also strategic considerations for the British to sponsor Barth's travels to West Africa.

Barth located his travels in the tradition of British missions and explorations into Africa's interior when he observed that his own achievements would have been impossible "if Oudney, Denham and Clapperton had not gone before" (Barth 1965 I: xxvi–xxvii). These three explorers built upon earlier exploration of Mungo Park who perished while trying to determine the course of the River Niger; it is also worth emphasizing that Richard Lander eventually completed exploration of the Niger in 1830. But the expected benefits from British policies of commerce, colonization, and abolition of slave trade were dashed by the disastrous failure of the Niger Mission of 1841 that was meant to be the first British colony in the area (Fage 1969: 136–140). Despite that disaster, Britain soon resumed pursuing imperial interests with a renewed vigor in light of increasing French influence over West Africa. Meanwhile British agents in North Africa have been exploring alternate routes into Africa's interior via Tripoli (Boahen 1964: 45). Given the parsimony of the British government, it would not have sponsored these explorations if critical imperial interests were not at stake.

I have elsewhere analyzed the crucial importance of Barth's *Travels* in constructing an image of the Sokoto caliphate as a slave society ineffectually controlled by the allegedly inept Muslim Fulani, whose supposed fanaticism for Islam kept them fighting a war of attrition that devastated the area (Umar 2005: 213–218). Frederick Lugard, the British conqueror of Sokoto, invoked Barth to assert that British conquest of Sokoto was necessary in order to end the miseries resulting from the alleged inability of Sokoto rulers to maintain peace and order (Lugard 1912: 77). Undoubtedly, Lugard's invocation of Barth's *Travels* lends credence to Said's contention that European travelogues are part of orientalism through which European domination of different regions is rendered operationally legible and ideologically legitimate. Barth's remarks on the future possibility of British government replacing Sokoto control over Adamawa province (Barth 1965 II: 196) shows that he was not totally unaware that his endeavors could help British imperial conquest. Additionally, Barth is also linked to the institutional sites of orientalism that Said identified. Barth's professorship at the University of Berlin, his studies at the British Museum, and his presidency of the Geographic Society of Berlin (whose obituary for Barth proclaimed him as one of their very best), as well as his election into the Royal Society of Arts and Sciences, are all part of the credentials that strengthened Barth's authority (Kirk-Greene 1962: 39–44). Similarly, the funding of the trip from various sources including the Geographical Society of Berlin and the King of Prussia linked Barth to the various dimensions of Orientalist discourses that Said emphasized (Kirk-Greene 1962: 25–28).

Interactive Power of Discourses

Closely related to the multidimensionality of discourses is their *interactive power* embodied not only in the scholarly authority of their authors but also in complex ways connecting discourses to networks of forces and interests that enable the articulations of discourses in the first instance. It is easy to concede that power is needed to produce discourses and in turn discourses produce power. However, power and discourse are related in more complex ways. Said alludes to the issues when he emphasizes that the discursive power of orientalism produces the Orient and renders it outside of free thought and action; and yet he cautions that though enormous, the power is not unilaterally determinative. Indeed, the interactive power of orientalism shapes the identity of European agents who articulate orientalism as much as it dominates the oriental objects. Although Said does acknowledge the interactivity of discursive power and its limitations, he fails to pursue the implications of both observations – a criticism developed later in this essay.

Illustrations from Barth that show the interactivity of discursive power include instances when he had to invoke British power to overcome obstacles; but equally illustrative is the limitation of that power in particular moments when it was needed most, thus forcing Barth to yield to the imperatives of the situation. While stressing the need for European travelers to carry fire-arms, Barth also advises utmost discretion in using them, adding that "I avoided giving offense to the men with whom I had to deal in peaceful intercourse, endeavoring to attach them to me by esteem and friendship. I have never proceeded forward without leaving a sincere friend behind me, thus being sure that, if obliged to retrace my steps, I might do so with safety" (Barth 1965 I: xxvi). British need for African exploration arose from recognition that British power over Africa was limited partly due to lack of discourses to transform Africa from *terra incognito* into a legible cartography necessary for conquest. Thus all explorers sponsored by the British were explicitly ordered to pay attention to military affairs in states and kingdoms they passed through, and their dispatches in this respect must have been helpful in planning military operations and articulating ideological justifications for imperial conquests (For Barth's assessment of military capability of Sokoto, see: Barth 1965 III: 117). Discursive power is interactive: it works in particular contexts and through factors that connect discourse to society.

Cultural Aspects of Discourses

In addition to multi-dimensionality and interactive power of discourses, a third aspect of Said's conception of discourse analysis is *culture*. For Said, orientalism gives European culture the power to produce consequences in political, social, military, scientific and imaginative domains. Said invokes Gramsci to contend that: "hegemony […] gives orientalism the durability and strength" (Said 1978: 7). He emphasizes repeatedly that orientalism proclaims the hegemony of European ideas about the Orient and reiterate European cultural superiority over Oriental backwardness. Addressing readers in the so-called Third World – his primary political constituency – Said declares emphatically: "My hope is to illustrate the formidable structure of cultural domination and, specifically for formerly colonized people, the dangers and temptations of employing this structure upon themselves" (Said 1978: 25). Religion is central in proclamations of Western cultural hegemony in the European discourses on the other. Barth's treatment of religion shows the same complexity that makes his *Travels* capable of both validating and refuting anti-orientalist contentions. Barth regarded religion so important that he had to alert his readers in a very interesting caveat. He declares: that worth quoting at length:

> I may say that I have always avowed my religion, and defended the pure principles of Christianity against those of Islam; only once was I obliged, for about a month, in order to carry out my project of reaching Timbuktu, to assume the character of a Moslem. [...] Abd el-Kerim, meaning Servant of the Merciful was the name which I thought prudent to adopt. (Barth 1965 I: xxx)

Barth's pride in his Christian identity and his need to defend "the pure principles of Christianity" against constant challenges from Muslims clearly reveal the intricacies of the encounters between the European travelers and the natives. In several passages of polemical exchanges, we see unmistakably the agency of the natives articulated ably, and the presumed superiority of Europeans contested vigorously. This point shows a Barthian validation of Said's contention on the cultural arena where discursive power manifests itself. In one particularly revealing encounter in Agadez, Barth remarked that he had a pleasant exchange Hajj Muhammad Omar, *enlightened mallem*, [i.e. Islamic scholar] who asked Barth "how it came to pass that the Christians and Moslemin were so fiercely opposed to one another, although their creeds, in essential principles, approximated so closely." Barth replied that "the reason was that the great majority both of Christians and Moslemin paid less regard to the dogmas of their creeds than to external matters," adding that "in the time of Muhammad, Christianity had entirely lost that purity which was its original character, and that it had been mixed up with many idolatrous elements, from which it was not entirely disengaged till a few centuries ago (Barth 1965 I: 359).

Here is an explicit acknowledgment of the native as "enlightened". *Enlightenment* is of course among the cherished cultural assets that supposedly confer Europeans with comprehensive superiority over everyone else. The remark that only in recent centuries had Christianity become disengaged from the corruption of its purity is an unmistakable though oblique reference to the Reformation that is equally important for the Enlightenment and for the European sense of superiority. Yet, the thrust of Barth's remarks is not the assertion of European/Christian superiority but clear affirmation of similarity between Barth and his Muslim interlocutor as evidenced in the open acceptance of the essential affinity between Islam and Christianity, and of the failure of both Muslims and Christians to adhere to the pure tenets of their respective religions. In other words, European/Christians are not better than Muslims, who are no worse than the European/Christians in their religious failings. Here Barth seems not particularly interested in defending the pure principles of Christianity against those of Islam that he had earlier declared his firm commitment to do.

But in another encounter, Barth protested against being called *kafer* (infidel), and insisted on extracting an apology from his theological adversary, a Moroccan resident in Agadez named Bel Ghet. In the course of their extended exchange, Barth also forced Bel Ghet to concede that he knew less about the current affairs of his native land than Barth, adding that "while all the Mohammedan states, including Morocco, had [...] declined in power, the Christians, and the English in particular, had made immense steps in advance" (Barth 1965 I: 461). Here, Barth unambiguously asserts European/Christian superiority. But the assertion did not go unchallenged, and although Barth had won this round of the contest, Bel Ghet eventually forced Barth to make significant concessions that:

> [...] the application of the word [*kafer*] depended on the meaning attached to it, and that if he understood by the word *kafer* any body who doubted of the mission of Mohammed, of course a great many Christians were *kofar;* but if, with more reason, he called by this name only those who had no idea of the unity of God, and venerated other objects besides the Almighty God, that it could then be applied only to a few Christians, particularly to those of the Greek and to the less enlightened of the Catholic Church, though even these venerated the crucifix and the images rather as symbols than as idols. But I confessed to him that, with regard to the unity of the Divine Being, Islam certainly was somewhat purer than the creeds of most of the Christian sects; and I acknowledge that just at the time when Mohammed appeared, Christianity had sunk considerably below the level of its pristine purity. (Barth 1965 II: 465–466)

These passages reveal the linkages that both Barth and his native interlocutors saw between religion on the one hand, and culture, identity and power on the other hand. Neither Barth nor his native antagonists differentiate between being religious and being powerful. The passages also reveal that Barth did not simply proclaimed European/Christian superiority, but had to vigorously argue the case and did not always win the argument. Barth is not abashed to state:

> I am not one of those who think it a sign of progress when Mohammedans become indifferent to the precepts of their religion, [...] for I have not given up my belief that there is a vital principle in Islam, which has only to be brought out by a reformer in order to accomplish great things. (Barth 1965 I: 164)

Even more revealing is Barth's forceful assertion that he is in fact more Muslim than his Islamically learned interlocutors in Timbuktu, who repeatedly engaged him in theological duels:

> Sidi Mohammed had made a serious attack upon my religion, and called me always a *kafir*. But I told him that I was a real Moslim, the pure Islam, the true worship of the one God, dating from the time of Adam, and not from the time of Mohammed; and that thus, while adhering to the principle of the unity and the most spiritual and sublime nature of the Divine Being, I was a Moslim, professing the real Islam, although not adopting the worldly statutes of Mohammed [...] I likewise added, that even they themselves regarded Plato and Aristotle as Moslemin, and that thus I myself was to be regarded as a Moslim, in a much stricter sense than these two pagan philosophers. I concluded by stating that the greater part of those who called themselves Moslemin did not deserve that name at all, but ought rather to be called Mohammedan, such as we named them, because they had raised their prophet above the Deity itself. [...] I delivered my speech with great fervor and animation; and when I had concluded, Sidi Mohammed, who could not deny that the Kuran itself states that Islam dates from the creation of mankind, was not able to say a word in his defense. As for El Bakay, he was greatly delighted at this clear exposition of my religious principles, but his younger brother, who certainly possessed a considerable degree of knowledge in religious matters, stated, in opposition to my argument, that the Caliphs El Harun and M'amun, who had the books of Plato and Aristotle translated into Arabic, were Met'azila, that is to say, heretics, and not true Moslemin; but this assertion of course I did not admit, although much might be said in favor of my opponent. (Barth 1965 III: 383–384)

Among the interesting points in this remarkable passage are: 1) Barth's appeal to the Qur'an, Islamic theology and history to define and defend his own religious convictions; 2) disparaging Greek paganism as not worthy of the monotheistic recognition that Muslims have accorded to the famous Greek philosophers; 3) explicit acknowledgment of the advanced learning of his theological adversaries; and 4) unwillingness to concede the validity of the rebuttal against his forceful arguments. In all these respects, Barth is clearly more defensive than his is assertive of European superiority over the natives. Significantly, rather than drawing on distinctively Christian Trinity, Barth articulates his religious identity on theological basis identical with the central tenet of Islam, namely: the absolute unity of God. These theological exchanges reveal religion as the site where the cultural aspects of discourse, including the role of religion in individual and collective identities as well as the interactive power of discourse are all rendered legible and observable in Barth's *Travels*. Equally demonstrated in the above passages is the typical complexity of Barth's discussion lending both credence and critique to different contentions in anti-orientalist discourses. A point worth emphasizing is that this complexity is also observable in his analyses of African indigenous religions (Barth 1965 I: 439–440).

Yet despite his appreciative remarks about Islam and African religions, Barth also found occasions to critique both. In the case of Islam, "fanaticism," "zealotry," "slavery" and "violence" are the most frequent charges, particularly in discussing political and social upheavals resulting from West African jihads during the eighteenth and nineteenth centuries (Barth 1965 I: 450). Barth often portrays Usman dan Fodio's Islamic revolution as a pillage that created insecurity aggravated by what Barth regarded as the ineffectual rule of Fodio's successors – despite the fact that he had to depend on their diplomatic and political cover, particularly for his important journey from Sokoto to Timbuktu. Often, contexts influenced his evaluations: positively where he is rested from arduous long treks, hospitably received by friendly natives, and sufficiently supplied; and negatively where exhaustion of travel, limited supplies, insecurity and danger were affecting his mood and disposition. Hence, complex reactions rather than simple hostility or contempt are discernible throughout Barth's *Travels,* thereby critiquing Said's insistent characterization of orientalism as a monolithic, unambiguous, and uncontested assertion of European cultural superiority.

Similarly, Barth's *Travels* exposes limitations of Said's reliance on literary theory and criticism to deconstruct orientalism "found as prominently in the so-called truthful text (histories, philological analyses, political treatises) as in the avowedly artistic (i.e. openly imaginative) text" (Said 1978: 20). According to Said, "the things to look at," when analyzing orientalist discourses in both types of texts, "are style, figures of speech, setting, narrative devices, historical and social circumstances, *not* [original italics] the correctness of the representations nor its fidelity to some great original" (Said 1978: 21). Furthermore, Said insists that "everyone who writes about the Orient must locate himself vis-à-vis the Orient; translated into his text, this location includes the kind of narrative voice he adopts, the type of structure he builds, the kinds of images, themes, motifs that circulate in his text – all of which add up to deliberate ways of addressing the reader, containing the Orient, and finally, representing it or speaking in its behalf" (Said 1978: 20). Surely, one can employ analytical techniques of literary criticism to reveal very interesting literary features in Barth *Travels* even though it was written in multiple disciplinary genres, including history, philology, ethnology, theology etc. But Barth also wrote consciously aiming to produce scientifically objective representation of the empirical world – as discussed in R. Harms' essay in this volume, pp. 173–184. A careful reading of Barth from the multiple disciplinary perspectives will expose Said's privileging of literary analysis as indefensibly self-centered, if not worse – a point that becomes clearer in relation to *representation* as the last key component in Said's approach to discourse analysis relevant to this essay.

Representation and the Power of Discourse

Perhaps *representation* is the most contentious criticisms against Said and all proponents of discourse analysis. What is the relationship between any discourse and empirical reality? What does Said mean when he asserts that orientalism does have the ability "to manage – and even produce – the Orient politically, sociologically, militarily, ideologically, scientifically, and imaginatively?" Does he mean that the Orient has no existence outside of orientalism? Anticipating these questions, Said does qualify his main contentions by emphasizing that his analytical focus remains securely on *the discursive features* of European discourses on the Orient, but not their representation of the empirical reality supposedly there for objective observation and truthful portrayal. He affirms:

> There were – and are – cultures and nations whose location is in the East, and their lives, histories and customs have a brute reality obviously greater than anything that could be said about them in the West. *About that fact this study of Orientalism has very little to contribute except to acknowledge it tacitly.* (Said 1978: 6)

This italicized disclaimer can absolve Said from the irate denunciations of his critics (Ahmad 1994: 162–171). But even if one grants intellectual legitimacy to discourse analysis, it is fair to question Said's exclusive conception of orientalism as "representations" but not "empirical" depictions of the Orient (Said 1978: 21).

For example, Said's overwhelming focus on the representationality of orientalist discourses seems to have prevented him from appreciating the ability of the "Orientals" to insert their voices and perspectives sometime quite forcefully, into those representations that Said seems to think have erased the agency of the "Orientals," or at least muted their voices. Said remarks:

> The exteriority of the representation is always governed by some version of the truism that if the orient could represent itself, it would; since it cannot, the representation does the job, for the West. (Said 1978: 21)

For Said, since the relationship between "the occident and the orient is a relationship of power, of domination, of varying degrees of a complex hegemony," the "Orientals" must remain subordinate, and can neither contest nor even consent to their subordination, as evidenced, for example, "in the fact that Flaubert's encounter with an Egyptian woman; *she never spoke of herself, she never represented her emotions, presence, or history. He spoke for and represented her* [added italics for emphasis] (Said 1978: 6). Said's conception and employment of *representation* are particularly problematic in light of the loud and clear voices of the natives that one finds throughout Barth's *Travels* – a point already noted in the above discussion on theological confrontations between Barth and his Muslim interlocutors, and discussed more fully below. It suffices to note here that there is no convincing reason for insisting on analyzing discursive properties of orientalism without regard to the relationship between discourses and empirical reality no matter how tenuous or complicated that relationship may be.

An important accomplishment of discourse analyses has been the widespread acceptance of the contention that descriptions of empirical reality are never free and objective as some positivist social scientists postulate. Having made this point convincingly, proponents of discourse analysis then fail to provide a better alternative, proclaiming simply that objects of discourses are "invented" or "manufactured" etc. Yes, discourses are invented and discourses do invent their objects of analysis: but that should not be the last word on the relation between discourses and empirical reality. If that were the case, then a central tenet in discourse analysis, namely discourses produce power, will be meaningless. For discourses to have power that is more than a mere metaphysical construct, then the power becomes meaningful when its effects are observable empirically. Hence, it is analytically imperative to link discourses to the constellation of forces, institutions, sites and agents in society who articulate the power of discourse, appropriate it, assert it, or resist it and contest it. In other words, discourses embody capillary power observable in its effects and operations through tangible trajectories in society. The instances where Barth had to invoke the prestige of British power, to depend on his fire-arms, to place himself under the protection of local chiefs and rulers are not simply fabrications he "manufactured;" nor was the subsequent invocation of Barth to support British conquest of Sokoto a mere "invention" of colonialist discourses.

Two important dimensions of discursive power absent in Said's analysis but present in Barth's narrative are the forceful insertion of African contestations against Barth, and the internal polemics within the European discourses on the other. Both dimensions are evident in the already analyzed contexts of Barth's theological engagements with Muslims. It only remains to add here that the Christian identity that Barth affirms for himself was a Protestant one as evidenced in his disparaging remarks on Greek Orthodoxy and Catholicism while emphatically proclaiming himself to be even more of a true Muslim than his learned Muslim adversaries. One could say that Barth regarded himself as more Catholic than the Pope, but he of course does not seem to accept Catholicism as a true monotheism. Barth's own Lutheran background is relevant to understanding both his obvious sympathy with Muslims' concep-tions of God and his equally obvious antipathy toward the Trinitarian doctrines of Greek and Catholic Churches. This Christian sectarianism points to the differences within the European discourses on the other that escapes Said's attention. Similarly, the loud and forceful voices of Muslims in Barth's *Travels* indicates the agency of the native other as represented by Muslim literati who engaged Barth in critical and polemical exchanges thus revealing Africans as capable of inserting themselves in the European discourses on Africa.

Additionally, Muslim voices could also be heard in Barth's reliance on Muslim authors, particularly in his historical accounts of various towns. In Katsina, he met a Tawati by name 'Abd ar-Rahman, whom he describes as "a very amiable and social man, and as faki, possessing a certain degree of learning" (Barth 1965 III: 86). 'Abd ar-Rahman gave Barth

> [...] first hints of some of the most important subjects relating to geography and history of western Negroland, and called my attention particularly to a man whom he presented as the most learned of the present generation of the inhabitants of Sokoto. [...] This man was Abd el Kader dan Tafa (meaning the son of Mustapha), on whose stores of knowledge I drew largely. (Barth 1965 III: 86)

Abd al-Kadir bin Mustafa (d. 1864) belonged to a family of leading Islamic scholars of the Sokoto Caliphate (Hunwick 1995: 221–230). His father, al-Mustafa b. Muhammad (d. 1845) was one of the founding fathers of the Sokoto Caliphate, and was also the host and main source of Captain Hugh Clapperton during his stay in Sokoto (Hunwick 1995: 220–221). Similarly, Barth started volume II of his *Travels* by extensive discussions of the internal Arabic chronicles written by the Muslim scholars of Borno, on which he principally based his accounts of the historical and political development of Kanem-Bornu (Barth 1965 II: 1–35). He was particularly interested in Ahmad Ibn Furtūwa's *History of Mai Idris Alooma's Campaigns* (Hunwick 1995: 27) on which he remarks:

> Of this very interesting and important history a copy was forwarded by the late Vizier of Bornu, Haj Beshir ben Tirab, at my urgent request to the her Britannic majesty's government, and is now in the Foreign Office; another copy I myself have brought back. (Barth 1965 II: 16)

Although Barth naturally finds the different Bornu chronicles to be of varying quality and reliability, he singles out Ibn Furtūwa for praise as "a learned and clever man in a high position, and in constant connection to the court." Barth also praises Ibn Furtūwa's *Tarikh* for the authenticity of its accounts is "confirmed in every respect by the occasional remarks of Makrizi and Ibn Battūta with regard to the history of Bornu" (Barth 1965 II: 21). And in his rendition of history and political development of Songhay Empire, Barth also relied on the internal sources written by the Muslim literati of Timbuktu. He was equally highly impressed by the doyen of Timbuktu Islamic intellectual traditions, Ahmad Baba (Hunwick 2003: 17–31), proclaiming that

> [...] with the light now shed by my journey and my researches over these regions and their inhabitants, I have no hesitation in asserting that the work of Ahmad Baba will be one of the most important additions which the present age has made to the history of mankind, in a branch [...] formerly almost unknown. (Barth 1965 III: 284)[2]

---

2 N. Levtzion (1971: 571–593) has pointed out that Barth was mistaken in attributing *Tarikh al-Sudan* to Ahmad Baba instead of the real author of the work, namely: 'Abd ar-Rahman as-

Given Barth's extensive reliance on Muslim authors and sources, his account of the historical and political developments and the current social and political affairs at the time of his visit bear recognizably Muslim influences, particularly in his positive portrayals of Islam and Muslims throughout the three volumes of the *Travels*.

Of course, it is not easy to delineate the exact ways in which Barth's narrative reflects the perspectives of the various Muslim authors and sources that he often quoted and extensively relied upon. One could even argue that whatever may be the discernible echoes of Muslim voices in Barth's *Travels,* they are all mediated through his won selection, arrangement, presentation and interpretation, and should not be therefore regarded as faithful representations of Muslims' perspectives. After all, the theoretical postulates of discourse analysis mandate skepticism toward authorial claim of faithful representation of objective reality; moreover, since representations of perspectives are even more problematic, it follows that Barth's citations of Muslim sources and numerous invocations of anonymous informants cannot also be regarded as unproblematic evidence of the agency of unnamed natives. While these reservations are valid to varying extent, other indications of Muslims' voices within Barth's *Travels* are harder to discount.

For example, Barth includes in his appendices treatises, letters, and poems written by various Muslims both in English translations and in the original languages. Of special relevance here are the works of Shaykh Ahmad al-Bakkā'ī, particularly the poems he composed against the Masina authorities who were against al-Bakkā'ī's hospitality to Barth. The inclusion of the Arabic texts of the poems as appendix viii (Barth 1965 III: 650–655) and English translation of al-Bakkā'ī's letter of safe-conduct for Barth as appendix xiv (Barth 1965 III: 764–767) offers direct access to al-Bakkā'ī's articulation of his position in the contestations and controversies that surrounded his hospitable reception of Barth. As Barth himself observed, al-Bakkā'ī's motivations were quite complex, and included his desire to assert his won power despite the Masina's claim of authority over Timbuktu by right of conquest (Barth, 1965 III: 312; 314). Clearly, Barth's *Travels* cannot be simply read as his autonomous composition of his own perspectives, for voices of the natives, particularly the Muslim literati, are too many and too loud to be ignored. The dialogic between the same and the other – amply demonstrated throughout Barth's *Travels* – calls for further elucidation than space can permit here.

Conclusion

My reading of Barth's *Travels* through the lens of Edward Said leads to a significant conclusion: Barth's *Travels* provide both validation for and refutation of contentions in Said's critique against orientalism. Clearly, it is a testimony to the richness of Barth's travelogue that although written over a

---

Sa'dī. For a new English translation of al-Sa'dī's *Tarīkh as-Sūdān,* see: Hunwick (1999).

century ago, it can still yield such fruitful insights on the works of a major contemporary thinker. In fact, Barth's intellectual legacy is rich enough to elucidate some points in the current evaluations of the relative strengths and weaknesses of Said's influential legacy. For example, the problematization of Barth's authorship in light of his heavy reliance on Muslim sources and authors supports the contention that authorship of European travelogues from West Africa must be understood more broadly to include the active involvement of editors who recast narratives of travelers to conform to "scientific knowledge" of day (Grosz-Ngate 1988: 485–511).

In mapping contours of the power of discourse through interpretation of *Las Meninas* of Velasquez, Mudimbe stresses an important aspect, namely: the European conventions of artistic drawing significantly constrained the artists in their visual representations of Africa in European travelogues. Mudimbe argues that in transforming sketches of African sceneries brought back by European travelers, artists had to employ the prevailing norms of professional painting while at the same time exhibiting their own artistic originality. For Mudimbe, the visual illustrations that adorn European travelogues convey "signs of an epistemological order which, silently but imperatively, indicate the processes of integrating and differentiating figures within the normative sameness" (Mudimbe 1988: 9). Similarly, Richard King, writing in the context of Orientalist construction of India as the prototype of the *mystic orient* in contrast to *material occident,* has demonstrated that a major weakness in anti-orientalist critiques is the failure to note and account for the crucial roles of local elites in (mis)informing the European authors generally regarded as the original articulators of the negative portrayals of the natives in much of orientalist writings (King 2002: 82–95). One can easily recognize similar roles for the Muslim scholars of Timbuktu in shaping Barth's negative presentation of the Fulbe rulers of Masina as "intolerant tyrants." The seeming contradiction in Barth's *Travels* validating and refuting Said's critique against orientalism must be reckoned among the intellectual richness and conceptual sophistication of Barth – an author who is in many respects ahead of his time by more than a century.

BARTH, LE FONDATEUR D'UNE LECTURE REDUCTRICE DES CHRONIQUES DE TOMBOUCTOU

Paulo Fernando de Moraes Farias

Abstract

Even today, most historians continue to read the seventeenth-century Timbuktu Chronicles in the rather peculiar way Barth read the *Ta'rīkh as-Sūdān*. This manner of reading the Chronicles is felt to be just "natural", whereas in fact it does violence to the texts: it brackets away much of what the chroniclers said, overlooks their political motivations, and remains blissfully unaware of the ways in which the chroniclers' ideology conditioned their reconstructions and reinventions of the past. Yet, paradoxically, this restricted reading sprang from Barth's passionate interest in African history and African historical writing, an interest which clashed with cultural prejudices that were widespread in Europe, North America, and South America, at his time.

L'œuvre de Barth est une source historique précieuse. Tout d'abord, on y trouve des informations sur ce qu'il a pu observer ou apprendre pendant qu'il traversait de vastes étendues de l'Afrique, à un moment donné de l'histoire du continent. Certains de ces renseignements ne sont rapportés par aucune autre source, africaine ou européenne. A titre d'exemple, c'est grâce à Barth et à lui seul que nous savons comment la production de sucre de canne fut introduite dans l'actuel nord du Nigeria : elle fut initiée dans la vallée de Bamurna, au nord-est de Sokoto, sur la route de Wurno, par un Peul (Fulani) qui avait été esclave au Brésil pendant vingt-cinq ou peut-être vingt-sept ans. La littérature historique de Sokoto n'évoque pas ce transfert de technologie, opéré par le biais de la diaspora africaine. Quant aux traditions orales de la région, elles attribuent l'introduction de la nouvelle technique au *Sarkin Musulmi* (Calife) Muhammad Bello. Aussi constate-t-on à regret que les traditions orales ont dérobé à l'histoire cet anonyme innovateur africain, qui avait réussi à regagner sa liberté en Amérique du Sud et à revenir dans son pays d'origine pour y transmettre son savoir-faire[1]. Ainsi, même lorsque Barth ne produisait du savoir « qu'en passant », dans des régions visitées à la hâte, il était capable de saisir et de préserver des données qui, sinon, auraient été perdues[2].

Par ailleurs, l'œuvre de Barth témoigne du regard que l'explorateur portait sur l'Afrique et ses habitants, et de la manière dont il était lui-même considéré par les Africains. Cette œuvre reflète les atouts et les inconvénients dont il disposait pour produire du savoir dans la situation qui était la sienne : celle d'un homme cultivé, ayant certaines dispositions individuelles et issu d'un milieu social et intellectuel particulier, qui était ancré dans une période de l'histoire allemande et européenne et qui voyageait en Afrique dans des circonstances matérielles et politiques bien précises (voir les autres contributions au présent volume). A cet égard, ses écrits, publiés ou non, constituent également une source précieuse pour l'histoire des regards que l'Europe et l'Afrique portaient l'une sur l'autre au XIXe siècle, et pour l'histoire intellectuelle de l'Europe elle-même.

Le regard de Barth et sa perpétuation : entre préjugés et ouverture d'esprit

Barth n'était pas immunisé contre tous les préjugés qui sévissaient au sein de son milieu et, plus largement, en Europe. Pour décrire un chef qui lui semblait « manquer de virilité de caractère », et qui, par-dessus le marché, lui semblait « être de toute évidence né d'une esclave », il eut ainsi recours à un stéréotype racial européen inattendu dans ce contexte : cet Africain avait selon lui une personnalité semblable au « caractère juif » (Barth 1965 III: 177–178).

Parfois, Barth pouvait aussi, sans raison valable, mettre ses échecs personnels sur le compte des cultures africaines. Il était très doué pour les langues et travailla sur un certain nombre de langues africaines (Barth 1862–1866 ; Barth 1965 III: 724–763). Il communiquait avec ses interlocuteurs africains en arabe mais aussi dans des idiomes ouest-africains. Cependant, il n'apprit pas le songhay, ce qui lui occasionna quelques frustrations lors de son séjour à Gao. Pour s'en expliquer à ses lecteurs, il prit pour prétexte sa prévention à l'encontre de la langue songhay. Selon lui, le songhay était une langue « extrêmement pauvre », qui manquait de formes et de vocabulaire, et dans laquelle il était difficile d'exprimer des idées générales. Pour justifier ce préjugé, il invoqua une opposition stéréotypée entre langue de peuple dominé et langue de peuple indépendant. Cette justification, empruntée à l'histoire intellectuelle du nationalisme allemand, était cependant détournée de sa ligne première. D'après lui, dans la plupart des régions où elle était parlée, la langue songhay avait perdu son « esprit national », parce que les populations songhay

---

1   Moraes Farias 1990 ; voir aussi Last 1967: 209 n. 134 ; Johnston 1967: 158 n. 8.
2   Cf. Petermann 1855: planche 1 ; Barth 1857–1858a III: 139 ; Barth 1857–1858a IV: 172–173 ; Barth 1857–1858b IV: 171 ; Barth 1860–1861 III: 227 ; Barth 1965 III: 126–127.

elles-mêmes étaient « dégradées » par la domination étrangère. C'est pourquoi l'idiome songhay lui semblait « extrêmement repoussant », ce qui lui enlevait toute envie de l'apprendre (Barth 1965 III: 178, 184, 218, 328, 481–482).

En revanche, Barth était remarquablement libre, par rapport aux contraintes idéologiques de son époque qui empêchaient une bonne partie de l'intelligentsia européenne d'admettre que l'histoire de l'Afrique Noire était partie intégrante, et importante, de l'histoire universelle. A cet égard, les idées de Barth contrastent de manière frappante avec la tradition hégélienne (voir en particulier, dans le présent volume, les contributions d'Adam Jones, Richard Kuba et Achim von Oppen). À bon droit, Barth était fier d'avoir attiré l'attention des historiens de son temps sur les événements rapportés par le *Ta'rīkh as-Sūdān*. Comme nous le verrons plus loin, il avait lu cette chronique « en passant ». Or, ce fut une trouvaille qui, comme il le croyait à juste titre, serait ensuite reconnue comme « l'une des plus importantes contributions de notre époque à l'histoire de l'humanité, dans une branche [de cette histoire] qui était auparavant presque inconnue » (Barth 1965 III: 284).

Ainsi l'apport de Barth est-il considérable, non seulement parce qu'il a fourni aux chercheurs contemporains des textes historiques venus d'Afrique mais aussi en raison de son propre statut de source historique. Par quels autres moyens et à quels autres niveaux a-t-il pu influencer les générations de chercheurs qui lui ont succédé, notamment les historiens ? À ce propos, Adam Jones, dans ce volume, nous invite à la prudence, en nous rappelant que Barth « ne laissa pas d'étudiants derrière lui pour suivre ses pas » et « n'eut [donc] guère la possibilité d'établir une tradition universitaire » : en effet, « on trouve assez peu de continuité entre son travail et celui des chercheurs allemands qui lui ont succédé dans les diverses branches des études africaines ».

Pourtant, Barth continue d'influencer le travail de plusieurs historiens, francophones et anglophones, sur le passé du Sahel. Ils suivent les traces du grand explorateur ainsi que celles de Maurice Delafosse, ce dernier étant lui-même un lecteur assidu de Barth. En effet, la plupart des historiens continuent de lire de la même manière que Barth le *Ta'rīkh as-Sūdān* d'as-Saʿdī, mais aussi les deux autres chroniques composées à Tombouctou au XVIIe siècle et dont Barth ne prit pas connaissance, le *Ta'rīkh al-Fattāsh* d'Ibn al-Mukhtār, et le texte anonyme connu comme *Notice historique*. Cette façon singulière de les lire découle, en partie, des circonstances fortuites du voyage de Barth à travers l'actuel Nigeria. Mais elle est aussi le résultat d'un choix délibéré de sa part. Ce choix reflète le paradoxe qui était au cœur même de son enthousiasme pour l'histoire africaine. Or, ce choix et ce paradoxe ont été repris, génération après génération, par les historiens qui ont construit le paradigme, toujours dominant, des études songhay (voir Moraes Farias 2003: xlvi–li, lxix–cxii).

D'une lecture fortuite à une norme de lecture

C'est en pays hausa, à Gwandu (ou Gando), qu'en mai 1853, le lettré Bokhari b. Muhammad Wani prêta à Barth une copie du *Ta'rīkh as-Sūdān,* bien avant qu'il arrive à Tombouctou (septembre 1853) ou à Gao (juin 1854). Cependant, on lui avait déjà parlé de cet ouvrage à Sokoto, où on l'attribuait à tort au célèbre écrivain de Tombouctou, Ahmed Baba (Barth 1965 III: 146, 281–284, 680). Barth n'avait pas le temps de recopier tout le manuscrit, ou de le faire recopier par d'autres. Ainsi, pendant trois ou quatre jours, travaillant « en grande hâte et dans les circonstances les plus défavorables », il s'employa à en extraire « les données historiques les plus importantes », sans réussir à lire « les dernières parties de l'ouvrage avec l'attention et le soin nécessaires ». Il décrit ce manuscrit, lu à la hâte, comme

> [...] une histoire complète du royaume du Songhay, depuis l'aube même des témoignages historiques jusqu'à l'an 1640 de notre ère[3]. [...] Malheureusement, les circonstances m'ont empêché de rapporter une copie complète du manuscrit, qui constitue un volume in-quarto assez respectable, et au cours des quelques jours où j'ai eu ce manuscrit entre les mains à Gando, je n'ai pu transcrire que de courts extraits du texte, les passages que j'ai cru être les plus intéressants au point de vue historique et géographique (Barth 1965 III: 282).

Ces extraits du *Ta'rīkh as-Sūdān* que Barth avait pu lire furent ensuite publiés par Ralfs (1855). C'est également à l'appui de ces extraits que Barth rédigea son chapitre LXVI intitulé « Observations générales sur l'histoire du Songhay et de Tombouctou » et son appendice IX, « Tableau chronologique de l'histoire du Songhay et des royaumes voisins ». Le court appendice XV, « Villes et résidences principales des Songhay indépendants entre le Niger et la route de Ya'gha et Libta'ko », fondé quant à lui sur des enquêtes de terrain, porte sur plusieurs chefferies. L'ensemble de ces passages a jeté les fondations des études modernes sur l'histoire songhay et l'histoire de Tombouctou (Barth 1965 III: 281–299, 657–683, 768).

On ne saurait jamais assez rappeler que Barth n'a pas saisi le *Ta'rīkh as-Sūdān* comme un ensemble doté par son auteur d'une logique d'organisation globale, c'est-à-dire construit par une pensée créatrice. Il l'a plutôt appréhendé comme un corps dépecé, ou comme une chaîne qui n'a pas besoin de tous ses maillons pour remplir ses fonctions. C'est pourquoi il est intéressant de s'interroger non seulement sur les passages du *Ta'rīkh as-Sūdān* qu'il a décidé de retenir, mais aussi sur ceux qu'il a laissés de côté. C'est d'autant plus indispensable que le genre de passage que Barth a écarté est aussi celui que la plupart des historiens continuent de mettre entre parenthèses et de négliger. Ces historiens ont fait perdurer la lecture partielle des chroniques de Tombouctou, que Barth avait inaugurée.

---

3   En fait (voir as-Saʿdī 1964), la chronique se terminait d'abord en 1653, mais un chapitre ajouté par l'auteur lui-même la mène jusqu'à 1656.

Le projet politique et idéologique du *Ta'rīkh as-Sūdān* mis de côté

Barth a choisi de retenir les passages qui lui semblaient les plus importants. D'après lui, ces passages contiendraient « les plus intéressantes » données historiques, ou géographiques, c'est-à-dire des données qu'il considérait comme assez concrètes. Par contre, il a laissé de côté la plupart des passages plus abstraits. Dans ces derniers, l'auteur du *Ta'rīkh as-Sūdān* (as-Saʿdī, non Ahmed Baba) se prononce sur les causes et les conséquences profondes des catastrophes ayant entraîné la chute de l'empire songhay, et évoque, de manière métaphorique, l'avenir de sa société.

Au moyen d'un discours métahistorique, as-Saʿdī y envisage la réconciliation des descendants des conquérants *Arma*, venus du Maroc en 1591, avec les anciennes élites locales. Il s'agit des lignées *Askyia*, parmi lesquelles les chroniqueurs de Tombouctou trouvaient des protecteurs, et des commerçants et lettrés du patriciat urbain, auxquels les chroniqueurs eux-mêmes appartenaient[4]. Implicitement, l'auteur se prononce en faveur d'un nouveau pacte sociopolitique à Tombouctou et dans la région, mais sans manifester aucune velléité de restauration de l'ancien empire songhay indépendant (Moraes Farias 2003: lxxii–lxxxv).

Certains passages du *Ta'rīkh as-Sūdān* suggèrent que la réconciliation avec les *Arma* peut désormais se faire sans ressentiment, parce que la justice divine a déjà puni le Maroc d'avoir envahi l'empire du Songhay et Tombouctou :

> [...] les révoltés [entrèrent] dans la ville de Marrâkech, où ils commirent les plus grands excès, pénétrant dans le palais du sultan, s'emparant de tout ce qu'ils y trouvaient, faisant sortir les femmes de condition de leur retraite, les dépouillant de leurs vêtements et se livrant sur elles à la débauche. Ce fut exactement la répétition des actes commis [à Tombouctou] par [le pacha] Mahmoud-ben-Zergoun lorsqu'il avait envahi les habitations des fils du Seyyid Mahmoud. Le souverain toutpuissant [Dieu], qui ne néglige jamais de punir les méchants, avait ainsi voulu faire mesure égale dans le châtiment.

> L'argent, les hardes, les meubles qui se trouvaient dans les habitations [à Marrâkech] furent enlevés par les révoltés qui les dispersèrent de tous côtés et dans tous les pays. Un grand nombre de ces objets furent apportés dans la ville de Tombouctou pour y être vendus par des commerçants. Tout le monde voulait acheter de ces choses et en avoir en sa possession. Certains de ces meubles finirent par arriver dans l'habitation des fils de Mahmoud, où l'on pouvait admirer leur beauté et la façon merveilleuse dont ils étaient ajustés. Ce fut un grand enseignement que Dieu donna à ceux qui sont clairvoyants, car ils virent comment

---

4   Voir as-Saʿdī (1964: texte arabe 1–2, 129, 131, 142–144, 202–210, 322–323; traduction 2–3, 205, 209, 222–224, 308–320, 488), et Hunwick (1999: 1–2, 175–179, 192–194), mais aussi Ibn al-Mukhtār (1964: texte arabe 126, 132–133, 143, 146, 152, 175, 179–182; traduction 230–231, 241–242, 258, 262–263, 272, 308, 313–317), et la discussion critique de ces passages des deux chroniques par Moraes Farias (2003: lxxiv–lxxv).

agit Celui dont la force et la puissance sont uniques au monde (as-Saʿdī 1964: texte arabe 205–206, traduction 314–315).

Le *Taʾrīkh al-Fattāsh* parle encore plus clairement de cette renonciation à l'indépendance du Songhay et de la réconciliation avec ceux qui l'avaient détruite :

> Plus tard, Dieu répara les ravages qu'avait subis Tombouctou [de la part du pacha Mahmoud], le nombre de ses écoliers et de ses lettrés s'accrut [de tous ceux qui arrivèrent du pays s'étendant] depuis Koûkiya jusqu'à Djenné, sa communauté dispersée se rassembla de nouveau et sa prospérité fut complètement restaurée et redevint florissante. Dieu répandit sa bénédiction sur ses terres et sur ses eaux dans les débuts du gouvernement des officiers de Moulaï Ahmed [le souverain du Maroc] et il augmenta tellement sa richesse que les habitants furent sur le point d'oublier le gouvernement des Songhay (Ibn al-Mukhtār 1964: texte arabe 181, traduction 316).

Mais il fallait encore rendre le projet du nouveau pacte attractif aux yeux des *Arma*, qui restaient la couche sociale dominante au point de vue politico-militaire, et à laquelle les lignées *Askyia* et le patriciat urbain étaient subordonnés. Pour ce faire, as-Saʿdī, comme les autres chroniqueurs de Tombouctou au XVIIe siècle, produisit un long récit qui présentait les anciennes élites du Songhay comme les héritières de toute la tradition sahélienne d'autorité religieuse et politique. Ainsi ces élites, par le moyen d'une alliance plus égalitaire avec les *Arma*, pourraient conférer à ces derniers la légitimité locale qui leur manquait encore, et regagner en même temps une partie importante de leur pouvoir et de leur ancien rang.

Pour accomplir cette tâche politique, le *Taʾrīkh as-Sūdān* et les autres chroniques furent obligés de déguiser, par des légendes et par le prolongement des listes de rois songhay, les périodes historiques où les pays songhay avaient été sans souverains indépendants, et où l'empire du Mali avait dominé le Songhay. Il est donc impossible d'évaluer ces récits de façon critique sans prendre auparavant en compte les motivations idéologiques des chroniqueurs. On ne peut bien comprendre les différentes parties de ces chroniques sans saisir les fonctions qui leur sont assignées par le principe qui organise la totalité du texte.

Barth n'a saisi, dans les extraits du *Taʾrīkh as-Sūdān* publiés par Ralfs, qu'un seul des principaux passages qui donnent les clefs du discours métahistorique d' as-Saʿdī [5]. Pris isolément, ce passage n'est guère révélateur. Barth n'a jamais approfondi de manière critique la question des motivations des chroniqueurs, en prenant en compte leur origine sociale ou leur propre ancrage dans un moment historique. Il a toujours traité le *Taʾrīkh as-Sūdān* comme un simple recueil de données historiques auxquelles on pouvait se fier sans

---

5   Voir Ralfs (1855: 550, 593 n. 138), Barth (1965 III: 679–680), as-Saʿdī (1964: texte arabe 142–143, traduction 222–223), Hunwick (1999: 192–193).

problème majeur. Pourtant, sa formation universitaire l'avait préparé à l'approche critique des textes (voir Richard Kuba dans ce volume).

Il en arrive ainsi à soutenir que, hormis quelques spéculations étymologiques, les détails des récits d'origine des dynasties *Zuwa* (*Za*) et *Sonyi* (*Sonni*) étaient « sûrement vrais pour la plupart » (voir Barth 1965: 283, 286–287, 665). Il se permet bien quelques remarques sur les préjugés des lettrés musulmans à l'égard du roi conquérant *Sonyi* Ali et sur l'obscurité qui enveloppe les origines de toute nation, mais il s'en tient là dans la critique des sources.

Le paradoxe et la persistance d'une lecture peu critique

Pourquoi Barth s'est-il montré si satisfait d'une lecture aussi peu critique du *Ta'rīkh as-Sūdān* ? Le manque de temps à Gwandu n'explique pas tout, puisque plus tard, à Tombouctou, il semble qu'il ait pu consulter un autre manuscrit de la chronique sans pourtant changer d'attitude vis-à-vis du texte (Ralfs 1855: 556 n. 1). Par ailleurs, pourquoi cette lecture peu distanciée a-t-elle subsisté jusqu'à notre époque, tout en étant appliquée aux autres chroniques de Tombouctou ? En effet, il ne faut pas perdre de vue qu'en ce qui concerne l'examen des motivations politiques et idéologiques, même la brillante entreprise critique de Nehemia Levtzion (1971) à propos du *Ta'rīkh al-Fattāsh* ne se pencha que sur les passages falsifiés et ajoutés à l'ouvrage au XIXe siècle. Levtzion n'a pas enquêté sur les motivations qui animaient la partie originale et authentique du texte, qui remonte au XVIIe siècle, et que personne n'éprouvait le besoin de réexaminer sous un angle critique en 1971.

Pour Barth – et, apparemment, pour une bonne partie des historiens actuels, qui s'imaginent toujours à la même étape – la tâche consistait à légitimer la recherche historique en Afrique Noire. Il s'agissait pour Barth, et c'était tout à son honneur, de faire passer l'Afrique au sud du Sahara de la catégorie de région réputée sans histoire, ou dont l'histoire était impossible à connaître, à la catégorie de région dotée d'un passé riche et connaissable (voir Georg Klute dans ce volume). Il crut que, pour le faire, il lui fallait une moisson de faits historiques indiscutables. Il voulut aussi croire que le *Ta'rīkh as-Sūdān* lui offrait cette moisson, sans qu'il soit besoin d'approfondissement critique. Les historiens qui lui ont succédé ont agi de même.

L'attribution (erronée) du *Ta'rīkh as-Sūdān* à Ahmed Baba convenait à Barth, puisque cela constituait pour lui une garantie de plus. A ce sujet, il affirme que

[Ahmed Baba] était un homme extrêmement respectable, de telle sorte que, même après avoir été emprisonné et déporté par l'armée victorieuse de Múláy A'hmed el Dhéhebi, ses ennemis eux-mêmes le traitaient avec le plus grand respect, et en général les habitants de Morocco [Marrâkech] lui témoignaient la plus grande vénération. La personnalité de l'auteur serait à elle seule suffisante pour garantir la fiabilité de son histoire [...] (Barth 1965 III: 282).

Les grandes chroniques de Tombouctou sont des sources tardives, produites au XVIIe siècle. Barth est l'ancêtre intellectuel d'une longue lignée d'historiens qui ont considéré a priori comme allant de soi que les chroniqueurs avaient à leur disposition une longue tradition de documents écrits suffisamment détaillés et de récits oraux leur permettant de faire la lumière sur les temps les plus reculés de l'histoire du Sahel. Pourtant, les chroniqueurs eux-mêmes se plaignent souvent, avec beaucoup d'honnêteté, du manque de documentation suffisante. Ce sont les historiens modernes, c'est-à-dire nous autres, qui n'ont pas voulu les écouter[6].

Conclusion

Barth et ses continuateurs se sont laissés prendre au piège de leur propre enthousiasme pour l'histoire africaine. Mais c'est un enthousiasme paradoxal, qui a l'étroitesse de ne concevoir la littérature historique africaine que comme un mode de transmission de la mémoire. Il conduit à oublier que cette littérature est aussi le travail d'une pensée créatrice, capable de repenser et de réélaborer les données du passé et de les soumettre à des projets sociaux tout à fait nouveaux, comme c'est le cas des chroniques de Tombouctou. Par conséquent, cet enthousiasme conspire contre lui-même. Il abaisse les chroniqueurs de leur position de véritables historiens et penseurs politiques à celle de simples informateurs : il fait de ces auteurs de simples scribes[7].

En effet, le *Ta'rīkh as-Sūdān*, le *Ta'rīkh al-Fattāsh* et la *Notice historique* ne sont pas de simples répertoires de « faits bruts », passivement copiés et recopiés, de génération en génération, à travers les siècles. En réalité, ces chroniques constituent un genre d'écriture tout à fait différent des genres littéraires qui existaient à Tombouctou avant le XVIIe siècle. Ce nouveau genre y fut établi par des intellectuels innovants, qui étaient eux-mêmes des acteurs de l'histoire.

Il nous faut donc construire un respect renouvelé envers ces intellectuels chroniqueurs et idéologues. Il faut cesser de les considérer comme des compilateurs ayant simplement assemblé et mis à jour un héritage ancien de connaissances déjà existant, composé de faits bruts et indiscutables. Il convient plutôt de voir en eux les inventeurs, à Tombouctou, d'une nouvelle façon de penser, de concevoir, de scruter le passé et l'espace géographique (*bilād as-sūdān*) du Sahel. Ils sont aussi les initiateurs d'un nouveau projet politique pour la région, projet qui a guidé leur étude du passé. Reconnaître pleinement leurs chroniques comme des sources dignes de critique : voilà l'hommage que Barth et nombre d'entre nous avons manqué de rendre jusqu'ici à l'histoire africaine.

---

6 Voir des passages des chroniques discutés par Moraes Farias (2003: lxxx–lxxxiii).
7 Barth, dans la version abrégée des *Reisen* (voir Ricard & Spittler dans ce volume), croyant que l'auteur du *Ta'rīkh as-Sūdān* était Ahmed Baba, fait l'éloge de celui-ci par sa « précision analytique ». Et pourtant, il ne cessa jamais de percevoir le *Ta'rīkh as-Sūdān* comme – par-dessus tout – un répertoire de données immédiates et « sûres ».

Force est enfin de reconnaître l'ampleur de l'influence exercée par Barth sur des générations d'historiens, au travers du paradigme de lecture des chroniques qu'il avait établi et qui s'avère malheureusement réducteur. Malgré ces critiques, Barth n'en demeure pas moins digne du titre de grand ami européen de l'histoire africaine.

TOMBOUCTOU DANS LE REGARD
DES VOYAGEURS EUROPEENS AU XIXe SIECLE.
DU MYTHE A LA DESCRIPTION

Isabelle Surun

Abstract

Grounded in a comparative analysis of the relationships between the first European travelers and Timbuktu (Laing, Caillié, Barth, Lenz and Dubois), this paper attempts to show the multiple and complex approaches used in the study of the town, in the 19th century, that is, during the period of European exploration of the African continent. A particular focus is placed upon the cognitive process developed by these travelers in order to capture the place (observation, itinerary, sketches and plans). All these methods bring a scientific representation of Timbuktu that is superimposed upon, without erasing, a series of existing representations that emanate from the European imagination. In fact, Timbuktu constitutes a cornerstone for European representations which were largely renewed at the end of the 18th century. As an exploration site par excellence, the town has become strategic in the symbolic control of African space. It constitutes for the explorers an object of scientific investigation and at the same time an object of desire. The tension between the two types of investments leads them to multiple approach modalities in order to uncover progressively an identity that always seems to slip away. Then, it generates a foliated discourse rather than a unified representation of the place.

La ville de Tombouctou, présente dans l'imaginaire occidental bien avant d'être décrite par des voyageurs européens, constitue un cas particulier au sein de la production discursive liée à l'exploration européenne de l'Afrique. Érigée en haut lieu de l'exploration, elle a cristallisé l'attention des géographes par les attributs légendaires que lui conférait une tradition endogène relayée par les

récits de commerçants maghrébins, mais aussi par sa réputation de ville
interdite aux chrétiens, réputation que vinrent amplifier les récits des difficultés
éprouvées par les premiers voyageurs européens qui y séjournèrent : l'officier
britannique Alexander Gordon Laing fut assassiné au sortir de la ville en 1825,
le Français René Caillié, qui y séjourna en 1828, n'attribue sa réussite qu'à la
dissimulation de sa qualité de chrétien et d'Européen tout au long de son
voyage, tandis que le long séjour qu'y fit le savant allemand Heinrich Barth de
septembre 1853 à mai 1854 fut marqué par les pressions exercées à son
encontre par les autorités du royaume théocratique peul du Macina, qui
réduisirent considérablement la mobilité du voyageur, contraint à une
claustration presque totale sous la protection du Shaykh Ahmad al-Bakka'ī. Les
récits de séjours ultérieurs plus heureux, comme celui d'Oskar Lenz en 1880 ou
du journaliste français Félix Dubois en 1896, peu après la prise de la ville par
l'armée française, n'oblitérèrent pas pour autant la dimension mythique dévolue
à la ville, relayée au XXᵉ siècle par des plumes célèbres et présente dans les
pratiques des touristes contemporains.

Les voyageurs qui parcourent l'Afrique occidentale au XIXᵉ siècle dans des
contextes différents disposent donc de représentations préalables lorsqu'ils
abordent Tombouctou. De plus, les attentes du public européen les conduisent à
accorder une attention particulière à la description de cette ville. Leurs récits
(Caillié 1996 [1830] ; Barth 1875–1858b et 1860–1861[1] ; Lenz 1887 ;
Dubois 1897 – Le récit de Laing ne nous est pas parvenu) feront ici l'objet
d'une analyse qui s'attachera aux modalités de la construction de l'image du
lieu et cherchera à mesurer le poids respectif des représentations préalables et
de l'expérience directe, ainsi que les interactions qui peuvent se jouer entre ces
deux modalités de la connaissance : l'expérience du lieu correspond-elle à
l'attente qu'en avaient voyageurs ? Fait-elle disparaître les représentations
préalables ? Enfin, les pratiques d'observation et d'enquête mises en place par
des voyageurs assumant la dimension cognitive de l'exploration permettent-
elles de produire une nouvelle image ?

Il ne s'agit pas d'opposer constructions discursives et pratiques scientifiques,
science et représentations, mais d'envisager les savoirs comme des formes de
représentations élaborées à travers des pratiques déployées sur le terrain et
transmises par des énoncés construits.

I. Du mythe à l'exploration

1. Un mythe qui se met en place à la fin du XVIIIᵉ siècle

Tombouctou (ou « Tombut ») figure sur les cartes européennes des XVIe et
XVIIᵉ siècle comme un toponyme parmi d'autres[2]. Elle est connue par l'inter-

---

1   Le récit de Barth sera cité ici dans l'édition allemande complète parue en 1857–1858, et dans
    l'édition française abrégée de 1860–1861. La mention de la date permettra donc de les
    distinguer.
2   Le portulan d'Abraham Cresques connu sous le nom d'*Atlas catalan* fournit en 1373 la
    première occurrence du toponyme en Europe.

médiaire des géographes arabes (al-Idrisi, XIIe siècle), et de voyageurs comme Ibn Battūta (XIVe siècle) ou Léon L'Africain (début XVIe siècle). Mais le renouvellement de l'intérêt européen pour l'Afrique à la fin du XVIIIe siècle contribue à la constituer en lieu de cristallisation des représentations européennes de l'Afrique.

En 1788, fut fondée à Londres l'African Association, association de mécénat scientifique dont les membres déplorent la faiblesse des connaissances géographiques acquises par la science européenne sur ce continent. Décidés à envoyer à leurs frais des voyageurs en Afrique, ils s'attachèrent à recruter des candidats au voyage puis recueillir toutes les informations envoyées ou rapportées par ces voyageurs à leur retour pour en tirer des publications géographiques : descriptions rédigées par le secrétaire de l'association et cartes dont l'élaboration fut confiée au major Rennell, déjà célèbre pour sa carte de l'Inde. Parmi les voyageurs envoyés par l'association entre 1790 et 1809, on retient surtout Mungo Park, dont le premier voyage (1795–1797) a été considéré comme la grande réussite de l'African Association, prolongée par le grand succès d'édition que connut le récit du voyageur. La renommée de Park tient essentiellement au fait qu'il atteignit le Niger et découvrit que celui-ci coulait d'ouest en est. Or le monde savant manifestait alors un intérêt particulier pour la question du Niger, fleuve dont la direction, le cours, l'embouchure et la source étaient inconnus.

La question du cours et de l'embouchure du Niger, qui engloutit les membres de la seconde expédition de Park (1805–1806), ne fut réglée qu'en 1830 avec le voyage des frères Lander, mais au sein de ce faisceau d'interrogations géographiques, la ville de Tombouctou, dont la découverte apparaissait en quelque sorte comme un corollaire de la question du Niger, acquit dans ce cadre un statut particulier. De plus, l'intérêt savant pour le Niger comme problème géographique focalisa l'attention sur la partie occidentale de l'Afrique, qui constituait alors pour les européens le cœur du continent et était même appelée « Afrique centrale » jusqu'au milieu du XIXe siècle, comme en témoigne le titre de l'ouvrage de Barth : *Reisen und Entdeckungen in Nord- und Central-Afrika*. En effet, l'intérêt porté au Nil et à ses sources ne ressurgit véritablement qu'après 1860, tandis que le bassin du Congo ne fait pas l'objet d'explorations avant la fin des années 1870.

Cet intérêt nouveau et la fondation d'institutions ayant vocation à encadrer l'exploration conduisirent le monde savant à prendre en compte tout type d'information. Les consuls européens en poste au Maghreb ou sur les côtes interrogeaient les marchands qui fréquentaient l'intérieur pour y effectuer le commerce transsaharien et relayaient leurs descriptions. Le consul britannique à Mogador, Jackson, publia ainsi en 1797 une description des pays Hausa et de Tombouctou, d'après les récits du marchand al-Hajj Abdessalam Shabeeny (Jackson 1797). Cette publication contribua à fixer l'image légendaire de Tombouctou comme cité couverte d'or. Lorsque Barth analyse les ouvrages qui ont traité de Tombouctou avant lui, c'est en effet à Jackson qu'il attribue la responsabilité de l'émergence d'un mythe de Tombouctou : il s'agit selon lui d'une « description exagérée » d'après laquelle « on s'est fait de l'importance de cette ville une représentation qui n'a rien à voir avec la réalité » (Barth 1857–1858b IV: 442).

Ainsi, l'émergence simultanée à la fin du XVIIIe siècle d'un nouvel intérêt pour l'intérieur de l'Afrique, d'une énigme géographique qui attise l'attention des géographes autour de la question du Niger et d'un mythe de Tombouctou de plus en plus largement répandu, contribue à faire de cette ville le point de cristallisation de l'entreprise d'exploration de l'Afrique que vont orchestrer les institutions géographiques (African Association, puis Société de géographie de Paris, fondée en 1821) ou les gouvernements (notamment le gouvernement britannique).

Les instructions confiées par l'African Association aux voyageurs qu'elle envoie ne fixent pas explicitement Tombouctou comme le but absolu de leur voyage, mais cette destination s'impose peu à peu, au début du XIXe siècle, comme l'horizon idéal de tout voyage d'exploration en Afrique. On en trouve de nombreux témoignages, dans les milieux qui s'intéressent aux découvertes géographiques – savants ou amateurs, géographes ou candidats au voyage.

Ainsi, en 1821, lorsque la Société de Géographie est fondée à Paris, elle reçoit plusieurs lettres de candidats au voyage prêts à se mettre à son service pour un voyage à Tombouctou. Ces propositions montrent bien que Tombouctou était étroitement associée, dans l'esprit du public, à l'idée d'exploration. La Société de Géographie cède en quelque sorte à cette pression lorsqu'elle publie en 1824 sa proposition de Prix pour un voyage à Tombouctou. Cette publication eut une influence directe sur René Caillié qui résidait alors au Sénégal et projetait un voyage dans l'intérieur. Elle lui fournit une destination unique et l'espoir d'une récompense : « La ville de Temboctou devint l'objet continuel de toutes mes pensées, le but de tous mes efforts ; ma résolution fut prise de l'atteindre ou de périr. » (Caillié 1996 [1830] I: 41)

2. Tombouctou visitée : du mythe à la déception

Pourtant, atteindre un lieu aussi symbolique, c'était s'exposer à la déception. Une analyse des récits des premiers voyageurs européens à Tombouctou, permet d'appréhender la difficulté à remplacer l'image de la ville rêvée, dont l'attente a longtemps habité l'imagination, par la perception d'une ville réelle. Les récits comportent un certain nombre de points communs dans la manière dont ils rendent compte de l'instant où la ville apparaît aux yeux du voyageurs pour la première fois. Non seulement ils ne parviennent pas à en donner une représentation d'ensemble, de type panoramique, mais la perception même semble leur faire défaut. Il y a comme une cécité temporaire du voyageur qui ne peut pas remplacer une image par une autre.

Dans le récit de Caillié, l'arrivée se fait « au moment où le soleil touchait à l'horizon », au moment, donc, où la lumière disparaît. Caillié est d'abord trop submergé par l'émotion pour voir ce qu'il a sous les yeux : « En entrant dans cette cité mystérieuse [...] je fus saisi d'un sentiment inexprimable de satisfaction ; je n'avais jamais éprouvé une sensation pareille et ma joie était extrême. » Mais brusquement, la vue revient au voyageur qui, tout en retrouvant ses esprits, déchante :

> Revenu de mon enthousiasme, je trouvai que le spectacle que j'avais sous les yeux ne répondait pas à mon attente ; je m'étais fait de la grandeur et de la richesse de cette ville une toute autre idée : elle n'offre, au premier aspect, qu'un amas de maisons en terre, mal construites ; dans toutes les directions, on ne voit que des plaines immenses de sable mouvant, d'un blanc tirant sur le jaune, et de la plus grande aridité. Le ciel, à l'horizon, est d'un rouge pâle ; tout est triste dans la nature ; le plus grand silence y règne ; on n'entend pas le chant d'un seul oiseau. (Caillié 1996 [1830] II: 301)

Chez Barth aussi, la ville, à peine apparue, disparaît :

> Le ciel étant très couvert et l'air étant rempli de sable, les masses d'argile, sombres et malpropres, de la ville, ne recevant pas les rayons du soleil, ne se distinguaient pratiquement pas du sable et des débris gisant aux alentours. Je n'eus, du reste, pas le temps de me retourner, une quantité de gens étant venus de la ville, pour saluer l'étranger et lui souhaiter la bienvenue. (Barth 1857–1858b IV: 447)

La ville disparaît dans le ciel, ne se distingue pas de l'horizon, tandis que la foule de ses habitants, aspirant le voyageur, lui ôte la possibilité de la contempler vraiment, lui fait manquer la « vue » de sa propre arrivée. L'énergie qui l'avait animé pour atteindre la ville disparaît brusquement dans un accès de fièvre, « dès que j'arrivai au but, à l'instant même où je pénétrai dans ma maison » souligne-t-il, ajoutant : « La présence d'esprit et la vigueur corporelle ne m'étaient plus d'aucun usage, et dès la première nuit que je passai à Tombouctou, je fus envahi par l'agitation et par de sérieux soucis » (Barth Ibidem). Finalement, c'est depuis la terrasse de sa maison qu'il sera contraint d'appréhender Tombouctou, durant plusieurs mois d'une claustration presque totale.

Chez Lenz, on retrouve le même sentiment de très vive satisfaction que chez Caillié et la même absence de description : « J'aperçois dans le lointain les maisons et les tours des mosquées, connues depuis les descriptions de Barth » (Lenz 1887 II: 119), dit-il seulement : la vision d'un voyageur s'efface en quelque sorte devant celle de son prédécesseur.

Quant à Dubois, il met en scène de manière exemplaire, le dévoilement de Tombouctou, en plusieurs étapes successives. L'apparition de la ville se fait brusquement, du haut d'un pli du terrain que le voyageur vient d'escalader. Cette première vision permet d'identifier Tombouctou à la ville imaginée et désirée :

> [...] un fin et grand profil de ville, une silhouette sombre, régulière et longue, c'est ainsi qu'apparaît la Reine du Soudan, image de la grandeur dans l'immensité. [...] Elle trône sur l'horizon dans une majestueuse attitude, comme une reine. C'est bien là la cité imaginée, la Tombouctou des séculaires légendes d'Europe. (Dubois 1897: 239)

L'étape suivante, celle de l'entrée dans la ville et d'un premier coup d'œil sur ce qu'elle recèle, engendre sous la plume de Dubois une série de disparitions. L'existence du mur d'enceinte, comme la continuité du bâti, se révèle illusoire. Ce « décor » disparaît pour laisser la place à

> [...] des maisons désertes, éventrées, dont les plafonds se sont effondrés, dont les portes sont absentes ; des pans de murs ébréchés et croulants ; puis des tertres de ruines informes, amoncellements de terre, de briques crues et de morceaux de bois. Et, au milieu de tout cela, des espaces libres, sans doute les chaussées des maisons défuntes. (Dubois 1897: 240)

Et encore : « des rues malades, des rues mourantes et des rues mortes, au milieu desquelles on enfonce dans le sable mouvant comme en plein Sahara » (Dubois 1897: 244–245).

Arrivé au terme du dévoilement de Tombouctou, Dubois met explicitement en cause l'illusion dont il estime avoir été l'objet et va jusqu'à parler d'un « mirage », attribué au « soleil, ce terrible illusionniste ». Il oppose ainsi extérieur et intérieur, vision de loin et vision de près. Mais le plus difficile à admettre, ce n'est pas le délabrement de Tombouctou, c'est la déception, qui s'accompagne de « l'effondrement de tout le prestige que le nom de Tombouctou évoque à l'esprit d'un européen » : « La déroute est complète », nous dit-il (Dubois 1897: 245).

Pourtant, au delà de cette disparition de la ville rêvée, une réalité nouvelle prend peu à peu corps sous les yeux des voyageurs, et chacun rapporte dans ses bagages une image plus ou moins restaurée de la ville[3].

II. Décrire Tombouctou

Cependant, si les voyageurs tendent, une fois la première surprise passée, à reconstruire l'image de la ville, leur but n'est pas uniquement de remplacer un discours par un autre. La lecture en termes de mythe qui vient d'être proposée trouve ses limites dans l'aspiration à produire du savoir qui anime les voyageurs. Celle-ci ne se manifeste pas seulement au moment de l'écriture du récit de voyage, dans l'élaboration d'un texte, mais aussi pendant le voyage lui-même, à travers la mise en œuvre de pratiques et de procédures assez codifiées auxquelles ils s'adonnent. Ce faisant, ils répondent à une demande énoncée par les institutions scientifiques et la communauté savante, dont ils attendent une légitimation ou une reconnaissance. Même le journaliste Dubois, qui n'a pas besoin des médailles décernées par ces institutions pour trouver son public, et dont le texte présente la ville décrite comme une pure construction discursive, s'interroge sur sa position d'observateur et remet en question ses propres perceptions en parlant d'illusion. Mais les récits de Caillié et de Barth, qui détaillent avec plus de précision les circonstances de l'observation, consti-

---

3   On trouvera une analyse plus développée des avatars du mythe de Tombouctou à travers les discours des voyageurs dans un article antérieur (Surun 2002).

tueront ici les principales sources pour une analyse des pratiques et des procédures visant à construire des savoirs sur Tombouctou.

1. Procédures d'inscription graphique

Parmi ces pratiques, celle de l'écriture distingue de tout autre voyageur celui qui voyage pour rapporter un savoir. On ne conçoit pas l'exploration sans son lot de traces écrites : notes de voyage, cartes, listes de toponymes, vocabulaires, plans et croquis. Cette activité scripturaire du voyageur d'exploration relève de la production de « mobiles immuables », selon la terminologie de Bruno Latour, c'est à dire d'inscriptions permettant de faire voyager un savoir sans l'altérer (Latour 2001: 328). Les observateurs africains témoins de ces pratiques en avaient bien saisi le sens en les désignant par l'expression « écrire la terre ». C'est en ces termes qu'un Maure de Jenné décrit à Caillié les activités d'un voyageur chrétien qui se serait rendu à Tombouctou peu de temps auparavant et y serait mort (Caillié 1996 [1830] II: 158). Parvenu lui-même à Tombouctou, Caillié obtient quelques précisions sur l'attitude de ce voyageur, qu'il identifie à Laing, auprès du marchand maure qui l'avait logé :

> Laing [...] n'avait pas quitté le costume européen, et se disait envoyé par le roi d'Angleterre, son maître, afin de connaître Tombouctou et les merveilles qu'elle renferme. Il paraît que le voyageur en avait tiré le plan devant tout le monde, car le même Maure me raconta, dans son langage naïf et expressif, ‹ qu'<u>il avait écrit la ville</u> et tout ce qu'elle contenait ›. (Caillié 1996 [1830] II: 243)[4]

La manière dont Caillié rapporte ces propos traduit un certain étonnement devant les modalités de voyage adoptées par Laing, qui semble faire fi du soupçon d'espionnage que soulèvent fréquemment chez les Africains les pratiques d'inscription déployées par les voyageurs européens. Caillié, qui a fait d'emblée le choix de la clandestinité en se faisant passer pour Égyptien et musulman, est obligé de prendre ses propres notes en cachette, enfermé dans le logement que lui attribuent ses hôtes, ou en dissimulant ses feuilles sous des pages du Coran. Le voyageur anglais qui se présente à visage découvert et peut lever ses plans et croquis aux vu et au su de tous manifeste une aisance bien éloignée de l'expérience de Caillié, mais celui-ci laisse entendre que cette attitude n'était peut-être pas la plus adaptée aux circonstances : la mort de Laing légitime en quelque sorte *a posteriori* sa propre stratégie de dissimulation.

Mais si Caillié parvenait à prendre régulièrement quelques notes sur son itinéraire, les autres formes d'inscription lui sont beaucoup plus problématiques. Dresser un croquis exige que l'on reste suffisamment longtemps immobile face à son objet, un crayon et un papier à la main. Cette immobilité pouvait tout autant attirer l'attention que le geste graphique. Caillié a donc pris peu de croquis. Les seuls qui figurent dans l'ouvrage concernent Tombouctou, ce qui montre bien son souci de satisfaire aux exigences savantes. Il justifie cependant

---

4   C'est moi qui souligne.

le recours au croquis comme un moyen de suppléer aux défaillances du langage lorsqu'il s'agit de transmettre l'image d'une réalité inconnue du lecteur :

> Ayant pensé que la description seule ne donnerait pas une idée juste de la construction de cette mosquée, je me suis hasardé à en prendre un croquis ainsi qu'une vue de la ville : l'un et l'autre rendront peut-être mieux que mes paroles les objets que je désire faire connaître au lecteur. (Caillié 1996 [1830] II: 237)

Mais c'est dans l'ouvrage de Barth que les planches et croquis, très nombreux, acquièrent une fonction didactique importante. Les planches représentant des paysages donnent à voir au lecteur des combinaisons particulières de reliefs, de cultures ou de végétation naturelle, d'habitat, dont il ne peut pas se faire une idée d'ensemble par l'addition de descriptions particulières. Quant aux croquis, ils témoignent aussi d'un mode de lecture du monde, dont ils donnent les clés. Barth ne séjourne pas dans une ville sans en donner le plan, sans y situer la maison où il a logé, il ne passe pas une nuit dans un village sans dresser le plan de la maison où il a dormi. Les plans et croquis de maisons ont une fonction heuristique : ils constituent un catalogue de formes qui permet d'établir des typologies de l'habitat villageois ou de la maison urbaine. A Tombouctou, le plan de la maison du voyageur est ainsi érigé en type :

> J'ai levé également le plan de la maison que j'habitai; toutes les autres habitations étaient bâties dans les mêmes conditions, avec cette différence, que celles des pauvres n'avaient qu'une cour et qu'elles étaient dépourvues d'une chambre au dessus du toit. (Barth 1860–1861 IV: 36)

2. Modalités de l'observation

L'attitude de Barth, qui fait des croquis de tout, mais en particulier des lieux où il a séjourné, permet d'établir un lien entre l'expérience du voyageur, les conditions dans lesquelles il observe et le savoir produit. Elle témoigne d'une tension entre la singularité de l'expérience que fait le voyageur et une aspiration à produire un savoir à vocation universelle. La question qui se pose est en effet celle du point à partir duquel le voyageur observe.

Les représentations de Tombouctou proposées par Caillié et par Barth, extrêmement différentes, fournissent un bon objet d'analyse. La planche de Caillié 1996 [1830] (planche 1, p. 233) fait apparaître Tombouctou comme un ensemble sans ordre de maisons peu nombreuses, séparées par de larges espaces qui ne semblent pas constituer des rues ou pouvoir se lire comme des axes. La planche qui figure dans l'ouvrage de Barth 1857–1858b (planche 2, p. 234) figure un espace bâti assez dense, ordonné selon des axes plutôt orthogonaux. L'espace présenté est à peu près le même, mais le point de vue choisi par l'observateur est assez différent. En adoptant une vue rasante, au niveau des terrasses, l'image présentée par Barth permet de donner un aperçu assez précis de l'architecture des maisons. Elle met en évidence la vie qui anime ces

Planche 1 : « Vue d'une partie de la ville de Tombouctou, prise du sommet d'une colline, à l'est-nord-est » (Caillié 1830 III: Pl. 6)

Planche 2: « Tombouctou. La partie nord de la ville vue de la terrasse de la maison du voyageur »
(Barth 1857–1858b IV: 541, Pl. 14)

terrasses, sans masquer ce qui se passe dans les rues, et tend à réduire visuelle-
ment les espaces entre les bâtiments. La vue en plongée proposée par Caillié
accentue au contraire l'effet de vide. De plus, le point de vue de l'observateur
étant extérieur à la ville, il produit une distanciation qui donne l'impression
d'une ville morte, la présence humaine étant réduite à quelques silhouettes
minuscules.

    Or chacun des points de vue relève d'expériences très différentes de la ville.
Caillié, on l'a dit, était obligé d'être très discret lorsqu'il se livrait à l'inscription
graphique d'un objet sur ses feuillets mobiles. Il a donc choisi pour sa vue de
Tombouctou un point de vue élevé, selon les règles du panorama, mais situé à
l'extérieur de la ville, de manière à échapper aux regards et aux questions. Il
s'agit de « deux énormes buttes élevées hors de la ville, au sud de la mosquée »
à propos desquelles il nous dit : « je suis monté plusieurs fois dessus pour
examiner la ville dans son ensemble et en faire l'esquisse. » (Caillié 1996
[1830] II: 238). Il a donc effectué sa tâche très consciencieusement, mais il met
en œuvre un regard analytique qui détache chaque objet, chaque maison étant
dessinée pour elle même, et ne propose pas une appréhension globale de la ville.

Quant à Barth, assigné à résidence pendant plusieurs mois à Tombouctou, il eut encore moins le choix de son point d'observation que Caillié. La terrasse de la maison mise à sa disposition par son hôte constituait en effet son horizon quotidien. Encore souligne-t-il que, son poste d'observation étant exposé aux regards des passants, il ne put lever son esquisse que lentement, en s'interrompant à chaque fois que quelqu'un passait dans la rue (Barth 1857–1858b IV: 451). La représentation produite par Barth s'en ressent, en ce qu'elle est imprégnée d'expérience du quotidien. Elle parvient cependant à donner une idée de l'aspect général Tombouctou en articulant les différents niveaux et les différents plans : au second plan apparaît une différenciation de l'habitat entre maisons à étage et huttes de paille rondes, tandis que l'arrière plan suggère une continuité du bâti derrière le monument. Barth prend d'ailleurs soin d'indiquer précisément les limites du champ de vision que lui offre cette terrasse :

> Comme j'y jouissais d'un horizon assez large, je m'efforçai de découvrir ainsi les principales particularités de la ville. Vers le sud et le sud-est, il est vrai, la vue était bornée par les belles demeures des riches marchands Ghadamsi du quartier de Sanegoungou, tandis que du côté du sud-ouest, je n'apercevais ni la grande mosquée, ni la mosquée Sidi Yahia ; par contre, j'avais un coup d'œil des plus intéressants sur tout le quartier septentrional, sur l'imposante mosquée Sankore et toute la partie du désert qui s'étend à l'est de la ville. (Barth 1860–1861 IV: 43)

Or ces deux représentations ont fait l'objet de critiques fondées sur des arguments différents, voire opposés. Caillié a été surtout critiqué par les Britanniques, dans le cadre d'une polémique orchestrée par John Barrow, secrétaire à l'Amirauté, qui contestait l'authenticité de son voyage. L'image qu'il avait produite apparaissait à la fois comme excessivement naïve par la facture, et comme fausse : on ne pouvait pas admettre l'idée que Tombouctou se réduise à quelques maisons mal ordonnées. De plus, oubliant que Caillié ne présentait qu'une partie de la ville, on lui faisait grief de la réduire à des proportions misérables[5]. Les circonstances de l'élaboration et les modalités de l'observation furent donc oubliées par les détracteurs de Caillié frustrés de ne pas reconnaître dans la gravure une grande Tombouctou, que l'image ne prétendait présenter. Barth, au contraire, fut critiqué par Dubois pour n'avoir vu Tombouctou que de la terrasse de sa maison, donc pour des conditions d'observation qu'il n'avait pas choisies. Sa contribution à la description de Tombouctou était ainsi dénigrée au nom des modalités de son élaboration.

---

5   Les éditeurs de l'ouvrage avaient pourtant demandé à Caillié de modifier son dessin en lui faisant ajouter plusieurs rangées de maisons, au bas de l'image, en avant de la mosquée, de façon à faire paraître la ville plus grande. En témoigne la succession des esquisses, dessins à la plume ou aquarellés et épreuves annotées, conservées avec les notes de voyage de Caillié au département des manuscrits de la Bibliothèque nationale de France (Mss NAF 2621: f° 68–72). Ce rajout construit une image peu réaliste de la ville en faussant le point de vue, l'observateur paraissant surplomber la ville depuis une tour très haute.

3. Un parcours cognitif

La détermination d'un point d'observation, qu'il soit choisi ou non, pose la question des procédures cognitives mises en œuvre par un voyageur pour prendre connaissance d'une ville de façon à en produire une représentation graphique. Or cette mise en œuvre se révèle étroitement dépendante des conditions dans lesquelles s'effectuent le voyage. Ainsi, si l'officier Laing, en uniforme de l'armée britannique, a pu lever un plan dans les règles de l'art, au vu et au su des habitants, les voyageurs contraints à une certaine discrétion, comme Barth, ou ayant fait le choix de la clandestinité, comme Caillié, doivent renoncer à l'exhaustivité de ce mode d'enregistrement.

Caillié, libre sous son déguisement de déambuler dans la ville, ne décrit pas précisément ses parcours, mais l'impression générale, plutôt décevante, qu'il tire d'un premier examen, dès le lendemain de son arrivée :

> Le 21 avril, au matin, j'allai saluer mon hôte, qui m'accueillit avec bonté ; ensuite j'allai me promener dans la ville pour l'examiner. Je ne la trouvai ni aussi grande ni aussi peuplée que je m'y étais attendu ; son commerce est bien moins considérable que ne le publie la renommée [...]. Je ne rencontrai dans les rues de Tombouctou que des chameaux qui arrivaient de Cabra, chargés des marchandises apportées par la flottille ; quelques réunions d'habitans assis par terre sur des nattes, faisant la conversation ; et beaucoup de Maures couchés devant leur porte, dormant à l'ombre. En un mot, tout respirait la plus grande tristesse. J'étais surpris du peu d'activité, je dirais même de l'inertie, qui régnait dans la ville. (Caillié 1996 [1830] II: 213–214)

Malgré la tonalité déceptive de ce texte, où les négations traduisent le décalage entre la ville attendue et la ville perçue, il repose sur une série d'observations précises, disposées comme une succession de vignettes où apparaissent çà et là des habitants, saisis dans leurs différentes attitudes. Cette première promenade permet à Caillié de porter un jugement en creux sur une ville presque endormie, jugement qui ne sera pas démenti par la suite du récit, malgré les informations complémentaires obtenues sur le commerce de Tombouctou.

Au cours de son séjour, Caillié entreprend cependant de dresser un inventaire graphique de la ville, exclusivement consacré aux aspects architecturaux. Le mode opératoire n'est plus ambulatoire et impressionniste, mais fait appel à l'observation depuis un point fixe et à l'enregistrement sur les lieux. En témoigne une série de croquis à peine esquissés qui relèvent plusieurs façades de la grande mosquée, quelques éléments de l'ornementation intérieure (« dessin qui se trouve sur les piliers de la mosquée intérieurement ») et la façade de la maison prêtée au voyageur, tous conservés parmi les manuscrits de son voyage (BNF Mss NAF 2621: f° 62–65) et reproduits dans l'ouvrage publié (Caillié 1830: pl. 4–5). Le trait extrêmement ténu qui caractérise ces dessins au crayon peut être considéré comme la marque de fabrique de ce que Caillié appelle son « système de voyage » qui repose sur le choix d'une identité factice et sur la totale clandestinité de ses travaux d'enregistrement :

Je n'ai rapporté, des régions que j'ai parcourues, que des notes fugitives, très laconiques, écrites en tremblant et pour ainsi dire en courant ; elles fussent devenues contre moi une pièce de conviction inexorable, si j'avais été surpris traçant des caractères étrangers, et dévoilant pour ainsi dire aux blancs les mystères de ces contrées. (Caillié 1996 [1830] I: 37)

Or, dans ces conditions, le dessin d'architecture, qui exige une station prolongée en un lieu exposé aux regards, l'usage du papier et du crayon, la concentration de l'œil et de la main, pouvait paraître une pratique excessivement risquée. Aussi Caillié prend-il le soin de la dissimuler par le subterfuge suivant :

Pour faire l'esquisse de la mosquée, je m'assis dans la rue, en face, et je m'entourai avec ma grande couverture, que je repliai sur mes genoux ; je tenais à la main une feuille de papier blanc à laquelle je joignais une page du Coran ; et lorsque je voyais venir quelqu'un de mon côté, je cachais mon dessin dans ma couverture, et je gardais la feuille du Coran à la main, comme si j'étudiais la prière. Les passants, loin de me soupçonner, me regardaient comme un prédestiné, et louaient mon zèle. (Caillié 1996 [1830] II: 237)

Plus à l'aise, sans doute, à l'intérieur de la mosquée où il peut se trouver seul, il en mesure les galeries et les arcades à l'aune de ses pas, en compte les piliers pour en dresser le plan. Ce dernier type d'enregistrement combine en quelque sorte les méthodes des deux autres : comme le premier, il fait appel au déplacement – il s'agit cette fois d'arpenter l'intérieur du bâtiment – et, comme le second, il procède à une transcription graphique de l'espace. Dans les trois cas, l'observation mobilise le coup d'œil, fixe ou ambulatoire.

Barth, dont la mobilité est étroitement limitée lors de son séjour à Tombouctou, ne parvient pas à y déployer l'ensemble des procédures cognitives qui caractérisent habituellement sa démarche. Il faut donc se tourner, pour en prendre la mesure, vers la description qu'il fait de la ville de Kano, dont il prend connaissance en plusieurs temps, combinant des points de vue et des modes de déplacement différents. Sa première sortie dans la ville, qui consiste en un trajet linéaire, à pied, de sa maison au palais du gouverneur, déroule sous ses yeux une succession de tableaux qu'il donne à voir sur le mode de l'énumération avant de les unifier sous le vocable du « spectacle » :

Nous rencontrâmes tour à tour sur notre route des habitations de toute espèce, depuis les pavillons légers jusqu'aux maisons d'argile ; des pâturages verdoyants couverts de bétail, de chevaux, de chameaux, d'ânes et de chèvres ; des fossés profonds, remplis d'eau et couverts de plantes aquatiques. Au milieu de cette variété d'aspects s'épanouissait une végétation riche et multiple […] ; la population elle-même offrait une grande diversité de costumes, depuis les esclaves presque nus jusqu'aux Arabes vêtus d'habits éclatants et somptueux ; tout cet ensemble présentait un spectacle des plus animés et des plus attrayants. (Barth 1860–1861 II: 10)

Une seconde promenade, plus longue, lui permet de faire dans la ville « plusieurs lieues de chemin en la visitant en tous sens ». Le trajet n'est plus linéaire mais décrit de multiples boucles qui permettent d'étendre le parcours à des quartiers qu'il n'avait pas vus la veille, mais surtout, l'usage d'une monture repousse les limites de la perception en lui donnant une hauteur suffisante pour permettre de voir par-dessus les murs d'enclos :

> Le voyageur à pied ne peut se faire une idée très juste d'une ville africaine, mais celui qui se trouve à cheval, par contre, a vue sur l'intérieur de toutes les cours, et peut conséquemment se rendre compte de divers détails de la vie domestique. Du haut de ma monture, je pus par conséquent assister aux scènes variées de l'existence publique et privée. (Barth 1860–1861 II: 13–14)

La description s'attache dès lors aux activités des habitants plutôt qu'à l'alternance d'espaces bâtis et non bâtis ou aux silhouettes humaines décrites par le piéton qu'il était la veille. L'appréciation générale de la ville s'en trouve profondément modifiée, puisque la seconde approche permet de décrire Kano comme une métropole très active, alors que la première insistait sur la présence importante à l'intérieur des murs d'espaces dévolus à des fonctions plus rurales qu'urbaines. Cependant, là encore, le mode de description procède par énumération, juxtaposant une succession d'activités.

Seule la troisième approche, reposant sur une nouvelle technique visuelle, permet au voyageur d'accéder à une représentation synthétique :

> Le lendemain, je fis une seconde promenade à cheval, dans la ville, et comme je m'étais déjà plus ou moins familiarisé avec la distribution topographique de Kano, j'éprouvai d'autant plus de plaisir à en embrasser l'admirable ensemble, du haut d'un rocher nommé Dala, élevé de cent vingt pieds. (Barth 1860–1861 II: 16)

A Tombouctou, Barth tente de tirer le meilleur parti possible des conditions d'observation auxquelles il est soumis. Obligé de suivre son protecteur dans ses déplacements entre ville et campement, il obtient parfois que celui-ci fasse halte dans les endroits qui l'intéressent, comme la mosquée Djingereber qu'il n'avait jusqu'alors pu voir que de loin. Mais il ne peut s'y livrer à des activités de relevé, et laisse à l'un de ses amis le soin d'en mesurer la longueur et la largeur à l'aide d'un corde qu'il lui confie (Barth 1857–1858b IV: 487). Une visite au marché et un parcours rapide des rues environnantes lui permettent d'acquérir une meilleure connaissance du réseau viaire et d'améliorer le plan qu'il avait dressé au début de son séjour à partir des observations effectuées depuis la terrasse (Barth 1857–1858b IV: 489). Mais, son séjour se prolongeant malgré lui, un nouveau centre d'intérêt, extérieur à la ville, s'impose à sa curiosité géographique et oriente les quelques excursions qu'il obtient de son protecteur. Il s'agit de mesurer les effets de la crue du Niger et l'étendue des zones inondables aux environs de Tombouctou. Un trajet de la ville au campement effectué au mois d'octobre lui permet ainsi d'observer « les variations des contrées riveraines du fleuve pendant les pluies de septembre et d'octobre » (Barth 1860–1861 IV: 55), observation qu'il lui tarde de pouvoir renouveler dans les mois qui suivent :

Le 9 janvier, je fis malgré tout, en compagnie du cheik, une excursion jusqu'à la rive du fleuve débordé, car la crue extraordinaire de ce dernier ne me laissait pas l'esprit en repos. Nous rencontrâmes l'eau déjà à peu de distance au sud-ouest de la ville, à 600 ou 700 pas seulement de la grande mosquée. (Barth 1857–1858b IV: 78–79)

L'impatience qui se manifeste dans ces quelques lignes traduit à la fois un intérêt puissant pour un phénomène naturel et la frustration du voyageur condamné à l'immobilité. Ainsi, ce séjour à Tombouctou aura surtout été marqué par une aspiration à quitter la ville. L'ensemble du récit montre d'ailleurs que Barth ne se sentait jamais aussi à son aise que lorsqu'il retrouvait la liberté des grands espaces après un séjour dans une ville.

Conclusion

L'intérêt des premières descriptions européennes de Tombouctou réside dans la qualité de haut lieu de l'exploration que confèrent à cette ville un ensemble de représentations préalables fortement constituées, érigées en mythe, et l'attente d'autant plus forte dont elle fait l'objet au sein de la communauté savante qui la désigne comme une destination privilégiée. Les voyageurs qui s'y rendent se trouvent soumis plus qu'ailleurs à une double tension : la première, qui oppose l'image préconstituée à la perception immédiate, est responsable d'un discours déceptif qui appréhende le lieu à l'aune de l'attente ; la seconde, qui réside dans la nécessité de transformer une expérience singulière du lieu en une description objective, se résout par la mise en œuvre de procédures d'observation et d'enquête visant à « écrire la ville ». Les représentations graphiques qui en résultent sont le produit des stratégies du voyageur et des conditions dans lesquelles s'est déroulé son séjour, qui déterminent l'amplitude du champ ouvert à la mobilité du voyageur et à ses facultés de perception.

L'analyse des procédures cognitives mises en œuvre par un même voyageur dans ses approches successives du lieu permet de distinguer deux techniques de la vision : celle de l'observateur en mouvement, qui procède par petites touches et introduit une temporalité dans la perception de l'espace, et qui peut être définie comme une vision cinesthésique, et une vision fixe, obtenue depuis un point de vue élevé, choisi comme poste d'observation. La vision fixe relève d'une procédure délibérée, qui nécessite une préparation (choix du point de vue et marche d'approche), et construit son objet en le stabilisant. La vision cinesthésique, soumise aux aléas du déplacement, apparaît, elle, comme le mode de perception le plus ordinaire du voyageur. Toujours première, elle ne peut être dépassée qu'au prix d'une accommodation aux conditions de l'enquête qui exige parfois le recours à des subterfuges.

La description, qui résulte des pratiques d'observation et d'inscription, porte la trace des conditions de son élaboration, ce qui permet d'apprécier les limites de la représentation qu'elle produit.

BARTH AND THE STUDY OF AFRICA IN GERMANY

Adam Jones

Résumé

Barth réagissait de manière tolérante et érudite à ce qu'il observait. C'est pourquoi il fut présenté comme un pionnier dans nombre de disciplines composant aujourd'hui les études africaines. Dans cet article, quatre de ces disciplines (la géographie, la linguistique, l'ethnologie et l'histoire) sont examinées, afin de déterminer dans quelle mesure Barth peut en être considéré comme une figure fondatrice. Il apporta à chacune d'entre elles une importante contribution : il participa à la modernisation de la connaissance géographique européenne sur le Soudan occidental, documenta neuf langues africaines, rassembla un grand nombre de données ethnographiques et remit en cause l'idée, prédominante à l'époque, selon laquelle l'Afrique était un continent sans histoire. Cependant, ce serait une erreur de le considérer comme un précurseur des études africaines au sens strict : son approche géographique, fondée sur « l'inventaire », était déjà en train d'être dépassée au moment où il écrivait ; la linguistique africaniste finit par s'institutionnaliser sans aucune référence au polyglotte qu'était Barth ; son approche ethnographique, centrée presque exclusivement sur les sociétés islamiques, eut peu d'influence lorsque l'ethnologie devint une discipline professionnelle ; et aujourd'hui, l'approche historique de Barth, privilégiant les grands Etats et la culture écrite, semble tout à fait désuète.

Whilst most works of reference describe Barth as a "traveller" or "explorer", there has been a tendency in recent years to view him also as a "scholar" or "scientist" (von Oppen and Spittler, this volume) and thus to set him apart from most other nineteenth-century travellers in Africa. As Grosz-Ngaté demonstrates in this volume, Barth's erudition to some extent posed a challenge to the contemporary "scientific division of labor" between travellers who reported facts and gentleman scholars who interpreted them, even though in his writing he adhered to the conventions of the former group. Whilst scholars are generally associated with a particular discipline, in Barth's case it is difficult to decide which discipline he belonged to. French scholars have described Barth's contribution to African studies as that of a "philologist, historian and geographer", or of a "linguist, historian, geographer and natural scientist" (1955 and 1966, both cited in Italiaander 1970: 16). One German brochure (*Heinrich Barth* 1997) even describes Barth's importance under as many as ten different headings and calls him the "founder of African studies", apparently because he was able to write about so many different aspects of the societies he visited.

Despite the danger of being anachronistic, it seems useful to look at Barth's contribution to a few of these fields from a modern perspective and to pose two questions:

–   To what extent was Barth really an innovator in the various fields of African studies to which he contributed?
–   Do today's 'African Studies' departments in Germany represent a fulfilment of the vision that is implicit in what Barth did and wrote?

Unlike many of the German travellers who followed him, Barth himself did not obtain the university post he had hoped for when he returned to Germany, despite the many tributes he received. Not until eight years later – a mere two years before his death – was he given the (unpaid) post of Professor of Geography in Berlin. Thus he left behind no students to follow in his footsteps and was hardly in a position to establish an academic tradition.

If we examine what Barth actually published during his relatively short career, we face a paradox. He produced only one (incomplete) academic monograph – his *Collection of Vocabularies* (Barth 1862–1866), and even in this scholarly contribution to the study of African languages he makes an interesting disclaimer, preferring to leave "theorising constructions" (*theorisierende Zusammenstellungen*, my translation) to "linguists of a higher order" (such as Lepsius, perhaps?), "my point of view being entirely that of a geographer and ethnographer, wholly depending on facts". This staunchly empiricist manifesto should perhaps not be taken too literally, since in the same sentence he promised to discuss how the various languages of the Sahara and Sudan were related to one another (a promise he did not live long enough to fulfil). But it is clear that what mattered most to Barth, whether in linguistics or any other discipline, was to get the (descriptive / narrative) facts right; hence the term 'ethnographer' rather than 'ethnologist'. Had he dared to call himself a historian, he would no doubt have felt more affinity to Ranke (whose lectures he had attended) than, say, to Lord Acton.

But let us now look at four disciplines – geography, linguistics, ethnology and African history – to which Barth referred in his works.

1. Geography

In the second quarter of the nineteenth century Alexander von Humboldt and Barth's teacher Carl Ritter pioneered the study and teaching of physical and human geography at a university level in Germany. However, it was not until the very end of the century that geography gained acceptance outside Berlin as an academic discipline (cf. Essner 1985: 43–47). Until then, the task of synthesising and drawing conclusions from the detailed reports of Barth and other explorers remained largely the work of non-academic institutions, notably Petermann's 'Geographical Institution' in Gotha. Not until just after Barth's return were the first foundations aimed at sponsoring exploration founded in Berlin.

Yet many books on the geography of Africa had appeared since the Renaissance, and (historical) geography was the discipline in which Barth had written his *Habilitationsarbeit* in 1848. As an explorer he was expected to extend Europe's geographical knowledge of Africa, and indeed the information he brought back enabled Petermann and others to fill many gaps in the map of the Central and Western Sudan. As the title of his travelogue suggests, it was discovery that lay at the heart of Barth's enterprise: in the concluding remarks he claimed to have "snatched" a huge, unknown region from "the darkness of seclusion". This achievement, seen against the perils and physical hardships that it was necessary to overcome, is what gained recognition from contemporaries. Nevertheless, as Spittler argues in this volume, Barth was not primarily a geographer.

Geographical discovery, of course, is seldom a purely academic exercise. Barth had instructions from the British Government not only to provide geographical data but also to ascertain the prospects for marketing Britain's industrial manufactures, and he discharged these tasks (cf. Masonen 2000: 272). Moreover, it was possible, as the Comaroffs (Comaroff & Comaroff 1991: 95f) have argued with regard to South Africa in the early nineteenth century, to describe landscapes in such a way that they seemed to be "there for the taking", and their inhabitants "raw material for the civilizing project". Yet, even reading between the lines, it is difficult to argue that Barth did this, although he does present a vision of how Timbuktu might regain its lost grandeur if "a strong and perceptive power were to take control of the upper Niger in place of the fanatical Fulbe" and exploit its trade.

More important than the geographical facts he collected or the motivation that lay behind them is the technique he developed for conveying geographical information. It is essentially a narrative technique, leading the reader on from one place or person to the next; but it also includes descriptive elements belonging to the genre that Pratt (1992: 201) has called "verbal painting", designed to render significant what was really a non-event (the 'discovery' of places remote from Europe) and to convert local knowledge into European one (Pratt 1992: 202; cf. Grosz-Ngaté, this volume).

2. Linguistics

Barth's linguistic achievements are generally recognised. He published a three-part study of nine languages which he had studied during his travels (1862–1866), including tables which compared the terms for pronouns, particles, numerals and nouns. He had also collected shorter wordlists for 43 further languages, but these were not published in his lifetime.

One is struck by the contrast between the scholarly handling of empirical data and the aggressive, polemical manner in which Barth demolishes his rivals. The German missionaries Koelle, Schön and Riis are politely referred to as "meritorious labourers", but in each case Barth proceeds to highlight the "absurd" aspects of their work: Riis concentrated on the Akwapim dialect and failed to cover the rest of the Asante kingdom (an extraordinary demand to make in the mid-nineteenth century!); Schön wrote no more than "a rough sketch of a vocabulary and short grammar of the Hausa language"; and Koelle used an informant who had long lost touch with the Kanuri language. These general criticisms are supported by numerous footnotes which challenge the rendering of particular words by Koelle and Schön, both of whom, as members of the Church Missionary Society, had published the results of their research in English. The tone is often unnecessarily harsh and must have given considerable offence (cf. Jungraithmayr & Leger 1983). Hair (1994 [1967]: 46–49) has described the bitter feud that developed between Barth and Schön, relating primarily to the use of informants but implicitly also to the claim to expertise in the Hausa language and more generally in African linguistics. Nevertheless, Barth's claim that his Kanuri vocabulary was more reliable than Koelle's because it had "been controlled [*controliert*, i.e. 'tested'] by the daily use of common life in the different provinces of the Bornu empire" (Barth 1862: xiii) emphasised an important, to some extent innovative principle.

In Germany after Barth's death the study of African languages continued to be pursued mainly by missionaries in the field and those who had returned to Europe until the first quarter of the twentieth century, when it was gradually institutionalised in Hamburg, Berlin and Leipzig (cf. Pugach 2001). The context in which this institutionalisation took place was one not envisaged by Barth – that of colonial rule and the need to train colonial officials in African languages. The key figure in these developments was Carl Meinhof (1857–1944), who differed from Barth in significant respects. Unlike Barth, Meinhof had studied theology, German and Hebrew. His main interest lay in the Bantu languages, although he also dealt with what he called the 'Hamite' languages (including Fulfulde) and those of Kordofan. There is no evidence that Meinhof considered himself an heir to Barth's legacy.

Nor, for that matter, was Barth an important predecessor for Diedrich Westermann (1875–1956), the other leading figure in the history of African linguistics in the German-speaking world, who began his career as a missionary and generally had more in common with the missionary linguists whom Barth criticised. True, Westermann's notion of 'comprehensive *Afrikanistik*', embracing "all cultural and social aspects of the people who are the bearers of the language cultures" (Möhlig 1997: 446) came somewhat closer to Barth's multidisciplinary approach than did Meinhof's narrowly philological concept. Westermann published a *History of Africa* (1952) which drew upon the findings of Barth and others in narrating the rise and fall of the great kingdoms of the Sudan region; and he too made contributions to African ethnography, notably in his book on the Glidyi Ewe (1935). But Westermann, like Meinhof, grew up in a world very different from the one Barth had known. The foundations laid by these two men for the 'professional' study and teaching of African languages bore only a distant relationship to the work of Barth.

3. Ethnology

The terms 'ethnology' and 'ethnography' had been used in Germany since the late eighteenth century, but no professorship was created in this field till a century later. Not until the 1860s, in the wake of Darwin, did this "self-congratulatory" discipline (Brantlinger 1986: 203) begin to influence the writings of travellers such as Richard Burton. Barth's journey also took place too early for him to profit from the foundation of ethnographic museums in the 1870s and the subsequent 'scramble for African art'; but he did often employ the terms 'ethnography' and 'ethnographic'.

What we find in Barth's *Reisen* is not a systematic ethnographic study but a host of scattered references to exotic customs he happened to encounter. This was, as Spittler (1987) has argued, largely a consequence of the fact that he travelled in a caravan and covered an average of 25 kilometres a day. Spittler has indicated some instances where Barth's mode of travel led him to misinterpret the ethnographic evidence he observed, for instance with regard to sexuality or the availability of food; but he also shows how Barth was able to gain knowledge through his good relationship with some of his travel acquaintances. From a methodological point of view, his main contribution was probably the striking of a new balance between empathy and distance (cf. Spittler, this volume).

Given his interest in African languages, it is not surprising that his taxonomy for classifying ethnographic information should have been primarily that of language groups, referred to in accordance with the dominant thinking of his day as "nations". As Grosz-Ngaté argues (this volume), he too assumed that culture could be identified with a particular territory, although the "production of difference" which this view entailed was tempered in his case by his willingness to historicise what he observed.

It may be assumed that the main founder of Africanist ethnology in Germany, Leo Frobenius, read Barth's *Reisen*, just as he "devoured" the works of Nachtigal, Stanley and others before making his own first expedition in 1904. Yet Frobenius considered himself quite uninfluenced by Barth or anyone else:

> In the last century the mistaken notion still prevailed that all higher culture in Africa derived from Islam. Since then we have learnt a great deal and today know

that the beautiful gowns of the Sudanese peoples were already at home in Africa
before Mohamed was born [...] (Frobenius 1933: 15, my translation; cf. Heinrichs
1998: 61)

These lines may indeed be regarded as an implicit criticism of Barth.
Because the region covered by Barth had been influenced by Islam for
centuries, Frobenius assumed that Barth had little to say about 'archaic' African
cultures. Yet one wonders whether Frobenius' enthusiasm for the latter could
ever have found a wide readership, had not German readers been prepared for
such an attitude by Barth's enthusiasm for Sudanic cultures. Like Barth before
him (cf. Grosz-Ngaté, this volume), Frobenius needed to "negotiate public
sentiment".

4. African History

Like Frobenius a century later, Barth has been given credit by African and
non-African scholars for persuading a sceptical European readership that Africa
had a history and that existing stereotypes about 'savage Africa' needed to be
revised:

> If Denham and Clapperton had proved that the blacks of Bornu and Hausaland
> were civilized human beings, Barth proved that they were civilized human beings
> with a history, by bringing with him to Europe several important historical
> chronicles [...] (Masonen 2000: 271; cf. Dike 1970: 23; Marx 1988: 38–39)

At the time when Barth wrote, thinking about African history was still
dominated in the German-speaking world by the views of Hegel and Schiller,
who regarded Africa as the archetypical continent 'without history'. It is
possible that Barth had encountered echoes of such views as a student; certainly
he went out of his way to refute them and was one of the first nineteenth-
century writers to use the term 'African history'. He recommended a
comparative approach to world history, which would reveal that just at the time
when the Portuguese were pioneering the European 'exploration' of the African
coast, the 'Negro king' Askia Muhammad was presenting the world with an
impressive display of statecraft, conquering his neighbours and then ruling them
justly (the kind of comparison which, in our own day, might well have been
made by Basil Davidson). While paying lip-service to contemporary evolu-
tionist models, his own view of the history of the Sudan seems rather to have
been that of three phases – golden age, decline and future resurgence (cf. von
Oppen, this volume).

Barth's chapter on the history of Timbuktu and the kingdoms of the Niger
Bend combines evidence from the chronicles he had discovered with a certain
amount of intelligent speculation. In the 'Chronological Table of the History of
Songhay and the Neighbouring Kingdoms' in Volume 4 of the *Travels and
Discoveries* he was able to demonstrate that the whole history of Sudanic Africa
since AD 300 could be reconstructed – a feat that must have impressed his
readers and has had a lasting impact upon the historiography of the region.

But as Masonen (2000: 399) has argued, the real breakthrough in coming to understand the historical geography of the Western Sudan was made before Barth set out for Africa – by his subsequent rival, the British 'armchair geographer' Cooley, whose method ("rectification of sources") and focus on the history of Black Africans made possible a shift from the paradigm established centuries earlier by Leo Africanus. Ironically, it was Barth's reputation that, as Masonen puts it, "finally popularized Cooley's ideas", providing new evidence to support his hypotheses.

Moreover, as Farias (this volume) points out, whilst Barth's achievement as a historian was considerable, it derived from and helped to consolidate a paradigm which rejected or ignored all evidence that did not fit a narrative mode of presentation. In selecting certain narrative passages in the chronicles to which he gained access, he overlooked their ideological purpose and privileged them vis-à-vis other sources.

For anyone born in North Germany and educated in Berlin in the 1840s, 'history' meant the history of great States, of military victories, of good and evil monarchs, of 'glory' and of the rise and fall of 'nations'. Barth was interested in the direction from which 'civilization' had come to the Sudan region, and he examined case by case the potential for historical 'progress' evinced by individual 'nations' (cf. Essner 1987: 198). We might say that in his effort to defend Sudanic Africa against charges of barbarism he anticipated the ideas of some Afrocentrists today and fell into the 'Trevor-Roper trap' (Fuglestad 1992).

It should also be noted that Barth challenged the Hegelian view only with regard to Islamic Africa. Reading his account, one might well gain the impression that what made certain West African cultures historical and dynamic was the long Islamic traditions they had. 'Pagan' cultures, insofar as they were discussed at all, were for him – as they were for Hugh Trevor-Roper a century later – the subject of ethnographic description, not history.

We find a rather different concept of African history implicit in Sigismund Koelle's book *African Native Literature* (1854), which recorded at considerable length oral narratives in the Kanuri language. Koelle referred to some of these as "historical fragments", to be taken seriously as history rather than fable, and he included in his book a brief biography of the narrator (see Geider 1995). Likewise Koelle's *Polyglotta Africana*, published in the same year, not only rivalled Barth's vocabularies (covering a much wider range of African languages, albeit not in comparable depth) but also made extensive use of what we might call oral history – brief life stories and reminiscences of former slaves whom Koelle had encountered in Sierra Leone.

In his *Collection of Vocabularies* Barth stakes a claim for the history of civilizations (*Kulturgeschichte*), arguing that the comparative analysis of his vocabularies indicates that horses, donkeys and cats "have been indigenous in the Northern part of Central Africa since very remote times", whereas dogs must have been introduced later; rice, he argues, must have been 'indigenous', unlike tobacco or the baobab (Barth 1862: xxxiii). Although modern scholars might quarrel with some of these findings or at least with the dichotomy 'indigenous – imported', Barth was anticipating an approach to linguistic data which has continued to play a role in historical scholarship on Africa (e.g. Vansina 1990; for a recent German example see Kuba 1996: 153–157).

Within the German-speaking world Barth was virtually the only scholar of his day to show a genuine interest in African history. This interest was revived by several explorers of the 1870s – by Gustav Nachtigal in the Central Sudan and by Wilhelm Junker and Paul Pogge in Central Africa (cf. Marx 1988). But besides the fact that all four men had a strong inclination – not surprisingly – to focus upon the history of great empires, they remained isolated voices. Until the mid-twentieth century (and in some cases considerably later) academic thinking in Germany on African cultures remained by and large ahistorical, dominated as it was by evolutionism on the one hand and diffusionism on the other.

Conclusion

I have argued that despite the compliments paid by many Germans to Barth's achievements, there is little continuity to be found between his work and that of later German scholars in the various branches of African studies. Indeed, the whole history of African studies in the German-speaking world is marked more by rupture than by continuity. Thirty years of colonial rule, the Third Reich, the Cold War and German reunification all left their marks on the manner in which knowledge concerning Africa has been transmitted and extended. Having said this, it could nevertheless be argued that African studies, as taught at various German universities in the past 50 years, belong to a tradition anticipated by Barth. At the majority of these universities, *Afrikanistik* still means primarily the study of African languages, to which other disciplines are sometimes appended. The German Democratic Republic broke with this tradition in the 1960s by establishing a multidisciplinary approach in which philosophy, law, history, sociology, literature and other disciplines existed alongside Africa-linguistics; and today a multidisciplinary curriculum is still offered at the University of Leipzig and the Humboldt University in Berlin, albeit covering far less disciplines than in the 1980s. But the tendency for African languages to dominate everything else is even today remarkably strong when one compares Germany with other countries. Surely this is partly because Barth showed how 'orientalist' approaches (in philology, geography, Islamic studies, history etc.) could be extended to Saharan and Sub-Saharan Africa, a region hitherto excluded from the canon of European scholarship. When African studies eventually gained a foothold in German academic life, it was in many cases initially as a sub-branch of *Orientalistik*. Indeed, some of the founding fathers, such as Hans Stumme in Leipzig, had a foot in both camps. (For further links see Pugach 2001.) In this respect Germany has been almost unique.

Today African studies in Germany (*Afrikanistik*, *Afrikawissenschaft*, *Afrikanologie* …) finds itself at a cross-roads. Whilst about half of the academic posts in this field are reserved for those trained in African languages (just as most Sinologists have learnt Chinese), a growing number of scholars have never studied African languages and come from disciplines for which Africa is merely one particular area of specialization – archaeology, economics, ethnology, geography, history, literary criticism, musicology, political science, sociology, etc. – disciplines which, if they existed at all in Barth's day, had little to say about Africa. The leading exponents are experts in one particular discipline; yet many of them see themselves as Africanists with an interest in the continent that goes beyond disciplinary boundaries. (For recent controversies on this subject see the journal *Afrika-Spectrum*, 2003–2004.)

Several attempts have been made to bridge the gaps between the disciplines – in the form of massively sponsored research projects of individual universities, of university curricula in which various disciplines are compulsory. Yet the deep gulf within African studies is clearly visible in the conferences organised by the *Vereinigung von Afrikanisten in Deutschland* (a group in which the social sciences tend to dominate, soon to be renamed *Vereinigung für Afrikawissenschaften in Deutschland*, for reasons which elude me) and the *Afrikanistentag / Fachverband Afrikanistik* (nowadays almost exclusively a linguistic affair).

Heinrich Barth was an unusual figure in his own day, albeit less so than he pretended; in today's Germany a scholar with such a wide range of abilities and interests would be inconceivable.

BIBLIOGRAPHIE

ABADIE, Jean-Claude et Françoise ABADIE
1989   *Sahara-Tchad (1898–1900) : carnet de route de Prosper Haller, médecin de la Mission Foureau-Lamy.* Paris: L'Harmattan

ABU-LUGHOD, Lila
1991   "Writing against culture", in: Richard E. Fox (ed.), *Recapturing anthropology: working in the present,* 137-162. Santa Fe: School of American Research Press
1993   *Writing women's worlds: Bedouin stories.* Berkeley: University of California Press

ADAMS, Percy G.
1983   *Travel literature and the evolution of the novel.* Lexington: University Press of Kentucky

AHMAD, Aijaz
1994   "Orientalism and after", in: Patrick Williams et Laura Chrisman (eds.), *Colonial discourse and postcolonial theory*, 162–171. New York: Columbia University Press

ALMOND, Ian
2004   "Borges the post-orientalism: images of Islam from the edge of the west", *Modern Fiction Studies* 50(2):435–459

AMSELLE, Jean-Loup
1990   *Logiques métisse : anthropologie de l'identité en Afrique et ailleurs.* Paris: Éditions Payot
1996   "L'étranger dans le monde manding et en Grèce ancienne", *Cahiers d'Études Africaines* 144:755–761

ANONYME
1964   "Deuxième appendice" [Texte sans titre, connu comme *Notice historique*], in: Ibn al-Mukhtār, *Ta'rīkh al-Fattāsh.* Traduit par Octave Houdas et Maurice Delafosse, 326–341. Paris: Librairie d'Amérique et d'Orient Adrien-Maisonneuve

APPADURAI, Arjun
1988a   "Introduction: place and voice in anthropological theory", *Cultural Anthropology* 3(1):16-20
1988b   "Putting hierarchy in its place", *Cultural Anthropology* 3(1):36–49

ASHCROFT, Bill, Gareth GRIFFITHS, et Helen TIFFIN
2000   *Post-colonial studies: the key concepts.* London: Routledge

AYANDELE, E.A.
1968   "Dr Henry Barth as a diplomatist and philanthropist", *Ibadan* 25:9-14

BARDEY, Alfred
1981   *Barr-Adjam, Souvenirs d'Afrique orientale, 1880–1887.* Paris: Centre National de la Recherche Scientifique

BARTH, Heinrich
1849   *Wanderungen durch die Küstenländer des Mittelmeeres ausgeführt in den Jahren 1845, 1846 und 1847.* Volume 1: Wanderungen durch das punische und kyrenäische Küstenland oder Mâg'reb, Afrika und Barká. Berlin: Hertz
1857–1858a   *Travels and discoveries in North and Central Africa. Being a journal of an expedition undertaken under the auspices of H. B. M. Government in the years 1849–1855.* Volumes 1–5. London: Longman
1857–1858b   *Reisen und Entdeckungen in Nord- und Central-Afrika in den Jahren 1849 bis 1855.* Tagebuch einer im Auftrag der Brittischen Regierung unternommenen Reise. 5 Volumes. Gotha: Justus Perthes
1857–1859   *Travels and discoveries in Central Africa.* 3 Volumes. New York: Harper & Brothers
1858   "General historical view of the state of human society in northern Central Africa". *Proceedings of the Royal Geographical Society of London*, 2(4):217–220
1859–1860   *Reisen und Entdeckungen in Nord- und Central-Afrika in den Jahren 1849 bis 1855 von Dr. Heinrich Barth.* Im Auszuge bearbeitet. 2 Volumes. Gotha: Justus Perthes
1860–1861   *Voyages et découvertes dans l'Afrique septentrionale et centrale pendant les années 1849 à 1855 par le Docteur Henri Barth.* Traduit de l'Allemand par Paul Ithier. 4 Volumes. Paris: A. Bohné
1862   "Neger und Negerstaaten", in: Bluntschli, J.C. et K. Brater (eds.), *Deutsches Staatswörterbuch.* Volume 7, 219–247. Stuttgart: Exped. d. Staats-Wörterbuches

1862–1866   *Sammlung und Bearbeitung Central-Afrikanischer Vokabularien/ Collection of vocabularies of Central-African languages.* 3 Volumes. Gotha: Justus Perthes

1965   *Travels and Discoveries in North and Central Africa in the Years 1849–1855.* 3 Volumes. London: Frank Cass ([1]1857–1859, New York: Harper & Brothers)

1977   *Die große Reise: Forschungen und Abenteuer in Nord- und Zentralafrika 1849–1855.* Edité par H. Schiffers. Tübingen: Erdmann

2002   *Corinthiorum commercii et mercaturae historiae particula.* Köln: Heinrich Barth Institut ([1]1844)

BARTH, Heinrich et Henri DUVEYRIER
1872   "Sur les expéditions scientifiques en Afrique par le Docteur Barth", in: *Bulletin de la Société de Géographie* 6 (4/2):133–149

BARTHES, Roland
1967   "Le discours de l'histoire", *Information sur les Sciences Sociales* 6(4):65-75

1968   "L'effet de réel", *Communications* 11:84–89

BARTON, Gregory Allen
2002   *Empire forestry and the origins of environmentalism.* Cambridge: Cambridge University Press

BARY, Erwin von
1880   "Tagebuch des verstorbenen Dr. v. Bary", in: *Zeitschrift der Gesellschaft für Erdkunde zu Berlin* XV:54–80, 227–240, 315–392, 393–420

BECK, Hanno
1981   "Carl Ritter als Geograph", in: Karl Lenz (ed.), *Carl Ritter – Geltung und Deutung*, 13–24. Berlin: Dietrich Reimer

BEHREND, Heike
1998   "Ham Mukasa wundert sich. Bemerkungen zur Englandreise eines Afrikaners (1902)", in: Heike Behrend et Thomas Geider (eds.), *Afrikaner schreiben zurück.* Texte und Bilder afrikanischer Ethnographen, 332–338. Köln: Rüdiger Köppe

BELLO-KANO, Ibrahim
2000   "Post-enlightenment imaginary: Heinrich Barth and the making of an aesthetic in the central Sudan", *Kano Studies* (NS) 1:57–92

2001   "Critical works on European exploration writing: a conceptual review", *Humanities Review Journal* 3:57–70

2002   "Exploration as self-inscription: the writing of 'discovery' in
              Heinrich Barth's Travels and Discoveries", *Jalal* mai-juin:9–29

BERNATZ, Johannes Martin
1838–1839   *Bilder aus dem heiligen Lande: 40 ausgewählte Original-Ansich-*
              ten biblisch-wichtiger Orte, treu nach der Natur aufgenommen und
              gezeichnet. Stuttgart: Steinkopf
1854   *Scenes in Ethiopia: designed from nature.* With descriptions of the
              plates, and extracts from a journal of travel in that country.
              London: Moon

BERNUS, Suzanne
1972   *Henri Barth chez les Touareg de l'Aïr : extraits du journal de*
              Barth dans l'Aïr, juillet–décembre 1850. Niamey: Centre Nigérien
              de Recherche en Sciences Humaines

BLAU, O.
1852   "Chronik der Sultāne von Bornu", *Zeitschrift der Deutschen*
              Morgenländischen Gesellschaft 6:305–330

BOAHEN, Albert Adu
1964   *Britain, the Sahara and the western Sudan, 1788–1861.* Oxford:
              Clarendon Press

BOLTON, Kingsley et Christopher HUTTON
2000   "Orientalism, linguistics and postcolonial studies", *Interventions*
              2(1):1–5

BOVILL, E.W.
1958   *The Niger explored.* London: Oxford University Press

BOWDICH, T. Edward
1819   *Mission from Cape Coast Castle to Ashantee, with a statistical*
              account of that kingdom, and geographical notices of other parts
              of the interior of Africa. London: Murray

BRANTLINGER, Patrick
1986   "Victorians and Africans: the genealogy of the myth of the Dark
              Continent", in: Henry Lewis Gates (ed.), *'Race', writing and*
              difference, 185–222. Chicago: University of Chicago Press

BRIDGES, Roy C.
1987   "Nineteenth century East African travel records", in: Beatrix
              Heintze et Adam Jones (eds.), European sources for sub-saharan
              Africa before 1900: use and abuse. *Paideuma* 33:179–196.

BRITSCH, Jacques
1989   *La Mission Foureau-Lamy et l'arrivée des Français au Tchad 1898–1900 : carnet de route du lieutenant Gabriel Britsch.* Paris: L'Harmattan

BROC, Numa
1982   "Les explorateurs français au XIXe siècle reconsidérés", *Revue Française d'Histoire d'Outre-mer* 69:237–273, 323–359

BURTON, Richard
1862   *Voyage aux grands lacs de l'Afrique orientale.* Traduit de l'anglais par H. Loreau. Paris: Hachette.

CAILLIÉ, René
1827–1828   *Notes de voyage* (Manuscrit). Bibliothèque Nationale de France: Mss, Naf 2621
1830   *Journal d'un voyage à Tombouctou et à Jenné dans l'Afrique centrale.* 3 Volumes. Paris: Imprimerie Royale
1996   *Voyage à Tombouctou.* Paris: La Découverte (¹1830)

CARUS, Carl Gustav
2002   *Nine letters on landscape painting, written in the Years 1815–1824.* Los Angeles: Getty Research Institute

CLIFFORD, James
1997   "Spatial practices: fieldwork, travel, and the disciplining of anthropology", in: Akhil Gupta et James Ferguson (eds.), *Anthropological locations: boundaries and grounds of a field science,* 185–222. Berkeley: University of California Press.

COMAROFF, Jean et John COMAROFF
1991   *Of revelation and revolution: Christianity, colonialism and consciousness in South Africa.* Volume 1. Chicago: University of Chicago Press

COOLEY, William Desborough
1841   *The negroland of the Arabs examined and explained; or, an inquiry into the early history and geography of Central Africa.* London: Arrowsmith

COSGROVE, Denis
1984   *Social formation and symbolic landscape.* London: Croom Helm

CRANDALL, Gina
1993   *Nature pictorialized: 'The View' in landscape history*. Baltimore:
            John's Hopkins University Press

CURTIN, Philip D.
1964   *The image of Africa: British ideas and action, 1780–1850*.
            Madison: University of Wisconsin Press

DEMHARDT, Imre J.
2000   *Die Entschleierung Afrikas: deutsche Kartenbeiträge von August
            Petermann bis zum Kolonialkartographischen Institut*. Gotha,
            Stuttgart: Justus Perthes

DESCHAMPS, Hubert
1967   *L'Europe découvre l'Afrique*. Paris: Presse Universitaire France

DIAWARA, Mamadou
1985   "Les recherches en histoire orale menées par un autochtone, ou
            l'inconvénient d'être du cru", *Cahiers d'Études Africaines*, 25(97):
            5–19
1990   *La graine de la parole*. Stuttgart: Franz Steiner

DIAWARA, Mamadou, Paulo F. de MORAES FARIAS et Gerd SPITTLER
2004   *Heinrich Barth (1821–1865) : erudit européen et intermédiaire
            entre les mondes et les cultures*. Texte distribué à la conférence
            internationale sur Heinrich Barth, Bamako et Tombouctou, 29
            Novembre – 5 Decembre 2004

DIKE, K.O.
1970   "Dr. Barth und die Erforschung Afrikas", in: Rolf Italiaander (ed.),
            Er schloß uns einen Weltteil auf. Unveröffentlichte Briefe und
            Zeichnungen des großen Afrikaforschers, 20–23. Hamburg:
            Pandion

DUBOIS, Félix
1897   *Tombouctou la mystérieuse*. Paris: Flammarion

DUNCAN, James et Derek GREGORY (eds.)
1999   *Writes of passage: reading travel writing*. London: Routledge

ENGELMANN, Gerhard
1967   "Heinrich Barth in Berlin", in: Heinrich Schiffers, (ed.), *Heinrich
            Barth ein Forscher in Afrika*. Leben, – Werk, – Leistung, 108–147.
            Wiesbaden: Franz Steiner

ESSNER, Cornelia
1985   *Deutsche Afrikareisende im 19. Jahrhundert.* Stuttgart: Franz
            Steiner
1987   "Some aspects of German travellers' accounts from the second half
            of the 19th century", in: Beatrix Heintze et Adam Jones (eds.),
            European sources for sub-saharan Africa before 1900: use and
            abuse. *Paideuma* 33:197–205

FABIAN, Johannes
1983   *Time and the other: how anthropology makes its object.* New
            York: Columbia University Press
2000   *Out of our minds: reason and madness in the exploration of
            Central Africa.* Berkeley: University of California Press

FAGE, John D. et Roland OLIVER (eds.)
1985   *The Cambridge history of Africa.* Volume 6. Cambridge:
            Cambridge University Press

FAIRHEAD, James et Melissa LEACH
1996   *Misreading the African landscape: society and ecology in a forest-
            savanna mosaic.* Cambridge: Cambridge University Press

FOUREAU, Fernand
1902   *D'Alger au Congo par le Tchad.* Paris: Masson
1905   *Documents scientifiques de la mission saharienne.* 2 Volumes.
            Paris: Masson

FRANKE, Richard et Barbara CHASIN
1980   *Seeds of famine: ecological destruction and the development
            dilemma in the West African Sahel.* Montclair: Allanheld and
            Osmun

FROBENIUS, Leo
1933   *Kulturgeschichte Afrikas.* Zürich: Phaidon

FUGLESTAD, Finn
1992   "The Trevor-Roper trap, or the imperialism of history". *History in
            Africa* 19:309–326

FURON, Raymond
1967   "L'amitié de deux princes sahariens : Henri Barth et Henri
            Duveyrier", in: Heinrich Schiffers (ed.), *Heinrich Barth ein For-
            scher in Afrika. Leben, – Werk, – Leistung,* 184–193. Wiesbaden:
            Franz Steiner

GANN, L.H. et P. DUIGNAN
1967   *Burden of empire: an appraisal of western colonialism in Africa south of the Sahara.* London: Pall Mall Press

GARDI, Bernhard
2000   *Le Boubou – c'est chic : les boubous du Mali et d'autres pays de l'Afrique de l'ouest.* Museum der Kulturen Basel. Basel: Christoph Merian
2003   *Textiles du Mali d'après les collections du Musée National du Mali.* Bamako: Editions du Musée National du Mali

GARDI, Bernhard et Christiane SEYDOU
1989   "Arkilla kerka : la tenture de mariage chez les Peul du Mali", in: Beate Engelbrecht et Bernhard Gardi (eds.), *"Man Does Not Go Naked", Textilien und Handwerk aus afrikanischen und anderen Ländern,* 83–106. Basel: Ethnologisches Seminar und Museum für Völkerkunde (Basler Beiträge zur Ethnologie 30.)

GATES, Henry Louis (ed.)
1986   *'Race', writing and difference.* Chicago: University of Chicago Press

GAUTHIER, Guy
1981   "Le 'Tour du Monde': exotisme et exploration au temps de Jules Verne", *Pourquoi?* 162:5–21

GEARY, Patrick J.
2002   *The myth of nations.* Princeton: Princeton University Press

GEERTZ, Clifford
1988   *Works and lives – the anthropologist as author.* Cambridge: Polity Press

GEIDER, Thomas
1995   "150 years of Kanuri folktale research", *Borno Museum Society Newsletter* 23/24: 7–18

GENETTE, Gérard
1982   *Palimpsestes – la littérature au second degré.* Paris: Seuil

GENSCHOREK, Wolfgang
1982   *Zwanzigtausend Kilometer durch Sahara und Sudan: Leben und Leistung des Bahnbrechers der Afrikaforschung Heinrich Barth.* Leipzig: F.A. Brockhaus

GREENBLATT, Stephen
1994   *Wunderbare Besitztümer*. Die Erfindung des Fremden: Reisen und Entdecker. Berlin: Klaus Wagenbach

GROSZ-NGATE, Maria
1988   "Power and knowledge: the representations of the Mande world in the works of Park, Caillie, Monteil and Delafosse", *Cahiers d'Études Africaines* 28(111–112):485–511

GROVE, Richard H.
1995   *Green imperialism: colonial expansion, tropical island Edens and the origins of environmentalism*. Cambridge: Cambridge University Press

GÜNTHER, Siegmund
1896   "Heinrich Barth – Der Erforscher des dunklen Kontinents", *Biographische Blätter* 2:166–182

GUILLEUX, Charles
1904   *Journal de route d'un caporal de tirailleurs de la mission saharienne (Mission Foureau-Lamy 1898–1900)*. Belfort: Schmitt

GUMPRECHT, Thaddäus
1855   "Heinrich Barth: Leben und Wirken". *Zeitschrift für allgemeine Erdkunde* 4:53–89

GUPTA, Akhil et James FERGUSON
1992   "Beyond 'culture': space, identity, and the politics of difference", *Cultural Anthropology* 7(1):6–23
1997a   "Discipline and practice: 'the field' as site, method, and location in anthropology", in: Akhil Gupta et James Ferguson (eds.), *Anthropological locations: boundaries and grounds of a field science,* 1–46. Berkeley: University of California Press
1997b   "Culture, power, place: ethnography at the end of an era", in: Akhil Gupta et James Ferguson (eds.), *Culture, power, place: explorations in critical anthropology,* 1–29. Durham et London: Duke University Press

GUYOT, Alain
2001   "Du Voyage à ses récits : mettre le monde en intrigue", in: Marie-Christine Gomez-Géraud et Philippe Antoine (eds.), *Roman et récit de voyage*, 205–215. Paris: Presses de l'Université de Paris-Sorbonne

HAIR, P.E.H.
1994   *The early study of Nigerian languages: essays and bibliographies.*
            Aldershot: Gregg Revivals ([1]1967)

HARGREAVES, J.D.
1985   "Western Africa, 1886–1905", in: John D. Fage et Roland Oliver
            (eds.), *The Cambridge history of Africa*. Volume 6, 257–279. Cam-
            bridge: Cambridge University Press

HEGEL, Georg Wilhelm Friedrich
1956   *The philosophy of history.* New York: Dover Publications
1986   *Vorlesungen über die Philosophie der Geschichte.* Frankfurt/Main:
            Suhrkamp (Gesammelte Werke 12.)

HEINRICH-BARTH-INSTITUT
1997   *Heinrich Barth: zehn Seiten eines Afrikaforschers – Ten sides of an
            explorer's life – Dix pages dans la vie d'un chercheur.* Köln:
            Heinrich-Barth-Institut

HEINRICHS, Hans-Jürgen
1998   *Die fremde Welt, das bin ich.* Leo Frobenius: Ethnologe, For-
            schungsreisender, Abenteurer. Wuppertal: Peter Hammer

HEINTZE, Beatrix
2002   *Afrikanische Pioniere.* Trägerkarawanen im westlichen Zentral-
            afrika (ca. 1850 – 1890). Frankfurt: Otto Lembeck

HEINTZE, Beatrix et Adam JONES
1987b   "Introduction", in: Beatrix Heintze et Adam Jones (eds.), European
            sources for sub-saharan Africa before 1900: use and abuse.
            Paideuma 33:1–17

HEINTZE, Beatrix et Adam JONES (eds.)
1987a   European sources for sub-saharan Africa before 1900: use and
            abuse. *Paideuma* 33

HOFMEIER, Rolf et Volker MATHIES (eds.)
1992   *Vergessene Kriege in Afrika.* Göttingen: Lamuv

HOURST, Emile A.
1898   *Sur le Niger et au pays des Touaregs : la mission Hourst par le
            Lieutenant de vaisseau Hourst.* Paris: Plon

HUNWICK, John O.
1999   *Timbuktu and the Songhay empire.* Leiden: Brill

HUNWICK, John O. (ed.)
1995   *Arabic literature of Africa.* Volume 2. The writings of central
            Sudanic Africa Leiden: Brill
2003   *Arabic literature of Africa.* Volume 4. The writings of western
            Sudanic Africa. Leiden: Brill

IBN AL-MUKHTĀR
1964   *Ta'rīkh al-Fattāsh.* Edité et traduit par Octave Houdas et Maurice
            Delafosse. Paris: Librairie d'Amérique et d'Orient Adrien-Maison-
            neuve

IMPERATO, Pascal James
1974   "Observations on variolation practices in Mali". *Tropical and
            Geographical Medecine* 26:429–440

INGARDEN, Roman
1968   *Vom Erkennen des Literarischen Kunstwerks.* Tübingen: Max
            Niemeyer

INSOLL, Timothy
1996   *Islam, archaeology and history, Gao region (Mali) ca. AD
            900-1250.* Oxford: Tempvs Reparatvm

ISICHEI, Elisabeth
1983   *A history of Nigeria.* London, New York: Longman

ITALIAANDER, Rolf
1967   "Heinrich Barths Leben und Wirken", in: Rolf Italiaander (ed.), *Im
            Sattel durch Nord und Zentralafrika*, 281–379. Wiesbaden: F.A.
            Brockhaus
1970   *Heinrich Barth.* Er schloß uns einen Weltteil auf: unveröffentliche
            Briefe und Zeichnungen des großen Afrika-Forschers. Bad Kreuz-
            nach: Pandion

ITALIAANDER, Rolf (ed.)
1967   *Im Sattel durch Nord- und Zentralafrika.* Reisen und Entdeckun-
            gen in den Jahren 1849–1855. Wiesbaden: F.A. Brockhaus

JACKSON, James Grey
1809   *An account of the empire of Marocco and the district of Suse to
            which is added an account of Timbuctoo.* London: G. and W. Nicol
1820   *An account of Timbuctoo and Housa, territories in the interior of
            Africa, by El Haje Abd Salam Shabeeny.* London: Longman, Hurst,
            Rees, Orme, and Brown

JACOBSON, Matthew Frye
2002   "Post-orientalism". *American Quarterly* 54(2):307–315

JANSEN, Jan
2000   "The Mande magical mystery tour: the Mission Griaule in Kangaba (Mali)". *Mande Studies* 2:97–114

JOHNSTON, H.A.S.
1967   *The Fulani empire of Sokoto*. London: Oxford University Press

JONES, Adam
1987   "1400–1880 the dark continent: a preliminary study of the geographical coverage in the European sources", in: Beatrix Heintze et Adam Jones (eds.), European sources for sub-saharan Africa before 1900: use and abuse. *Paideuma* 33:19–26.

JUNGRAITHMAYR, Hermann et Rudolf LEGER
1983   "Barth, Heinrich B.", in: Hermann Jungraithmayr et Wilhelm J.G. Möhlig (eds.), *Lexikon der Afrikanistik*, 47–48. Berlin: Dietrich Reimer

KEIENBURG, Ernst
1962   *Der Mann, der Abd el Kerim hieß: Heinrich Barths Forscherleben in Wüste und Wildnis*. Berlin: Verlag der Nationen

KILANI, Mondher
1990   "Les anthropologues et leurs savoir: du terrain au texte", in: J.M. Adam, M.J. Borel, C. Calame et M. Kilani (eds.), *Le discours anthropologique,* 71–109. Paris: Méridiens Klincksieck

KING, Richard
2002   *Orientalism and religion: postcolonial theory, India and 'the mystic east'*. London: Routledge

KIRK-GREENE, Anthony H.M.
1970   "Heinrich Barth: an exercise in empathy", in: Robert I. Rotberg (ed.), *Africa and its explorers, motives, methods and impact*, 13–38. Cambridge (Massachusetts): Harvard University Press

KIRK-GREENE, Anthony H.M. (ed.)
1962   *Barth's travels in Nigeria*. Extracts from the journal of Heinrich Barth's travels in Nigeria 1850–55. London: Oxford University Press

KIRK-GREENE, Anthony H.M. et P. NEWMAN
1971   *West African travels and adventures: two autobiographical narratives from northern Nigeria* (traduit et annoté par). New Haven: Yale University Press

KLUTE, Georg
1996   "The coming state: reactions of nomadic groups in the western Sudan to the expansion of the colonial powers", in: Georg Klute (ed.), *Nomads and the state*, 49–72. [s.l.] Commission on Nomadic Peoples (Nomadic Peoples 38.)
2004   "Der dunkle Kontinent Afrika. Das Wissen der Afrikaner über Europa und die Europäer in den Reiseberichten des 19. Jahrhunderts", in: Kurt Beck, Till Förster et Hans Peter Hahn (eds.), *Blick nach vorn*. Festgabe für Gerd Spittler zum 65. Geburtstag, 66–78. Köln: Rüdiger Köppe

KOLB, Peter
1719   *Caput bonae spei hodiernum*. Nürnberg: Monath

KONER, Wilhelm
1866   "Heinrich Barth". *Zeitschrift der Gesellschaft für Erdkunde zu Berlin* 1:1–31

KRAPF, Ludwig
1860   *Travels, researches, and missionary labours, during an eighteen years' residence in eastern Africa*. London: Trübner and Co

KREMER, Peter
1981   "Carl Ritters Einstellung zu den Afrikanern, Grundlagen für eine philanthropisch orientierte Afrikaforschung", in: Karl Lenz (ed.), *Carl Ritter – Geltung und Deutung*, 127–154. Berlin: Dietrich Reimer

KUBA, Richard
1996   *Wasangari und Wangara: Borgu und seine Nachbarn in historischer Perspektive*. Hamburg: Lit

KUKLICK, Henrika
1984   "Tribal exemplars: images of political authority in British anthropology, 1885–1945", in: George W. Stocking (ed.), *Functionalism historicized: essays on British social anthropology*, 59–82. Madison: University of Wisconsin Press

1997   "After Ishmael: the fieldwork tradition and its future", in: Akhil
              Gupta et James Ferguson (eds.), *Anthropological locations: bound-
              aries and grounds of a field science,* 47–65. Berkeley: University
              of California Press

LANGE, Dierk
1977   *Chronologie et histoire d'un royaume africain: le dīwān des
              sultans du Kānem-Bornū.* Wiesbaden: Franz Steiner
1987   *A Sudanic chronicle: the Borno expeditions of Idrīs Alauma
              (1564-1576), according to the account of Ahmad B. Furtū.* Stutt-
              gart: Franz Steiner

LAST, Murray
1967   *The Sokoto caliphate.* London: Longman

LATOUR, Bruno
2001   *L'espoir de Pandore : pour une version réaliste de l'activité
              scientifique.* Paris: La Découverte

LEARY, Allan
1978   "West Africa", in George Mitchell (ed.), *Architecture of the
              Islamic world,* 274–277. London: Thames and Hudson

LEIRIS, Michel
1977   "Rasse und Zivilisation", in: Michel Leiris, *Die eigene und die
              fremde Kultur.* Ethnologische Schriften. Edité par Hans-Jürgen
              Heinrichs. 72–118. Frankfurt/Main: Syndikat ([1]1951)

LENZ, Karl
1978   "150 Jahre Gesellschaft für Erdkunde zu Berlin", *Die Erde* 109:
              15–35

LENZ, Oskar
1884   *Timbuktu, Reise durch Marokko, die Sahara und den Sudan. Aus-
              geführt im Auftrag der Afrikanischen Gesellschaft in Deutschland
              in den Jahren 1879 und 1880.* 2 Volumes. Leipzig: F.A. Brockhaus
1887   *Timboctou, voyage au Maroc, au Sahara et au Soudan.* 2 Volumes.
              Paris: Hachette

LEVTZION, Nehemia
1971   "A seventeenth-century chronicle by Ibn al-Mukhtār: a critical
              study of *Ta'rīkh al-Fattāsh*", *Bulletin of the School of Oriental and
              African Studies* 34(3):571–593

LEWICKI, Tadeusz
1967   "Um afro-brasileiro introdutor da cultura da cana-de-açúcar e da indústria açucareira na Nigéria do norte", *Afro-Ásia* 4–5:53–57

LHOTE, Henri
1946   *Le Niger en kayak: histoires de navigation, de chasse, de pêche et aventures.* Paris: J. Susse

LIVINGSTONE, David
1857   *Missionary travels and researches in South Africa.* 2 Volumes. London: Murray

LÖWENBERG, J.
1875   "Barth, Heinrich B.", in: *Allgemeine Deutsche Biographie.* Volume 2, 96–99. München: Bayrische Akademie der Wissenschaften

LUGARD, Frederick D.
1912   *The diaries of Lord Lugard.* Edité par Margery Perham et Mary Bull. London: Faber et Faber
1912?   *Collected annual reports for northern Nigeria, 1900–1911.* London: Her Majesty's Stationary Office (sans date, 1912?)

LUIG, Ute et Achim von OPPEN
1997   "Landscape in Africa: process and vision. An introductory essay", in: Ute Luig et Achim von Oppen (eds.), The making of African landscapes. *Paideuma* 43:7–45

LUPTON, Kenneth
1980   *Mungo Park.* Ein Leben für Afrika. Wiesbaden: Brockhaus ([1]1979)

MACEY, David
1994   *The lives of Foucault.* London: Vintage Books
2001   *The penguin dictionary of critical theory.* London: Penguin Books

MacLEOD, Olive
1912   *Chiefs and cities of Central Africa.* Edinburgh and London: Blackwood

MALINOWSKI, Bronislaw
1922   *Argonauts of the western Pacific.* London: Routledge

MARX, Christoph
1988   *"Völker ohne Schrift und Geschichte": zur historischen Erfassung des vorkolonialen Schwarzafrika in der deutschen Forschung des 19. und frühen 20. Jahrhunderts.* Stuttgart: Franz Steiner

MASONEN, Pekka
2000   *The negroland revisited: discovery and invention of the Sudanese middle ages.* Helsinki: The Finnish Academy of Science and Letters

MAUNY, Raymond
1950   "La tour et la mosquée de l'Askia Mohammed à Gao", *Notes Africaines* 47:66–67

McCANN, James
1999   *Green land, brown land, black land: an environmental history of Africa, 1800–1990.* Portsmouth NH: Heinemann

MENZEL, Brigitte
1972–1973 *Textilien aus Westafrika.* 3 Volumes. Museum für Völkerkunde, Berlin: Museum für Völkerkunde

MITCHELL, Timothy
1993   *Art and science in German landscape painting.* New York: Oxford University Press

MÖHLIG, W.J.G.
1997   "German-speaking Europe", in: John Middleton (ed.), *Encyclopedia of Africa south of the Sahara.* Volume 4, 445–447. New York: Charles Scribner's Sons

MONOD, Théodore
1977   *De Tripoli à Tombouctou : le dernier voyage de Laing. 1825–1826.* Paris: Société Française d'Histoire d'outre-mer

MORAES FARIAS, Paulo Fernando de
1990   "Sugar and a Brazilian returnee in mid nineteenth-century Sokoto", in: David Henige et Thomas C. McCaskie (eds.), *West African economic and social history: studies in memory of Marion Johnson,* 37–46. Madison: University of Wisconsin-Madison, African Studies Program
2003   *Arabic medieval inscriptions from the Republic of Mali: epigraphy, chronicles and Songhay-Tuāreg history.* Oxford and New York: Oxford University Press

MOURA, Jean-Marc
1992   *Lire l'exotisme.* Paris: Dunod

MUDIMBE, Yves V.
1988   *The inventon of Africa: gnosis, philosophy, and the order of knowledge.* Bloomington: Indiana University Press
1994   *The idea of Africa.* Bloomington: Indiana University Press

MÜLLER, Martin
1954   *Kreuz und quer durch Sahara und Sudan.* Heinrich Barth, Deutschlands größter Afrikaforscher. Leipzig: F.A. Brockhaus

NACHTIGAL, Gustav
1967   *Sahara and Sudan.* Edité et traduit par A.G.B. Fisher et H.J. Fisher. Volume 2. Kawar, Bornu, Kanem, Borku, Ennedi. London: Hurst

NEUMANN, Roderick
1998   *Imposing wilderness: struggles over livelihood and nature preservation in Africa.* Berkeley: University of California Press

OLIVER, Roland
1985   "Introduction", in: John D. Fage et Roland Oliver (eds.), *The Cambridge history of Africa.* Volume 6, 1–9. Cambridge: Cambridge University Press

PARK, Mungo
1996   *Voyage dans l'intérieur de l'Afrique.* Paris: La Découverte

PAVILLARD-PETROFF, Sylvie
1994   "Écrire et réécrire le voyage – Des notes autographes aux différentes réécritures du Journal de René Caillié", in: G. Tverdota (ed.), *Actes du colloque 'Écrire le voyage',* 89–100. Paris: Presse de la Sorbonne Nouvelle

PERANI, Judith
1989   "Northern Nigerian prestige textiles: production, trade, patronage and use", in: Beate Engelbrecht et Bernhard Gardi (eds), *"Man Does Not Go Naked", Textilien und Handwerk aus afrikanischen und anderen Ländern,* 65–81. Basel: Ethnologisches Seminar und Museum für Völkerkunde (Basler Beiträge zur Ethnologie 30.)

PETERMANN, August
1855   "Dr. H. Barth's Reise von Kuka nach Timbuktu, November 1852– September 1853", *Petermann's Geographische Mittheilungen,* 1:3–15 et planches 1–2

PLEWE, Ernst
1963   "Heinrich Barths Habilitation im Urteil von Carl Ritter und August
            Boeckh", *Die Erde* 94:5–12
1965   "Heinrich Barth und Carl Ritter. Briefe und Urkunden", *Die Erde*
            96:245–278

PRATT, Mary Louise
1986   "Fieldwork in common places", in: James Clifford et George E.
            Marcus (eds.), *Writing culture: the poetics and politics of eth-
            nography,* 27–50. Berkeley: University of California Press
1992   *Imperial eyes: travel writing and transculturation.* London: Rout-
            ledge

PROTHERO, Mansell R.
1958   "Heinrich Barth and the western Sudan", *The Geographical
            Journal* 124(3):326–337

PRUSSIN, Labelle
1986   *Hatumere: Islamic design in West Africa.* Berkeley: University of
            California Press

PUGACH, Sara
2001   *Afrikanistik and colonial knowledge: Carl Meinhof, the missionary
            impulse, and African language and culture studies in Germany,
            1887–1919.* Ph.D. Thesis, University of Chicago

RAFFENEL, Anne
1846   *Reise in Senegambien.* Traduit par E.A. Schmitt. Stuttgart: Verlag
            der Franck'schen Buchhandlung
1856   *Nouveau voyage au pays des nègres.* 2 Volumes. Paris: Napoléon
            Chaix

RALFS, C.
1855   "Beiträge zur Geschichte und Geographie des Sudan. Eingesandt
            von Dr. Barth", *Zeitschrift der Deutschen Morgenländischen Ge-
            sellschaft* 9:518–594

REDHOUSE, J.W.
1862a   "Translation of a history or journal of events which occurred
            during seven expeditions in the land of Kanem against the tribes of
            Bulala by the sultan of Bornu Idrīs the Pilgrim, son of ʿAlī",
            Journal of the Royal Asiatic Society (Ser. 1) 19:43–123
1862b   "Translation of an account of many expeditions conducted by the
            sultan of Bornu, Idrīs the Pilgrim, Son of ʿAlī, against various
            tribes... other than the Bulala", *Journal of the Royal Asiatic
            Society* (Ser. 1) 19:199–259

REIBELL, Emile
1931   *Carnet de route de la mission saharienne Foureau-Lamy (1898–1900)*. Paris: Plon

RICARD, Alain (ed.)
2000   *Voyages de découvertes en Afrique – anthologie 1790–1890*. Paris: Bouquins et Laffont

RICHARDS, Paul
1985   *Indigenous agricultural revolution: ecology and food production in West Africa*. London: Hutchinson.

RICHARDSON, James
1853   *Narrative of a mission to Central Africa, performed in the years 1850–51, under the orders and at the expense of her majesty's government*. 2 Volumes. London: Chapman and Hall

RITTER, Carl
1822–59   *Die Erdkunde im Verhältnis zur Natur und Geschichte des Menschen*. Berlin: Dietrich Reimer
1851   "Über Dr. H. Barth und Dr. Overwegs Begleitung der J. Richardsonschen Reiseexpedition zum Tschad-See und in das innere Africa", *Monatsberichte über die Verhandlungen der Gesellschaft für Erdkunde zu Berlin* N.F. 8:81–132

ROBERTS, Richard
1978   *The Maraka and the economy of the middle Niger Valley, 1790–1908*. Ph.D. Thesis, University of Toronto

ROBIN, Christian
1986   "Exploration et extrapolation dans les 'voyages extraordinaires' de Jules Verne", in: François Moureau (ed.), *Métamorphoses du récit de voyage,* 117–131. Paris: Champion

RODD, Francis R.
1926   *People of the veil: being an account of habits, organisation and history of the wandering Touaregs*. London: MacMillan

ROHLFS, Gerhard
1868   *Reise durch Nord-Afrika vom mittelländischen Meere bis zum Busen von Guinea 1865 bis 1867*. Volume 1: Von Tripoli nach Kuka (Fesan, Sahara, Bornu). Gotha: Justus Perthes (Ergänzungsheft zu Petermann's Geographische Mittheilungen 25.)
1872   *Reise durch Nord-Afrika vom mittelländischen Meere bis zum Busen von Guinea 1865 bis 1867*. Volume 2: Von Kuka nach Lagos

(Bornu, Bautschi, Saria, Nupe, Yoruba). Gotha: Justus Perthes (Ergänzungsheft zu Petermann's Geographische Mittheilungen 34.)
1874   *Quer durch Afrika.* Reise vom Mittelmeer nach dem Tschadsee
und zum Golf von Guinea. Leipzig: Brockhaus

ROSENKE, Werena et Thomas SIEPELMEYER (eds.)
1991   *Afrika: der Vergessene Kontinent?* Zwischen selektiver Weltmarkt-
integration und ökologischen Katastrophen. Münster: Unrast

ROTTER, Andrew J.
2000   "Saidism without Said: orientalism & US diplomatic history",
American Historical Review 105(4):1205–1217

AS-SAᶜDĪ
1964   *Ta'rīkh as-Sūdān.* Edité et traduit par Octave Houdas et Edmond
Benoist. Paris: Librairie d'Amérique et d'Orient Adrien-Maisonneuve

SAID, Edward W.
1978   *Orientalism.* New York: Vintage Books
1993   *Culture and Imperialism.* New York: Alfred A. Knopf

SANDERSON, G.N.
1985   "The European partition of Africa: origins and dynamics", in: John
D. Fage et Roland Oliver (eds.), *The Cambridge history of Africa*,
Volume 6. 96–158. Cambridge: Cambridge University Press

SCHIFFERS, Heinrich (ed.)
1967   *Heinrich Barth.* Ein Forscher in Afrika. Leben – Werk – Leistung.
Wiesbaden: Franz Steiner

SCHÖN, Jacob Friedrich
1885   *Magana Hausa: native literature, or proverbs, tales, fables and
historical fragments in the Hausa language.* London: Christian
Knowledge Society

SCHUBERT, Gustav von
1897   *Heinrich Barth, der Bahnbrecher der deutschen Afrikaforschung:
ein Lebens- und Charakterbild, auf Grund ungedruckter Quellen
entworfen.* Berlin: Dietrich Reimer

SCHWEINFURTH, George
1875   *Au cœur de l'Afrique : voyages et découvertes dans les régions
inexplorées de l'Afrique centrale (1868–1871).* Paris: Hachette

SCOTT, James
1998   *Seeing like a state: how certain schemes to improve the human condition have failed.* New Haven: Yale University Press

SIMMEL, Georg
1999   *Sociologie : etudes sur les formes de la socialisation.* Paris: Presse Universitaire France

SIMPSON, Donald
1975   *Dark companions: the African contribution to the European exploration of East Africa.* London: Paul Elek

SPITTLER, Gerd
1981   *Verwaltung in einem afrikanischen Bauernstaat.* Das koloniale Französisch-Westafrika 1919–1939. Freiburg und Zürich: Atlantis
1987   "European explorers as caravan travellers in the West Sudan. Some thoughts on the methodology of journeys of exploration", in: Beatrix Heintze et Adam Jones (eds.), European sources for sub-saharan Africa before 1900: use and abuse. *Paideuma* 33:391–406
1995   "Conquest and communication: Europeans and Tuareg", in: Heidi Willer, Till Förster et Claudia Ortner-Buchberger (eds.), *Macht der Identität – Identität der Macht.* Politische Prozesse und kultureller Wandel in Afrika, 19–35. Münster, Hamburg: Lit (Beiträge zur Afrikaforschung 5.)
1996   "Explorers in transit: travels to Timbuktu and Agadez in the nineteenth century", *History and Anthropology* 9(2-3):231–253
2001   "Teilnehmende Beobachtung als Dichte Teilnahme", *Zeitschrift für Ethnologie* 126(1):1–25
2006   "Wissenschaft auf Reisen. Heinrich Barths Forschungen in Afrika als dichte Teilnahme und wissenschaftliche Distanz", in: G. Cappai (ed.), *Forschen in fremden Kulturen* (à paraître)

STAGL, Justin
1974   *Kulturanthropologie und Gesellschaft.* München: List
1995   *A history of curiosity: the theory of travel 1550–1800.* Chur: Harwood

STOCKING, George W.
1968   *Race, culture, and evolution: essays in the history of anthropology,* New York: Free Press
1987   *Victorian anthropology.* New York: Free Press

STANLEY, Henry M.
1893   *My dark companions and their strange stories.* London: Paul Elek

SURUN, Isabelle
2002   "La découverte de Tombouctou : déconstruction et reconstruction d'un mythe géographique", *L'Espace Géographique* 2:131–144

TROTHA, Trutz von
1994   *Koloniale Herrschaft.* Zur soziologischen Theorie der Staatsentstehung am Beispiel des „Schutzgebietes Togo". Tübingen: Mohr

UMAR, Muhammad Sani
2005   *Islam and colonialism: intellectual responses of muslims of northern Nigeria to British colonial rule.* Leiden: Brill

USMAN, Yusuf Bala
1982-1985   "The critical assessment of sources: Heinrich Barth in Katsina", *Kano Studies* (NS) 2(3):138–153

VANSINA, Jan
1990   *Paths in the rainforest: toward a history of political tradition in Equatorial Africa.* London: James Currey

VERNE, Jules
1862   *Cinq semaines en ballon.* Paris: Hetzel

WANG, Ning
1997   "Orientalism versus occidentalism?" *New Literary History* 28(1): 57–67

WESTERMANN, Diedrich
1935   *Die Glidyi-Ewe in Togo.* Züge aus ihrem Gesellschaftsleben. Berlin: de Gruyter
1952   *Geschichte Afrikas.* Essen: Greven

WHITE, Hayden
1976   "The fictions of factual representation", in: Angus Fletcher (ed.), *The literature of fact,* 21–44. New York: Columbia University Press

ZELTNER, Jean-Claude
1993   "De la Tripolitaine au Tchad : les Awlad Sulayman", *Sprache und Geschichte in Afrika* 14:47–80

INDEX

LES AUTEURS

Mamadou Diawara est directeur de l'*Institut für Historische Ethnologie* à l'Université de Francfort sur le Main depuis 2005 où il est aussi professeur d'anthropologie depuis janvier 2004. À partir de cette année, il assuma la fonction de directeur-adjoint de l'*Institut Frobenius* à Francfort. Diawara est directeur fondateur de *Point Sud*, le Centre de Recherche sur le Savoir Local à Bamako au Mali. Il fut professeur d'histoire de 2002 à 2003 au département d'histoire de l'Université de Georgia à Athens aux États-Unis. Il fut *Henry Hart Rice professor* en anthropologie et en histoire à l'Université de Yale (USA) après avoir été *fellow* au Wissenschaftskolleg zu Berlin de 1994 à 1995. Diawara est entre autres auteur de *L'empire du verbe - L'éloquence du silence. Vers une anthropologie du discours dans les groupes dits dominés au Sahel*, (2003 Cologne, Rüdiger Köppe Verlag).

Bernhard Gardi est chef du département Afrique au *Museum der Kulturen Basel* (Musée d'Ethnologie de Bâle), en Suisse. Depuis 1971, il a mené plusieurs missions de recherche en Afrique de l'Ouest, portant sur les technologies traditionnelles : tout d'abord comme assistant du Dr Renée Boser-Sarivaxévanis (1973–1975, Lagos – Dakar) dans un projet visant à éclaircir l'histoire des textiles tissés et des textiles teints, puis dans son propre projet à Mopti, au Mali (1978–1980, 1982) où il étudia les différents métiers au sein de leurs hiérarchies sociales.

Maria Grosz-Ngaté est directrice adjointe de l'*African Studies Program* à l'*Indiana University*. Elle est anthropologue de formation avec une spécialisation sur l'Afrique de l'Ouest francophone, en particulier le Mali. Ses recherches de longue date dans la région de Ségou et ses publications portent sur les transformations sociales et les constructions identitaires liées à la colonisation, l'exode rural et la conversion à l'Islam.

Adam Jones is Professor of African History and Culture, University of Leipzig. Having studied in Oxford and taught in a secondary school in Sierra Leone for two years, he wrote his doctorate in Birmingham on the precolonial history of southern Sierra Leone. From 1980 to 1994 he taught and conducted research at the University of Frankfurt/Main. His research has focussed upon source criticism, archival source material and historical photographs. He has also edited many sources for West African history, his most recent publication (with Peter Sebald) being: *An African Family Archive. The Lawsons of Little Popo / Aneho (Togo) 1841–1938* (Oxford University Press 2005).

Georg Klute est professeur en anthropologie sociale à l'université de Bayreuth. Il a étudié l'anthropologie, la langue et les civilisations arabes et la géographie humaine. Sa thèse en anthropologie, soutenue en 1990, portait sur la notion de travail dans les sociétés préindustrielles, à travers l'exemple des chameliers Touareg du Mali. En 2002, il a soutenu sa thèse d'habilitation en anthropologie et en sociologie de développement, avec un travail sur les rébellions des Touareg au Mali et au Niger. Ses thèmes de recherche portent sur l'anthropologie économique, l'anthropologie du travail, l'anthropologie de la monnaie, l'anthropologie politique, l'anthropologie de la violence et de la guerre, le pouvoir politique en Afrique, les conflits « ethniques », le nomadisme et la relation entre nomades et Etat.

Richard Kuba est chercheur et enseignant à l'Institut Frobenius de l'Université de Francfort/Main. Historien et anthropologue, il a entamé depuis 1990 des recherches au Nigeria, au Bénin et au Burkina Faso sur l'histoire pré-coloniale, le développement des identités ethniques et les relations inter-ethniques. Dans ce contexte, il s'intéresse aux sources historiques et à leur usage. Il est auteur de *Wasangari und Wangara* (Lit 1996) et a édité plusieurs volumes dont *Regards sur le Borgou. Pouvoir et altérité dans une région ouest-africaine* (L'Harmattan 1998), *Histoire du peuplement et relations inter-ethniques au Burkina Faso* (Karthala 2003) et *Land and the politics of belonging in West Africa* (Brill 2005).

Paulo Fernando de Moraes Farias est membre du *Centre of West African Studies* de l'Université de Birmingham, en Angleterre. Il a commencé ses recherches sur l'histoire de l'Afrique au *Centro de Estudos Afro-Orientais* de l'Université Fédérale de Bahia, au Brésil, et les a poursuivies à l'*Institute of African Studies* de l'Université du Ghana, à l'IFAN (Université de Dakar) et au Département d'Histoire de l'Université Ahmadou Bello, à Zaria (Nigeria). Sa plus récente publication s'intitule *Arabic Medieval Inscriptions from the Republic of Mali: Epigraphy, Chronicles and Songhay-Tuāreg History,* Oxford and New York: Oxford University Press for The British Academy, 2003. Cet ouvrage a remporté le Prix Paul Hair 2005, décerné par l'*African Studies Association* des Etats-Unis. Il a également fait l'objet d'un atelier à l'Université de Paris, dont les conclusions ont été publiées dans *Afrique & Histoire* (n° 4, 2005 : 175–243).

Achim von Oppen is a historian and social scientist of Africa with special emphasis on the modern history of Central and East Africa. His works include an analysis of pre-colonial market integration and a history of local boundary-making on the Upper Zambezi, in the Zambia-Angolan borderland, since 1890. He currently works on interactions between Islamic and Christian practices of memory and conversion in 20th century Tanzania. He is also Deputy Director of the Centre for Modern Oriental Studies and teaches History and Society of Africa at the Humboldt Universität at Berlin.

Véronique Porra est Professeur, titulaire de la chaire de littératures française et francophone de l'Université de Mayence. Elle a mené des études d'allemand, de lettres modernes, de lettres romanes et de littérature comparée à Limoges et à Bayreuth. Elle a soutenu sa thèse de troisièmc cycle en 1994. Sa thèse d'habilitation, soutenue en 2000, s'intitulait « *Langue française, langue d'adoption », Discours et positionnements des romanciers d'expression française originaires d'espaces non francophones dans le champ littéraire français, 1945–2000.* De 1994 à 2002, elle était enseignante et chercheur à la chaire de littératures romanes et comparées de l'Université de Bayreuth. Elle a publié *L'Afrique dans les relations franco-allemandes entre les deux guerres. Enjeux identitaires des discours littéraires et de leur réception* (Francfort/ Main : IKO-Verlag, 1995), ainsi que des articles sur les relations franco-allemandes, les littératures francophones et les littératures issues de la migration.

Alain Ricard est directeur de recherche au CNRS, où il a fondé le groupe de recherche sur les littératures d'Afrique noire. Il est actuellement directeur de recherche au LLACAN (Langage, langues et cultures d'Afrique noire). Il a été chercheur au Centre Orstom de Lomé en I985 et directeur du Crédu (aujourd'hui Institut Français de Recherches sur l'Afrique) à Nairobi, de 1989 à 1991. Il est l'auteur de nombreux ouvrages sur les littératures et le théâtre en Afrique, parmi lesquels *Littératures d'Afrique noire: des langues aux livres* (1995, édition anglaise, *Languages and literatures of Africa*, 2004, James Currey), *West African Popular Theatre* (1997, avec K. Barber et J. Collins) et *Voyages de découverte en Afrique* (Bouquins 2000). Il a été rédacteur en chef et directeur de la revue *Politique Africaine* et a réalisé plusieurs films sur le théâtre en Afrique.

Gerd Spittler est anthropologue et professeur émérite de l'université de Bayreuth. Il a été Président du Centre de Recherche en Sciences Humaines (*Sonderforschungsbereich*) « Action locale en Afrique sous l'influence de la mondialisation » à l'Université de Bayreuth. Ses recherches en Afrique ont donné lieu à de nombreuses publications dont plusieurs articles sur les voyageurs du XIXe siècle. Un de ses livres a été traduit en français : *Les Touaregs face aux sécheresses et aux famines, Les Kel Ewey de l'Aïr*, Paris, 1993. Il a été *fellow* du *Wissenschaftskolleg zu Berlin* (1994–1995).

Isabelle Surun, née à Paris en 1965, ancienne élève de l'Ecole Normale Supérieure, est actuellement maître de conférence en histoire contemporaine à l'Université de Lille 3 et membre associée au Centre Alexandre Koyré d'histoire des sciences et des techniques (CNRS/EHESS/MNHN). En 2003, elle a soutenu à l'EHESS une thèse intitulée *Géographies de l'exploration. La carte, le terrain et le texte (Afrique occidentale, 1780–1880)*, et poursuit des recherches sur les relations entre l'histoire culturelle de l'exploration, les pratiques de terrain et les représentations de l'espace géographique au moment de la conquête coloniale française en Afrique.

Muhammad S. Umar (Ph.D., Northwestern University) is associate professor of Islam at the Department of Religious Studies, Arizona State University. He has also taught at Northwestern University in Evanston, Illinois, Lawrence University in Appleton Wisconsin, and University of California at Los Angeles. He is the author of *Islam and Colonialism: Intellectual Responses of Muslim of Northern Nigeria* (Brill 2005). Dr. Umar has also published extensively on Islam in Nigeria in leading academic journals.